Incrementa tu frecuencia y manifiesta abundancia

Sherrie Dillard

Incrementa tu frecuencia y manifiesta abundancia

Una guía para personas empáticas, intuitivas y sensibles

EDICIONES OBELISCO

Si este libro le ha interesado y desea que le mantengamos informado
de nuestras publicaciones, escríbanos indicándonos qué temas son de su interés (Astrología, Autoayuda,
Ciencias Ocultas, Artes Marciales, Naturismo, Espiritualidad, Tradición…)
y gustosamente le complaceremos.

Puede consultar nuestro catálogo en www.edicionesobelisco.com

Colección Nueva conciencia
INCREMENTA TU FRECUENCIA Y MANIFIESTA ABUNDANCIA
Sherrie Dillard

1.ª edición: septiembre de 2025

Título original:
Raise Your Frequency & Manifest Abundance

Traducción: *Jordi Font*
Corrección: *Sara Moreno*
Diseño de cubierta: *Enrique Iborra*

Edita: Ediciones Obelisco, S. L.
Collita, 23-25. Pol. Ind. Molí de la Bastida
08191 Rubí - Barcelona - España
Tel. 93 309 85 25 - Fax 93 309 85 23
E-mail: info@edicionesobelisco.com

ISBN: 978-84-1172-295-7
DL B 8465-2025

Impreso en España en los talleres gráficos de Romanyà/Valls S. A.
Verdaguer, 1 - 08786 Capellades (Barcelona)

Printed in Spain

A las místicas Mirabai, Catalina de Siena,
Juliana de Norwich, Hildegarda de Bingen,
Teresa de Lisieux y Rābi'ah al-Baṣrī

Introducción

Quiénes somos

¿Eres una persona empática, intuitiva o altamente sensible, o sospechas que puedes conectar con influencias energéticas invisibles de maneras difíciles de definir? ¿Te relacionas con los demás y con el mundo a través de tu corazón y tu alma? Si tiendes a sentir lo que sienten los demás y empatizas y tienes deseos de ayudar a quienes lo necesitan, es posible que seas una persona empática. Tal vez te describas a ti mismo como intuitivo. Sabes cosas sin saber cómo las sabes y puedes sentir, ver, oír y tener percepciones de cosas de las que otros no son conscientes. Quizás hayas tenido sueños o visiones de acontecimientos pasados, presentes y futuros. En el caso de las personas altamente sensibles, el mundo se amplifica. Como un pararrayos, tus sentidos responden tanto a la materia física como a la energía no física y se ven influidos por ambas.

Aunque no te identifiques como una persona empática, intuitiva o altamente sensible, es probable que tengas algunas de las tendencias que se encuentran en todas estas orientaciones. Esto incluye absorber la energía de los demás y del entorno, y recibir sensaciones, percepciones e información a través de canales energéticos no físicos. A caballo entre los reinos físico y espiritual, tu sensibilidad a la energía es tan natural como tus otros cinco sentidos.

A veces, ser empático, intuitivo y sensible puede resultar confuso. Las oleadas de amor pueden abrirte el corazón y puedes experimentar una reconfortante sensación de conexión con el mundo natural y con una presencia no física. Luego, de repente, sientes la negatividad o la tristeza de otra persona o conectas con sus pensamientos ansiosos. En mayor o menor medida, la mayoría de nosotros experimentamos la sensación de pesadez y de fatiga que aparece cuando absorbemos la energía emocional de alguien que es perpetuamente negativo, irritable o malintencionado.

Aunque las personas empáticas y las intuitivas y altamente sensibles tienden a querer servir y ayudar a los demás, podemos quedar exhaustos por dar demasiado y sentirnos abrumados por nuestras propias expectativas y las de los demás. Esta sobrecarga energética a menudo se manifiesta a través del cuerpo físico, como la aparición repentina de dolor de estómago, dolor de cabeza u otro tipo de dolor o de molestia. Asumir la energía de los demás puede afectar a nuestra sensación de bienestar emocional, físico, espiritual y mental. Para protegernos, podemos intentar disminuir nuestra receptividad intuitiva y gestionar mejor nuestras capacidades y sensibilidades.

De todos modos, no siempre sabemos cómo mantener a raya los sentimientos y pensamientos negativos y tóxicos de los demás. Podemos intentar evitar las multitudes y los lugares concurridos, y mantenernos apartados de determinadas personas que parecen especialmente negativas. Para evitar enfrentarnos a la energía de otras personas, algunos mantenemos conversaciones superficiales y evitamos escuchar las dificultades y penurias de los demás. La necesidad de protegernos puede llegar a ser tan grande que nos quedemos en casa y evitemos cualquier tipo de contacto con la gente. Idear formas y estrategias para evitar absorber la energía de los demás y las influencias no físicas puede parecer un proceso interminable. La constante necesidad de sentirnos a salvo de absorber y sentir energías no deseadas puede mantenernos tensos y deseando no ser intuitivos y sensibles.

Para comprender mejor los retos que conlleva sentir, percibir y asumir la energía de los demás, podemos buscar libros útiles, asistir a clases y visitar a intuitivos o sanadores profesionales. A medida que vamos adquiriendo más conocimientos y conciencia, mejoramos a la hora de identificar sensaciones y sentimientos empáticos e intuitivos y de descifrar su significado. Sin embargo, el camino hacia la aceptación de nuestros dones y su posterior desarrollo no suele ser sencillo. Las suposiciones y los estereotipos sobre lo que significa ser empático, intuitivo o altamente sensible pueden levantar una barrera que nos impida desarrollar plenamente todo nuestro potencial. Los juicios y las opiniones de familiares y amigos pueden hacernos dudar o inhibir nuestro deseo de seguir explorando nuestra naturaleza intuitiva esencial.

Las personas intuitivas, empáticas y altamente sensibles suelen describirse por las vulnerabilidades únicas que hacen que suponga todo un reto vivir en este mundo. A menudo se nos malinterpreta y se nos juzga como débiles, raros o incluso psicológicamente deficientes. En los casos más extremos, se nos puede percibir como delirantes, fantasiosos y soñadores poco inteligentes que no pueden soportar las presiones de la vida cotidiana. A menudo se banalizan e infravaloran nuestras contribuciones especiales, nuestros puntos fuertes y nuestras capacidades. Este tipo de suposiciones, junto con nuestra tendencia a sentir, percibir y absorber la energía negativa, incómoda y confusa de los demás y del entorno, pueden bloquear o sabotear nuestros esfuerzos de autocomprensión y autoaceptación.

Los atributos y los rasgos especiales de las personas intuitivas, empáticas y altamente sensibles rara vez se ven y se reconocen. Somos perspicaces, inteligentes, sensatos, amables, cariñosos y sanadores naturales, y a menudo tenemos una conexión íntima con la presencia espiritual. Aunque somos conocidos por ser cariñosos, sensibles y compasivos, tendemos a que los demás se aprovechen de nosotros. De corazón y espíritu puros, podemos sentirnos atraídos por los que están perdidos, heridos y necesitados. Por desgracia, también podemos confiar en los que no son de fiar y, en nuestro deseo de ayudar a los demás, podemos hacernos cargo de demasiadas cosas.

Si eres una persona empática, intuitiva o altamente sensible, puede que notes que no encajas perfectamente en los parámetros de los cinco sentidos predominantes de la realidad material. Sin embargo, a menudo se nos define y se nos juzga desde las fuentes más lógicas y racionales de la inteligencia y el punto de vista material. Las personas empáticas y las intuitivas y sensibles pueden sentirse como una clavija redonda que intenta encajar en un enchufe cuadrado.

Aunque no se nos puede conocer y comprender plenamente a través de la perspectiva del mundo material, es ahí donde a menudo buscamos respuestas. Con demasiada frecuencia, intentamos ajustarnos a los estándares terrenales y culturales, y en el proceso comprometemos nuestra autenticidad y nuestro bienestar. A través de este enfoque limitado y cerrado nunca podremos conocernos plenamente a nosotros mismos ni ser conocidos y comprendidos por los demás. La conciencia de las personas empáticas, intuitivas y altamente sensibles es expansiva, ya que sentimos, vemos, conocemos y somos conscientes de más cosas que los demás. Cuando intentamos ajustar y enfocar nuestra conciencia, perdemos nuestra esencia más mágica y poderosa. Sólo cuando nos permitimos ser plenamente quienes somos, nos volvemos más fuertes y empoderados. Aunque deseemos ser conocidos y aceptados por los demás, sentirnos solos o extraños y diferentes es el resultado de no ser fieles a nosotros mismos.

No te andes con rodeos con tus miedos y sensibilidades, disculpándote ante los demás y comprometiendo tu autenticidad. No estamos aquí para cargar con el peso de otros o para absorber energía estresante, caótica o perjudicial. Demasiado a menudo dejamos que los demás, nuestros miedos y la falta de conocimiento limiten nuestro desarrollo. Nos quedamos cortos a la hora de materializar plenamente los beneficios y el potencial de nuestras habilidades y de nuestros dones innatos. Independientemente del punto en el que te encuentres en el desarrollo de tus habilidades empáticas e intuitivas, hay más por conocer, sentir, experimentar y ser.

Si has estado esperando a que alguien reconozca tu poder y tus dones, debes saber que yo veo y conozco la belleza y el destino de tu corazón y de tu alma. Mi motivación a la hora de escribir este libro no es denunciar a aquellos que injustamente etiquetan y malinterpretan lo que significa ser empático, intuitivo y altamente sensible. Por el contrario, espero despertar tu corazón, tu mente y tu alma a tu destino trascendente.

Acerca de este libro

Este libro no se ocupa tanto de enseñarte a desarrollar tus habilidades y tus capacidades intuitivas y psíquicas de la forma tradicional en que se han enseñado. En vez de ello, te animará a desaprender el enfoque aceptado y a percibir todo el potencial de tu yo extrasensorial. En estas páginas descubrirás que la sensibilidad empática e intuitiva es el canal a través del cual puedes manifestar todas las formas de abundancia.

Explorar el potencial de las sensibilidades empáticas e intuitivas ha sido mi pasión durante muchos años. Como mucha gente, fui consciente del reino invisible desde una edad temprana. De adolescente, floreció mi conciencia extrasensorial. A los diecisiete años, me encontré sola, negociando mi repentino ascenso a la vida adulta. Los retos de tener dos trabajos para pagar una pequeña habitación en el ático de alguien consumían la mayor parte de mi tiempo y mi energía. Sin embargo, esto no frenó mi conciencia intuitiva y empática. Sin ayuda ni estímulo, siguió floreciendo. Sentimientos intuitivos, visiones, percepciones, sensaciones e impresiones fluían a través de mí como un río caudaloso. Sin embargo, no siempre sabía el significado o el propósito de lo que recibía. Sobre todo, me sentía sola y perdida.

Una noche oscura, después de mi turno como lavaplatos en un restaurante, me senté al aire libre, en una zona boscosa, mirando las estrellas. De repente, un cálido flujo de energía pareció atravesar mi corazón cerrado. A medida que esta energía fluía a través de mí, mi cuerpo empezó a temblar y a agitarse, y me mareé. A pesar de las extrañas sensaciones, no tuve miedo, sino que me sentí reconfortada. A través de suaves susurros, una presencia me aseguró que todo iba a salir bien. El estrés acumulado que había estado sintiendo pareció que me abandonaba. Me invadieron sentimientos de paz y amor, y no quería que se fuera lo que estaba sintiendo.

Cuando la intensidad disminuyó, supe que esa presencia siempre estaría conmigo. Después de esta experiencia, las circunstancias de mi vida empezaron a cambiar y a mejorar. Fui más consciente de esta presencia sabia y amorosa, y pude escuchar sus suaves susurros de apoyo y seguridad. Se me presentaron oportunidades positivas inesperadas y se produjeron sincronicidades que me guiaron.

A lo largo de mis treinta y cinco años como médium, psíquica y profesora, me he dado cuenta de que las posibilidades y la naturaleza expansiva de nuestra conciencia extrasensorial no tienen límites. Recibir mensajes intuitivos y empáticos y consejo puede ser esclarecedor y útil, pero esto es sólo un aspecto de lo que ofrecen nuestras capacidades y sensibilidades innatas.

El razonamiento analítico basado en el pensamiento no puede penetrar en el reino de los fenómenos no físicos. En lugar de intentar adaptarnos y encajar en la perspectiva material, estamos llamados a escuchar más atentamente a nuestro corazón y nuestro espíritu. No estamos aquí para vivir una humilde vida de protección defensiva y temer continuamente la negatividad y los narcisistas del mundo. Somos demasiado poderosos para ello. La raíz de nuestra tendencia a asumir energía malsana y negativa no se encuentra en el mundo exterior, sino dentro de nosotros mismos. Es nuestra relación subdesarrollada e incomprendida con nuestro espíritu lo que nos hace susceptibles a absorber la energía de los demás y a sentirnos confundidos y sobrepasados. Aunque podemos centrarnos en controlar nuestra exposición a personas, situaciones e influencias que nos parecen perjudiciales, amenazadoras o tóxicas, nuestro mayor desafío es elevar nuestra conciencia a los reinos superiores de la energía creativa pura.

Tendemos a definir la conciencia empática e intuitiva como la capacidad de intuir, ver, conocer, sentir y tomar conciencia de la información energética. Sin embargo, hay un misterio evolutivo más profundo que te está llamando. Para aquéllos de nosotros que somos empáticos, intuitivos y altamente sensibles, el proceso de ascender a estados superiores de consciencia y trascender las limitaciones materiales comienza con la conciencia de que podemos elegir la energía que absorbemos y sentimos. A medida que sanamos viejas heridas, liberamos emociones reprimidas y cortamos cordones energéticos, se expande nuestra consciencia y accedemos a las fuerzas creativas divinas. Desde esta perspectiva de vibración superior, las posibilidades son infinitas. Ya no atraemos la energía caótica y dañina de los demás y del entorno, y no estamos sujetos a las leyes del mundo material. En vez de ello, la actividad de la presencia divina trabajando dentro de nuestra consciencia se convierte en el canal a través del cual recibimos la guía iluminada y la sanación, y manifestamos nuestro bien supremo. Absorber las frecuencias superiores de la energía divina puede manifestarse en formas tangibles como un aumento de las finanzas, oportunidades profesionales, abundancia en todas las cosas y relaciones armoniosas. A través de exposición, ejercicios empíricos y meditaciones guiadas, este libro te lleva paso a paso a través de este proceso transformador.

Somos mensajeros de una frecuencia divina suprema. En un mundo que a menudo parece precipitarse hacia la catástrofe, los empáticos, intuitivos y sensibles plenamente activados y sanados son una influencia iluminada. Con una compasión innata, una visión clara y un deseo de sanar y servir, los sensibles energéticos son una potente fuerza para el despertar y la transformación planetaria. En lugar de evitar a los demás y apartarnos del mundo, estamos aquí para iluminar la oscuridad y guiar a los demás con perspicacia, sabiduría y amor. Los empáticos y las personas intuitivas y sensibles recorren un camino sagrado. Incluso cuando no somos conscientes de ello, la luz pura nos llama hacia una dicha y una alegría mayores.

PRIMERA PARTE

PERTENECES A LA LUZ

CAPÍTULO 1

Cuando la luz interior comienza a brillar

Hay una fuerza invisible de amor que nos guía hacia nuestro destino, un destino que habla a nuestro cuerpo, a nuestra mente, a nuestro corazón y a nuestro espíritu, y que está más allá de nuestra comprensión puramente humana. Algunas de las formas en que somos guiados hacia nuestro destino y nuestro pleno potencial son a través de susurros intuitivos internos, los deseos de nuestro corazón y las sincronicidades. A veces prestamos atención, escuchamos y comprendemos estos mensajes silenciosos, pero no siempre. Cuando ignoramos los pequeños empujones, el ímpetu para evolucionar puede aparecer en nuestra vida en forma de trastornos o retos que nos obligan a evaluar nuestras decisiones actuales y a mirar hacia dentro. De formas perceptibles y a veces más sutiles, cosas como nuestros sueños, deseos o descontentos, o problemas en nuestras finanzas, nuestras relaciones o nuestra salud, intentan llamar nuestra atención. Las raíces del cambio siempre surgen del interior de uno mismo, incluso cuando el cambio parece provenir de influencias externas.

Para algunos, la llamada a evolucionar puede aparecer a través de un surgimiento espiritual que despierte su potencial y sus dones intuitivos y empáticos. A través de la sensibilidad intuitiva y la conciencia ampliada de cosas que normalmente no se ven ni se sienten, descubrimos aspectos de nosotros mismos que previamente desconocíamos. La forma en que acogemos las sensaciones intuitivas y empáticas, los sentimientos, el conocimiento y la conciencia cuando afloran, o bien apoya nuestro crecimiento y nuestra evolución, o bien nos mantiene estancados cuando la inercia se apodera de nosotros. Cuando somos curiosos y estamos abiertos a seguir explorando las experiencias extrasensoriales, nuestro auténtico yo respira aliviado y se aproxima a su plena expresión.

En medio del deseo incipiente de seguir investigando nuestra conciencia más allá de nuestros cinco sentidos, muchos experimentan dudas y aprensión repentinas. Nos encontramos resistiéndonos y cuestionando las percepciones, los sentimientos y otros tipos de fenómenos inexplicables que estamos experimentando. En lugar de abrir nuestro corazón y nuestra mente, nos aferramos a la seguridad y el control de lo conocido y a la forma racional y lógica de percibir las cosas. Nuestra confianza en nuestra capacidad para movernos por el paisaje intuitivo en expansión puede ser muy débil y no ofrecernos seguridad ni consuelo.

Sin embargo, sólo cuando reconocemos nuestros miedos y nos adentramos en lo desconocido se despierta nuestro poder. Mientras que nuestro yo egoico puede retroceder ante la más simple digresión de la norma y nuestras rutinas, el espíritu se deleita. Nuestra naturaleza física y biológica nos dirige a buscar la seguridad en lo conocido, aunque no sea lo deseable. Es nuestro espíritu el que está dispuesto a sumergirse en las oportunidades y la actividad creativa, y explorar las posibilidades. A pesar de nuestra inquietud y nuestra resistencia innatas y colectivas, cada vez más personas experimentan un aumento de episodios y de experiencias de percepción, sentimiento, conocimiento y conciencia empáticos e intuitivos.

No sólo nuestro espíritu nos incentiva a aumentar nuestra conciencia y aceptación de nuestra conciencia extrasensorial, sino que también hay factores externos que nos empujan en esta dirección. Una de las influencias inesperadas que ha hecho posible que estemos mejor informados sobre lo que ocurre en lugares lejanos y que nos comuniquemos con personas de todo el mundo es el avance de nuestra tecnología. Nuestra capacidad para llegar a los demás y saber y sentir lo que están experimentando se ha vuelto menos dependiente de lo físico. Ya no creemos que tengamos que estar físicamente presentes ante alguien para estar emocional, espiritual o intelectualmente conectados con él. Un día cualquiera podemos estar expuestos a las emociones y los pensamientos de los demás de una forma que no se da en nuestras conexiones cara a cara. El aumento de la conexión y la comunicación a distancia ha reducido nuestra dependencia de lo físico. Se ha visto fortalecida nuestra capacidad para conocer a los demás, sentir sus sentimientos e incluso experimentar un nivel de intimidad con ellos sin estar físicamente presentes.

Cuando que se amplía y aumenta nuestra capacidad de saber lo que otros están experimentando en lugares remotos y distantes, se enciende la chispa de la empatía. Aunque no tengamos ninguna relación física o personal con esas personas, podemos sentir la injusticia que han padecido y alzar la voz cuando vemos que a otros se les niegan derechos humanos básicos o sufren abusos o los estragos de la guerra. Podemos dar dinero y apoyo emocional a los enfermos que necesitan tratamiento y a los que se enfrentan a retos difíciles en distintos sitios de recaudación de fondos. En nuestro corazón, agarramos la mano virtual de quienes nunca hemos conocido cuando sufren una pérdida o una decepción. A los que están confusos y solos, les ofrecemos ayuda y apoyo. Sentimos su dolor y hacemos lo que podemos para ayudarles, aunque nunca los hayamos conocido ni hayamos hablado con ellos.

No sólo abrimos nuestro corazón y nuestra mente a los necesitados, sino que los demás nos dan a cambio. Los retos y los éxitos de los que están lejos pueden ser una fuente de apoyo moral e influirnos de forma positiva y empoderadora. Mientras estamos tranquilamente sentados solos en casa o en la oficina, tal vez detrás del ordenador o hablando por teléfono, nuestro corazón se abre y podemos sentir la energía de los demás. A través de las interacciones remotas con los demás, nos sentimos cada vez más cómodos dependiendo cada vez menos de la presencia física del otro para sentir una conexión genuina con él. Esto fomenta el desarrollo de una sensibilidad energética más expansiva y sofisticada.

A medida que nos relacionamos y respondemos cada vez más a los pensamientos, las emociones y las experiencias de los demás, emergen nuestra empatía, nuestra sensibilidad y nuestra intuición para guiarnos. Del mismo modo que nuestros cinco sentidos nos han dado la capacidad de comprender y vivir en el mundo físico, estamos empezando a confiar en nuestra sensibilidad energética para navegar por un nuevo camino.

Ampliar la conciencia de nuestro entorno energético

La comunicación y la conexión con los demás y con el mundo a través de los avances tecnológicos no es el único factor que influye sobre nuestra mayor sensibilidad energética. Como respuesta a los crecientes niveles de estrés, inseguridad y ansiedad, recurrimos a prácticas de mente-cuerpo-espíritu como la sanación energética, el yoga y la meditación para la sanación y el alivio. Además de ayudarnos a liberar tensiones y estrés, estas prácticas fomentan una mayor conciencia de nuestra energía sutil. Por ejemplo, los sanadores energéticos, los masoterapeutas y otros profesionales de la sanación pueden ayudarnos a tomar conciencia de los bloqueos y la energía estancada en nuestro cuerpo. Los instructores de yoga nos enseñan a centrarnos en nuestro interior y a conectar con el flujo de energía que recorre nuestro cuerpo para sanarlo y rejuvenecerlo.

A través de la toma de conciencia de la energía, podemos intuir que la tensión en el cuello o en la espalda está relacionada con una reciente discrepancia con un familiar o con un problema en el trabajo. Al respirar y mover la energía por el cuerpo, los nudos y la tensión se aflojan y el dolor se disipa. Nos invaden sensaciones relajantes a medida que vamos descubriendo nuevas formas de cuidar nuestra salud energética. A medida que nos empoderamos para trabajar con la energía, experimentamos un aumento de los resultados positivos.

Nuestra capacidad de sentir y percibir la energía en nuestro cuerpo aumenta nuestra receptividad energética intuitiva y empática. Las percepciones intuitivas sorprendentes, las sensaciones, los sentimientos, los conocimientos y los momentos reveladores son más frecuentes. La conciencia energética se convierte en algo más que un concepto abstracto. Más allá de los límites de lo físico, también nos experimentamos como seres energéticos. Nuestra mente se tranquiliza y nuestro cuerpo se relaja a medida que nuestras energías sutiles se nivelan y experimentamos una mayor sensación de plenitud. En este estado de conciencia interior, vamos más allá del ego y podemos sentir la energía que nos rodea como expansiva y cautivadora. Aumenta nuestra sensibilidad intuitiva y nos sentimos más cómodos con lo intangible y lo invisible. La energía ya no está vacía, inerte y sin vida; está viva y es comunicativa y nos habla a través de sensaciones, percepciones, sentimientos, pensamientos y sueños. A veces, nuestra sensibilidad a la energía es discreta y apenas detectable. Por ejemplo, podemos experimentar un ligero zumbido o un cosquilleo en la cabeza cuando estamos junto a una persona en particular, durante la meditación o al leer.

A medida que aumenta nuestra sensibilidad a la energía como emoción o sentimiento, nuestra empatía, nuestra compasión y nuestras ganas de servir a los demás también pueden aumentar. La conciencia de la tristeza, la angustia y el sufrimiento de los demás abre nuestro corazón con un deseo genuino de ser útiles. Nuestra sensibilidad energética y nuestra mayor conciencia también pueden verse estimuladas por la agitación y el cambio en nuestra vida cotidiana. De repente, podemos darnos cuenta de la presencia de un ser querido en el otro lado o del dolor interior del vacío y la soledad a través de un acontecimiento desafiante o traumático. Podemos sentir la suave calidez del amor y la seguridad cuando estamos preocupados o recibimos percepciones iluminadas de seres no físicos. Cuando las búsquedas materiales, el éxito exterior o las normas aceptadas ya no nos satisfacen, puede que nos sintamos impulsados a seguir un camino más espiritual y empecemos a prestar atención a nuestros sueños, nuestras señales y nuestras sincronicidades.

Tal vez siempre hayas sido sensible a la energía. ¿Experimentas al azar sentimientos, sensaciones, percepciones repentinas o sincronicidades que te sorprenden o te dejan perplejo? Tal vez se te revuelva el estómago o sientas una oleada de energía y tu estado de ánimo cambia sin aparente motivo. ¿Has visto alguna vez orbes o destellos de luz que nadie más parece ver? Tal vez de repente hayas sentido una presencia cerca de ti o una mano tranquilizadora que te tocaba el hombro. Aunque te cueste describir adecuadamente las sensaciones intuitivas aleatorias, los sentimientos y la sensación de conocimiento que experimentas no son extraños ni poco frecuentes.

Señales de sensibilidad energética

Éstos son algunos de los signos reveladores de tu sensibilidad energética:

- Sensaciones aleatorias de energía recorriendo tu cuerpo, especialmente por la columna vertebral o el cuello, y hormigueos en la cabeza.
- Visiones de destellos o líneas de luz u orbes.
- Erizamiento del vello de los brazos o de la nuca, o percepción de un hormigueo sin motivo aparente.
- Sensación repentina de pesadez en la cabeza, los brazos, los hombros o las piernas.
- Percepción de un torrente de energía que recorre el cuerpo, haciendo que brazos, piernas, pies u otras partes del cuerpo se crispen.
- Conciencia de que una presencia espiritual se encuentra cerca.
- Sensación de incomodidad en el estómago y el plexo solar al conocer gente nueva.
- Visión de colores aleatorios en el aire, como morado, blanco, dorado o gris.
- Sensación de puntos cálidos o fríos, o de ondas de energía en el entorno.
- Visión de imágenes internas o de símbolos, lugares o personas que no conoces.
- Sensación de que alguien que conoces o acabas de conocer está pasando por un momento difícil.
- Percepción de la presencia de un ser querido en el otro lado o de un ángel o de otro ser espiritual.
- Sentimientos de temor, negatividad o miedo sin razón aparente.
- Sensación de no estar solo.
- Sensibilidad a estímulos electrónicos, internet inalámbrico, microondas u otras ondas invisibles de energía electromagnética.
- Sentimientos inexplicables de positividad, euforia o alegría.
- Zumbidos en la cabeza o mareos.
- Captación de los sentimientos de otra persona, aunque no la conozcas bien.
- Despertarse durante la noche y sentir una presencia cálida y amorosa.
- Sensación de *déjà vu:* la sensación de haber vivido anteriormente un acontecimiento que está sucediendo en este preciso momento.

- Sensación de que ya conoces a otra persona nada más conocerla.
- Captación de una presencia espiritual que te envía ideas, información o unos consejos útiles.
- Conciencia de haber vivido en otra época y de los acontecimientos de esa época.
- Dolor de cabeza repentino, penetrante o agudo, al planificar un viaje o hacer los preparativos para quedar con alguien o ir a algún sitio.
- Despertarse por la noche con la conciencia de lo que otra persona está sintiendo o experimentando.
- Sensación de incomodidad en determinados entornos o lugares sin motivo aparente.
- Sensibilidad a luces intensas o brillantes (especialmente fluorescentes), ruidos, multitudes u olores.
- Afectación inusual y adversa de algunos alimentos, drogas, medicamentos y tipos de alcohol. Las dosis y las cantidades normales son demasiado potentes.
- Sensaciones físicas aleatorias que parecen ir y venir, como corazón acelerado, contracciones musculares, sensación de desorientación, punzadas en el estómago o dolores inexplicables.

Éstas son sólo algunas de las maneras en las que la energía de los demás y del entorno puede influirnos y afectarnos. Algunas personas experimentan la energía de un modo más visceral y físico, mientras que otras tienden más a sentir las emociones de los demás o a ver visiones e imágenes interiores. He aquí algunas de las formas en que pacientes y amigos míos han descrito sus experiencias.

- «Anoche empecé a pensar en mi amiga Jill y me empezó a doler el estómago. Parece que lo está pasando mal. Voy a llamarla».
- «Estaba muy emocionada por poder reunirme con mis viejos amigos. Cuando llevaba una hora cenando con ellos, de repente me empezó a doler la cabeza y me sentí agobiada. Sentía como si oleadas de energía se abalanzaran sobre mí. No tenía ni idea de lo que me estaba pasando».

- «Estaba inmerso leyendo una nueva novela y levanté la vista y vi un orbe blanco justo delante de mí. Se movía lentamente por la habitación hasta que finalmente se disipó. Creo que era el espíritu de mi abuelo. No sé por qué. Sentía como si estuviera allí conmigo. A veces veo destellos de luz, sobre todo de color malva y morado. Siento como si mis seres queridos que han fallecido estuvieran cerca de mí. Mi familia cree que estoy loco».
- «Estar rodeado todo el día de gente, incluso de aquéllos a los que quiero y cuido, me cansa mucho. Me siento agotada después de escuchar sus problemas. Quiero ayudarles y darles más, pero estoy exhausta. La gente me absorbe la vida».

Este tipo de experiencias y otras similares son más frecuentes de lo que parece. En mayor o menor grado, todos intuimos, absorbemos y somos sensibles a la energía que nos rodea. Esto ocurre de forma natural y sin esfuerzo. Para algunos, esto es más evidente y tienen mayor acceso a ello. Aquellos que se dan cuenta de sus sentimientos y sensaciones aleatorios y están atentos a ellos también tienen más probabilidades de recibir percepciones útiles y orientación interior.

Características comunes de las personas empáticas, intuitivas y altamente sensibles

El mundo está en constante evolución. Estamos programados para crear, imaginar, soñar, generar nuevas ideas y fisgonear en lo desconocido. A medida que avanzamos hacia una mayor conciencia de la energía sutil de nuestro interior y de nuestro entorno, se acelera nuestra evolución. Las personas empáticas y aquellas que son intuitivas y altamente sensibles son todas sensibles a la energía y a menudo experimentan y desarrollan las siguientes características y otras similares.

Empáticas

Muchas personas sensibles a la energía son empáticas. Las personas empáticas intuyen y se empapan de la energía emocional de los demás y del entorno. Con una profunda capacidad para cuidar y sentir compasión por los demás, las personas empáticas son almas cariñosas que se sienten atraídas por los necesitados. Por desgracia, también son propensas a que se aprovechen de ellas. En los niveles superiores de conciencia, las personas empáticas pueden sentir, intuir y absorber las vibraciones de la sanación y el amor divinos.

Intuitivas

La intuición es la capacidad de conocer o ser consciente de la información energética y el conocimiento sin saber cómo lo sabemos. A veces la conciencia y la percepción intuitiva acuden a nosotros a través de nuestros pensamientos, sentimientos, sueños, visiones o una sensación de saber. También es posible intuir información energética a través del oído interno, los olores, las sensaciones, los sentimientos viscerales o las vibraciones. En mayor o menor medida, las personas sensibles a la energía son intuitivas.

Altamente sensibles

Las personas altamente sensibles tienden a absorber la energía intuida en su cuerpo físico, pero no admiten que es así. Suponen que su sensibilidad se debe a estímulos externos, como las multitudes, la actividad constante, el caos y la desorganización. Los olores, los aromas, el tacto de ciertas texturas, el ruido y las luces intensas pueden provocar estrés, ansiedad, una estimulación incontenible e incluso dolores físicos. Los actos de bondad, amor y otros estados positivos son tranquilizantes y enriquecedores, mientras que la violencia de cualquier tipo, la mezquindad, los celos y los sentimientos y acciones negativos pueden tener efectos adversos profundos y duraderos. La mayoría de las personas altamente sensibles también son intuitivas y empáticas.

Conciencia espiritual

Las personas sensibles a la energía suelen ser conscientes de que hay algo más allá del mundo físico. Sin embargo, es posible que no siempre sepan definirlo o articularlo. Este conocimiento puede ser tan agudo que asuman que todo el mundo es capaz de percibir que hay algo más allá de los límites físicos. Desde pequeñas, muchas personas han sentido la presencia reconfortante y amorosa de seres espirituales. La sensación de una presencia invisible a veces puede resultar personal e íntima. Les habla de sus preocupaciones, les da consejos cuando los necesitan y les ayuda a sentirse queridas. Las personas con conciencia espiritual suelen ser intuitivas, empáticas y centradas en el corazón.

Placer por estar solas

Muchas personas sensibles a la energía sienten que sólo pueden respirar profundamente y relajarse cuando se encuentran solas, ya que estar en compañía de otras personas puede resultar sobreestimulante y agobiante. No se trata sólo de lo que los demás dicen o hacen; el mero hecho de percibir y absorber la energía de los demás puede crear tensión y estrés. Muchas personas se ponen en guardia instintivamente y sienten la necesidad de protegerse de la energía de los demás. Cuando se encuentran solas, aquellas personas que son sensibles a la energía tienen más posibilidades de pensar sus propios pensamientos, sentir sus propios sentimientos, soñar sus propios sueños y simplemente ser.

Una rica vida interior

En parte, a las personas sensibles a la energía les gusta estar solas porque esto les brinda la oportunidad de escuchar, sentir y ponerse en contacto con su rica vida interior. Imaginativas, soñadoras, creativas y llenas de ideas, necesitan tiempo y espacio para mirar a su interior y simplemente ser.

Como la línea que separa la imaginación de la intuición puede ser difusa, no siempre es fácil distinguir entre ambas. Las personas sensibles a la energía pueden descartar las imágenes intuitivas, las sensaciones y el conocimiento, creyendo que lo que están recibiendo y experimentando es sólo producto de su imaginación. Sin embargo, la imaginación y la intuición trabajan juntas para ayudarnos a interpretar el significado de la información de la energía.

Verdad y justicia

Las personas sensibles a la energía tienen un sentido interno de la verdad, la imparcialidad y la justicia, así como de lo que es correcto. Puede que esto no siempre esté en consonancia con los estándares populares o de este mundo. Con una aptitud interior para percibir un orden superior, sus creencias no siempre coinciden con las normas aceptadas de lo que los demás consideran justo y correcto. Su sentido de la verdad también puede proceder de lecciones de vida y desafíos de vidas pasadas. También pueden tener la capacidad de percibir el propósito superior de los retos y obstáculos con los que se encuentran.

Percepción del resultado de las acciones y creencias

Para las personas sensibles a la energía, ésta no está limitada por el tiempo y el espacio. Su percepción trasciende el tiempo. Por eso, pueden percibir las consecuencias de sus acciones y elecciones mucho antes que los demás. Esto puede parecerles simple sentido común. Sin embargo, pueden ver el panorama completo y predecir lo que otros podrían hacer mucho antes de que suceda. La sensibilidad energética puede extenderse al desarrollo de la precognición, que es la capacidad de conocer, ver, sentir, intuir y predecir el futuro.

El tiempo puede ser un problema

¿Tienes tendencia a perder la noción del tiempo? Tal vez estés mirando constantemente el reloj para asegurarte de que no llegas pronto o tarde. ¿Consideras que no tienes tiempo suficiente para hacer todo lo que quieres hacer?

Las personas sensibles a la energía pueden sentirse desincronizadas con el tiempo. Es posible que se den cuenta de que siempre están corriendo o tratando de alcanzar el tiempo terrenal. Algunas personas que no están sincronizadas con el tiempo saben e intuyen lo que va a ocurrir en un futuro próximo o lejano.

A veces, las personas sensibles a la energía conciben una idea o son conscientes de los objetivos que les gustaría alcanzar, pero les cuesta dar los pasos necesarios para conseguirlo. En el reino espiritual, la creación es espontánea y no hay desfase entre la idea y la expresión. Aquí, en el mundo físico, operamos con las limitaciones del tiempo y el espacio, lo que puede suponer un reto para las personas sensibles a la energía. La energía existe en el presente, ahora, y no obedece las leyes materiales del tiempo y el espacio. Sin embargo, en el mundo físico, experimentamos el tiempo como algo lineal y debemos ser pacientes y, a menudo, esperar a que se manifiesten nuestras ideas.

Deseo de servir

Si eres sensible a la energía, es probable que disfrutes de los sentimientos positivos y amorosos que se derivan de ayudar, compartir y dar a los necesitados. Las personas empáticas, intuitivas y sensibles ocupan las profesiones de ayuda. Si su profesión no está centrada en el servicio, ayudan a amigos, familiares, vecinos, compañeros de trabajo y miembros de la comunidad cercana y lejana.

Aunque estas personas se sienten obligadas a servir, puede resultarles todo un reto. Cuando otra persona sufre, pueden sufrir a su lado, sintiendo su dolor como si fuera propio. El dolor y la confusión de los demás pueden penetrar profundamente en su corazón y en su alma, y motivarlas a hacer todo lo que puedan para aliviar el sufrimiento de la otra persona. Las personas sensibles a la energía pueden tener el deseo de tender la mano a los demás y servirles sin que nadie se lo pida. Pueden sentir sin restricciones los sentimientos de los demás y se sienten motivadas a actuar desde el pozo de amor que se agita en su interior. Sin embargo, la disposición de las personas sensibles a la energía a ofrecer libremente su tiempo y sus recursos no siempre es recíproca. Cuando dan a los demás sin restricciones, más tarde pueden sentir que no son apreciadas o valoradas.

Capacidad para sanar

Muchas personas sensibles a la energía eligen profesiones de ayuda que implican algún tipo de sanación. Son profesionales de la medicina, masajistas, consejeros, líderes religiosos y espirituales y practicantes de la Nueva Era. A menudo se sienten atraídos por diferentes formas de sanación energética, tanto dándola como recibiéndola. Las vibraciones superiores de la energía positiva y divina son especialmente reparadoras y beneficiosas para la mente, el cuerpo y el espíritu de estas personas. Las personas empáticas y las intuitivas son conductos naturales de energía y pueden ser el canal a través del cual otros experimentan la sanación.

Pérdida del sentido de sí mismas

La energía no está limitada por fronteras físicas. Las personas sensibles a la energía pueden sentir una proximidad y una conexión con los demás, por muy lejos que se encuentren. A menudo son capaces de sentir y percibir los sentimientos y los pensamientos de aquéllos a quienes cuidan desde la distancia.

Algunas personas sensibles a la energía se sienten tan conectadas con sus seres queridos que se fusionan con ellos. Pueden sentir los mismos sentimientos, compartir las mismas creencias y perspectivas, e incluso empezar a parecerse. Si una persona sensible a la energía forma este tipo de unión energética con otra persona o con un grupo de personas durante un largo período de tiempo, puede llegar a perder el contacto con su auténtico yo. Cuando los límites de la relación se difuminan, puede dejar de ser consciente de sus propias necesidades y de su sentido del yo.

Ráfagas de aumento y agotamiento de la energía

Las personas sensibles a la energía pueden tener una energía ilimitada. Son capaces de cumplir objetivos y hacer cosas, y puede que no necesiten dormir mucho. De todos modos, esto no suele ser para siempre. Después de un período de actividad enérgica, puede que de repente les resulte difícil concentrarse y hacer algo. Pueden tener la sensación de que todo les exige demasiado esfuerzo y supone una carga para su organismo. Sus niveles de energía no sólo se ven influidos por su actividad física, sino también por las personas y los acontecimientos de su entorno.

El mundo natural les aporta energía

Las personas sensibles a la energía suelen estar en sintonía con los ciclos de la Luna, las constelaciones en movimiento constante de las estrellas y los planetas, los cambios estacionales y otros acontecimientos del mundo natural. El universo está lleno de energía que puede afectar a sus niveles energéticos personales.

Estar en la naturaleza resulta especialmente relajante y reparador para estas personas. El cielo azul, los rayos del Sol, una noche estrellada y las masas de agua pueden despejar su mente, aumentar su energía y proporcionarles una sensación de paz. Absorber la energía del mundo natural puede ser especialmente sanador y esencial para el bienestar de mente, cuerpo y espíritu.

Sensibles a las personas negativas y tóxicas

No es de extrañar que las personas sensibles a la energía sientan aversión por las personas discutidoras, alborotadoras y negativas. La depresión, el agotamiento, la ansiedad y el estrés, así como las enfermedades físicas, pueden ser consecuencia de estar en presencia de personas negativas y tóxicas durante un largo o incluso breve período de tiempo.

Las personas sensibles a la energía suelen sentirse incómodas con las conversaciones que giran en torno a temas triviales. Especialmente, les puede desagradar estar en compañía de quienes son críticos y moralistas o sólo desean impresionar a los demás. Para las personas sensibles a la energía resulta esencial establecer conexiones personales auténticas.

Atraídas por la energía positiva

Las personas empáticas, intuitivas y sensibles se sienten atraídas por maestros y líderes carismáticos y por otras personas que tienen una perspectiva tolerante y positiva. Pueden buscar lugares físicos que tengan portales de energía o que hayan estado habitados por antiguas comunidades espirituales.

Muchas personas sensibles a la energía disfrutan formando parte de grupos que practican meditación, cantos litúrgicos, yoga, rituales y otras prácticas espirituales estimulantes. Las personas unidas por una actividad inspiradora y centrada en el corazón intensifican los buenos sentimientos.

Conciencia de seres espirituales

Las personas sensibles a la energía suelen ser capaces de sentir y percibir la presencia de seres no físicos. Puede tratarse de la visita de un ser querido del otro lado, de un ángel o de un ser divino o multidimensional. Algunos verán o percibirán seres no físicos como orbes o rayas de luz o de color, mientras que otros pueden verlos a través de la mente como imágenes y visiones.

Las personas sensibles a la energía también pueden percibir, sentir o escuchar mensajes de fuentes de otro mundo a través de la audición interna.

Avanzando

No sólo ha evolucionado el avance y nuestra aceptación y conciencia de la sensibilidad energética y el reino espiritual, sino también nosotros mismos. En casi todos los ámbitos de las prácticas mente-cuerpo-espíritu y de la conciencia intuitiva y empática se ha producido una rápida expansión y una mayor comprensión. Nuestra sensibilidad a la energía cambia continuamente y se despliega de formas impredecibles. Podemos empezar a sentir y percibir las emociones y los pensamientos de los demás. Poco tiempo después, podemos experimentar nuevas modalidades, como tener visiones, tener precognición de los acontecimientos y notar a los seres queridos que han fallecido. Cuando estamos cansados o estresados, podemos ser más sensibles y sentirnos fácilmente sobrepasados por la energía que absorbemos y recibimos de los demás, mientras que estar en la naturaleza y con aquéllos a los que amamos favorece nuestro sentido interno de armonía y equilibrio.

Nuestra sensibilidad a la energía es fluida, y la forma en que respondemos y reaccionamos a ella varía dependiendo de factores como nuestro estado de ánimo, nuestros miedos y nuestras expectativas. A veces podemos ignorar y negar por ignorancia o aprensión los sutiles susurros de nuestra naturaleza empática, sensible e intuitiva. Es posible que intentemos racionalizar lo que estamos experimentando como si fuera una tontería o una cháchara mental sin ninguna importancia. Sin embargo, pronto aprendemos que intentar bloquear o apagar nuestra sensibilidad a la energía nos lleva a sentirnos desconectados, ansiosos o distanciados. Suprimir nuestra sensibilidad interior también puede dar lugar a una presión interior, que con el tiempo emerge y nos inunda de sentimientos y sensaciones. Cuando sentimos que no tenemos poder ni control sobre lo que experimentamos, podemos llegar a preguntarnos si sufrimos un problema psicológico o emocional. Algunos acuden a un terapeuta o a profesionales de la Nueva Era para comprender mejor los sentimientos, las sensaciones y la conciencia inusuales que experimentan. Entonces, sin razón conocida y a pesar de nuestra resistencia previa, nuestra sensibilidad energética puede traernos de repente sentimientos de calidez, amor y consuelo, y nos volvemos más confiados. Empezamos a dar la bienvenida a sensaciones, sentimientos, conciencias y percepciones inexplicables, y estamos preparados para seguir explorando nuestra conciencia extrasensorial. A lo largo de nuestro viaje con la conciencia intuitiva y empática y la alta sensibilidad, a veces querremos abrazarla por completo, para un instante después querer huir de ella tan lejos como podamos.

En el pasado, muchos creían que sólo las personas especiales, dotadas y raras tenían acceso a los reinos espirituales y energéticos. Cada vez es mayor la conciencia de que todos tenemos algún grado de conciencia intuitiva, empática y alta sensibilidad. Aunque nuestras experiencias varían y abarcan un amplio espectro, cada vez nos sentimos más cómodos sintiendo, percibiendo, conociendo y experimentando fenómenos extrasensoriales. Del mismo modo que toda la vida evoluciona continuamente, el potencial y las posibilidades de lo que ofrece el reino invisible nos hacen avanzar hacia nuevos territorios.

Nuestro reto espiritual es reconocer y aceptar nuestra sensibilidad energética. Éste es el punto de partida a partir del cual podemos ser cada vez más conscientes del potencial de la conciencia intuitiva y empática y de la alta sensibilidad. En lugar de negar nuestra naturaleza multidimensional y tratar de controlarla y manejarla, podemos aceptarla como una consecuencia natural de nuestra consciencia en expansión.

En el siguiente capítulo exploramos cómo los obstáculos a los que habitualmente nos enfrentamos con sensibilidad intuitiva y empática pueden utilizarse como indicadores que nos guíen hacia la manifestación de nuestro bien mayor. Si bien el énfasis en la sensibilidad intuitiva y empática se ha puesto en el desarrollo de habilidades y destrezas, hay mucha más riqueza en nuestra conciencia extrasensorial.

CAPÍTULO 2

Cuando los obstáculos se convierten en el camino

La sensibilidad energética es una forma de inteligencia. Cuando permitimos que nuestra naturaleza empática, intuitiva y altamente sensible se expanda y se revele, se despliegan percepciones, sincronicidades y estados de asombro y sobrecogimiento. Sin embargo, predominantemente, nos hemos centrado en desarrollar nuestra conciencia extrasensorial como una vía a través de la cual podemos recibir orientación e información útiles y prácticas.

Por ejemplo, escuchando nuestro interior, podemos obtener más conocimiento sobre nuestras decisiones, nuestras elecciones y nuestros retos cotidianos. La conciencia intuitiva y empática puede proporcionarnos información y opciones nuevas, así como la confirmación de que vamos por el buen camino. Los momentos de conexión con una fuente superior de conciencia también nos permiten vislumbrar un aspecto de nosotros mismos que se encuentra más allá de nuestros cinco sentidos.

Aunque queremos que nuestra conciencia extrasensorial nos haga la vida más fácil, abundante y gratificante, intuir no siempre es sencillo. Puede llevarnos por un camino lleno de vicisitudes y obstáculos inesperados. A pesar de nuestros esfuerzos por acceder de manera intuitiva a información beneficiosa, puede que no recibamos las percepciones claras y precisas que deseamos. Podemos sentirnos confundidos por la energía caótica que se arremolina en la cabeza o no captar nada en absoluto. También es posible que captemos demasiado, con un abanico de sentimientos, imágenes y pensamientos que no podemos llegar a entender.

Si te has sentido frustrado o desanimado por tus capacidades intuitivas y empáticas, no te encuentras solo. La información energética no sigue las mismas reglas que nuestro pensamiento lógico y analítico. Tiene su propio lenguaje y puede no mostrarse de una forma que tenga sentido. Puede estar ausente cuando más la necesitamos, para luego aflorar inesperadamente con claridad y precisión.

La energía intuitiva y empática puede ser misteriosa y difícil de captar, y puede no obedecer a nuestros deseos e intentos de controlarla y utilizarla como nos gustaría. Aunque pueda parecer evasiva e impredecible, encarna una gran profundidad de sabiduría y amor. No tenemos que obligarla a hacer lo que queremos ni manipularla para que nos proporcione aquello que deseamos y necesitamos. La raíz de la conciencia intuitiva y empática se adentra en nuestra alma y nuestro espíritu. Cuando la exploramos a través de estas vías espirituales, nos conduce a fuerzas superiores que siempre operan en nuestro bien supremo.

Por desgracia, a menudo nos aproximamos a la conciencia extrasensorial como si fuera un invasor extraño o una presencia espiritual aterradora a la que debemos vencer y obligar a acatar nuestros deseos. En lugar de intentar controlar nuestra conciencia extrasensorial, podemos abrir nuestro corazón y nuestra mente, y dejarle espacio para que se desarrolle de forma natural. Inherente a nuestra alta sensibilidad y conciencia intuitiva y empática está la invitación a ir más allá de lo conocido y entrar en la maravilla cósmica de lo que somos y de lo que es posible. Los obstáculos que se interponen en el camino de la intuición clara son mensajeros y portales que nos empujan y nos conducen hacia una nueva comprensión de su verdadero potencial. Esas cuestiones incómodas que parecen interponerse en el camino de la intuición e incitan al estrés y la confusión se convierten en trampolines.

Intuición y cháchara mental

Si bien asumimos que deberíamos ser capaces de abordar nuestra capacidad intuitiva y empática de la misma manera que aprendemos y dominamos otras habilidades, otras tareas y otros temas, pronto descubrimos que esto no funciona. Hay obstáculos viejos y recurrentes con los que la mayoría de nosotros nos encontramos en un momento u otro. El reto más frecuente con el que buscamos ayuda es cómo diferenciar los pensamientos autogenerados de la energía intuida. La incapacidad para distinguir entre los pensamientos intuidos y la cháchara mental puede hacer que malinterpretemos los sentimientos y mensajes que recibimos. Esto puede llevarnos a tomar malas decisiones y a desilusionarnos y desconfiar de nuestra intuición.

Cuando nos tomamos unos instantes para escuchar nuestros pensamientos, podemos darnos cuenta de que en un momento dado están pasando muchas cosas a la vez en nuestro interior. Además de nuestra sensibilidad y receptividad a la energía, estamos siendo constantemente bombardeados por una cháchara interior. Sin motivo aparente, van y vienen pensamientos, sentimientos, juicios y opiniones sobre nosotros mismos, sobre los demás y sobre información aleatoria. Aunque nuestra mente hace todo lo posible por dar sentido a todos estos estímulos, a menudo no llega muy lejos.

Las voces internas que compiten por nuestra atención pueden dificultar que escuchemos y confiemos en la sutil energía intuitiva y empática que recibimos. Cuando escuchamos la constante cháchara interior, a menudo descubrimos un diálogo interno que siempre está monitoreando todo lo que encontramos y experimentamos. Sus interpretaciones y juicios se expresan constantemente.

La charla interior podría ser algo así:

Al salir del trabajo tengo que pasar por la tienda y comprar algunas cosas antes de llegar a casa. No me puedo creer que me dejara tantas cosas cuando fui a comprar hace unos días. Emma me llamó al teléfono y me distrajo. No le va a gustar que no quiera ir al lago este fin de semana. No me gusta estar cerca de su novio. Me parece que esconde algo. Hay algo en él que no me gusta, como si no fuera sincero. O tal vez sólo estoy celosa. Tengo que ir a la tienda y hacer las maletas. Tengo que aceptar a su novio.

La cháchara interior puede saltar de un pensamiento a otro y adoptar diferentes perspectivas. Incluso puede discutir consigo misma y no siempre tiene mucho sentido. Solemos estar demasiado absortos en lo que pasa en nuestra cabeza como para darnos cuenta de nuestra sensibilidad intuitiva y energética. Independientemente de lo que experimentemos, encontremos o sintamos, la voz de nuestra cabeza sigue hablando. Cuando tomamos distancia y escuchamos, podemos empezar a darnos cuenta de que esa voz tiene algo que decir sobre todo y sobre nada. Aunque no para de hablar, no siempre sabe de qué está hablando.

La voz de nuestra cabeza se queda especialmente perpleja y molesta cuando experimentamos fenómenos no físicos. Si estamos seguros o simplemente sospechamos que estamos intuyendo o percibiendo información o percepciones energéticas, la cháchara interior dificulta que esta parte de nosotros aflore a la superficie. Cuando nos damos cuenta de un pensamiento o de una percepción intuidos, inicialmente podemos confiar en lo que recibimos y sentimos. Sin embargo, la voz interior de la duda nunca está lejos. Cualquier confianza que hayamos podido tener durante un hecho enfático o intuitivo pronto se ve descartada y desincentivada.

He aquí un ejemplo:

Siento que tengo que llamar a Kevin. Me parece que le está pasando algo. Quizá debería descubrir si todo va bien. Creo que lo está pasando mal y que necesita hablar con alguien, pero no quiero hacer el ridículo si me equivoco. Estoy segura de que está bien. Probablemente es sólo mi imaginación, siempre es así. ¿Por qué hago esto? Tengo que tranquilizarme y concentrarme. Ya tengo bastante que hacer como para que se me ocurran cosas sin sentido.

La cháchara interior y nuestra sensibilidad energética suelen estar reñidas. Perciben las cosas de forma diferente y no se ponen de acuerdo en casi nada. No siempre es fácil esquivar la confusión que surge cuando diferentes partes de nosotros intentan llamar nuestra atención.

Cuando nuestro yo lógico y nuestra sensibilidad energética intentan llamar nuestra atención, puede sonar algo así:

Sé cosas sin saber cómo las sé. Necesito entender mejor por qué pasa esto. ¿Cómo puedo saber más cosas sobre cómo desarrollar mi intuición? Estoy loco sólo por pensar esto. Hay otras cosas más importantes por las que tengo que preocuparme. Sé que soy empático y sensible a todo tipo de cosas, pero ¿cómo apago esto? ¿Desaparecerá definitivamente?

Paradójicamente, a medida que mejoramos en la identificación de la información energética intuitiva, podemos descubrir que nuestra cháchara interior se vuelve inicialmente más argumental. La cháchara mental hará todo lo posible por tomar las riendas y controlar lo que estamos experimentando. La cháchara interior procede de nuestro ego e intenta todo tipo de tácticas para interpretar y controlar las sensaciones y los estímulos energéticos que intuitivamente recibimos. La cháchara no se detiene a escuchar, sino que sigue y sigue. A lo largo del día, tendemos a cambiar de opinión, adoptando puntos de vista opuestos sobre lo que sentimos y experimentamos. En este diálogo interminable, puede que nos identifiquemos más con uno de estos puntos de vista que con el otro y que nos encontremos cambiando de opinión constantemente. Puede ser algo así:

No creo que hoy deba tomar este camino para ir a trabajar. Sé que hace un Sol espléndido, pero eso no significa necesariamente nada. No sé por qué me siento así. Este camino siempre me lleva a donde voy. Recuerdo la última vez que sentí que habría un problema y tomé un camino diferente. Estaba en lo cierto: había un accidente en mi camino habitual. Quizá debería hacer caso a estos presentimientos y circular por carreteras secundarias. Pero si me equivoco, podría llegar tarde. Se tarda más… ¡Oh, olvídalo! Creo que escucharé la radio. Así cambiará mi estado de ánimo.

Entonces, justo cuando pensamos que hemos tomado una decisión razonable y empezamos a escuchar la radio en lugar de estas molestas discusiones internas, el tráfico se frena por completo. Varios minutos después, sin que se vea movimiento en el atasco, nuestra cháchara mental vuelve a las andadas:

Sabía que no debía tomar esta ruta. ¿Por qué nunca hago caso a estos presentimientos? ¿Cómo podía saber que iba a haber tráfico? No tiene sentido.

El diálogo interior continúa hasta que nos duele la cabeza. Es posible que, junto con esta cháchara mental, experimentemos al mismo tiempo una entrada de conocimientos y de sensaciones intuitivas. Puede parecer que no haya forma de apagarlo todo. El constante cuchicheo entre nuestra mente charlatana y nuestro conocimiento más profundo, intuitivo y conmovedor parece no tener fin. Aunque intentemos escuchar y comprender nuestra sensibilidad y nuestros pensamientos intuitivos, puede interponerse en nuestro camino la constante cháchara interior.

Incluso aunque nos sintamos cómodos recibiendo energía intuitiva y empática y trabajando con ella, una parte de nosotros puede cuestionar su validez y crear dudas. Cuando nuestra voz interior encuentra percepciones y sentimientos que se originan fuera del dominio de nuestros cinco sentidos, intenta hacerse con el control. Incluso en el caso de que estemos abiertos a percibir y sentir intuitivamente la energía de los demás y del entorno, podemos dejar que la cháchara mental se haga con el control. Nuestra conciencia se aleja del flujo de la conciencia energética y entra en modo pensamiento.

A menudo elegimos escuchar la cháchara mental porque nos resulta familiar y la sentimos como una parte esencial de lo que somos. Creemos que esa voz interior, a menudo crítica, nos protege del mundo que nos rodea y de lo desconocido. Sin embargo, cuando confiamos y entregamos nuestro poder a esta voz, agita nuestras emociones y apoya nuestros miedos. Confirma nuestras dudas y nos desconcierta, y nos ponemos más a la defensiva. En esta vorágine de emociones reactivas, no podemos determinar el origen de los sentimientos, las sensaciones y los pensamientos que experimentamos. Esto hace que resulte más complicado saber si estamos recibiendo energía intuitiva o si lo que estamos experimentando es autogenerado. Se nubla nuestra conciencia y la cháchara mental nos llena la cabeza con lo que quiere que creamos. Dirige nuestra atención a preocupaciones más cotidianas que creemos que podemos gestionar y afrontar con éxito. La sensibilidad energética y la conciencia intuitiva que desencadenaron la duda y la confusión se convierten en un vago recuerdo.

También podemos escuchar la interpretación que hace la voz de nuestro interior de lo que intuimos porque no sabemos qué otra cosa hacer. Nos conocemos a nosotros mismos, a los demás y a nuestro entorno a través de nuestro yo pensante. Puede que no seamos conscientes de otra alternativa. Cuando no sabemos el por qué ni qué significan el conocimiento intuitivo sutil y las sensaciones y cómo entender mejor lo que está pasando, escuchamos la voz que parece saber de qué está hablando. Sin embargo, cuando se trata de percepciones y sentimientos intuitivos y empáticos, la voz interior no tiene ninguna percepción o conciencia real que compartir. Es habladuría vacía.

El siguiente ejercicio te ayudará a diferenciar mejor la información energética intuitiva de la cháchara mental.

EJERCICIO

Conecta con la voz intuitiva

Ponte cómodo e inspira y espira larga y profundamente.

Escucha dentro de ti. No intentes regular, eliminar o censurar los pensamientos de tu cabeza. Escucha sin juzgar.

Observa las reacciones que te producen los pensamientos. Tal vez algunos pensamientos te provoquen sentimientos fuertes y otros te resulten irritantes o te cansen. Puede que algunos pensamientos te parezcan más convincentes, interesantes o reconfortantes. Permítete sintonizar con cómo te hacen sentir tus pensamientos.

Mientras sigues escuchando tu interior y dejas que afloren tus pensamientos y tus sentimientos, fíjate en los que tengan una cualidad energética particular. Estos pensamientos pueden ir acompañados de una sensación de expansión o de cosquilleo en el cuero cabelludo o en la piel, o de la sensación de que recorren la columna vertebral. Puedes sentir un ligero zumbido en el cuerpo o en la cabeza. Estos pensamientos y sentimientos pueden ser más neutros y no incitar una emoción fuerte ni intentar convencerte de nada. Son persistentes y, sin embargo, suaves y casi insustanciales. Éstas son algunas de las sensaciones que acompañan la receptividad intuitiva. Si sientes que estás recibiendo energía intuitiva, relájate. No pienses demasiado ni te esfuerces en recibir o descubrir qué significan estos sentimientos y pensamientos intuitivos. Respira, relájate y deja que la energía y las sensaciones se muevan a sus anchas.

Crear un enfoque más abierto y curioso de la conciencia intuitiva y empática empieza por identificar y diferenciar la voz intuitiva de la mente parloteante. Si prestamos atención y nos centramos en escuchar nuestro presentimiento intuitivo, nos daremos cuenta de que está más seguro de sí mismo de lo que podríamos haber pensado. A diferencia de la voz de la mente parloteante, la información intuitiva y empática tiende a ser neutra, persistente y discreta. Estos mensajes no incitan emociones fuertes ni agitan banderas tratando de llamar nuestra atención. Se trata de una conciencia interior sencilla y calmada.

El empático agobiado

Las personas empáticas absorben y sienten la energía emocional de los demás y del entorno. Somos como esponjas que absorbemos los sentimientos, los estados de ánimo y la energía de los demás en nuestra mente, nuestro corazón y nuestro cuerpo físico. Esta sensibilidad suele ser más aguda y confusa en nuestras relaciones con los demás. Aunque la sensibilidad energética nos ofrece la posibilidad de obtener información y consejo sobre nosotros mismos y los demás, no siempre somos capaces de aprovechar lo que recibimos. Cuando están en juego nuestros sentimientos personales de amor y cuidado por los demás, puede resultar difícil separar nuestros sentimientos de nuestra receptividad empática. A menudo dudamos entre sentir la energía de nuestra sensibilidad empática y nuestros propios sentimientos. Esto no sólo resulta agobiante, sino que nos hace sentirnos más confusos e inseguros de nosotros mismos.

Por ejemplo, ésta es la experiencia de Clara:

Jeff sólo necesita un poco más de amor y comprensión. No se ha dado cuenta de que estaba hiriendo mis sentimientos. De todas formas, es culpa mía, ya que mis sentimientos se hieren con facilidad. No parece que nadie más se dé cuenta o se moleste con él. ¿Cómo puede soportar que yo sea tan sensible? Cuando estoy a su lado, me invaden sentimientos contradictorios. No siempre sé si son sentimientos míos o suyos, pero puedo sentirlos, su herida y su dolor. Ojalá me dejara ayudarle. No sé qué hacer. Siento que tal vez debería alejarme, pero le quiero y puedo sentir todas las dificultades por las que ha pasado.

Cuando se trata de relaciones, podemos invalidar, desincentivar y descartar nuestra sensibilidad emocional. Las personas empáticas suelen tener sentimientos intensos y, junto con nuestras emociones intuitivas, podemos experimentar una sobrecarga emocional. Por mucho que deseemos ser más conscientes y confiar en lo que sentimos empáticamente, puede que no siempre resulte fácil descifrar y dar sentido al batiburrillo de emociones y altibajos que experimentamos.

El sistema nervioso de una persona empática puede activarse fácilmente por las necesidades y los sentimientos no expresados de los demás. Cuando se sobrecarga, experimentamos mayores niveles de ansiedad y estrés. Esto puede desembocar en un aumento de los sentimientos de preocupación y de inquietud acerca de la insalubridad de la energía que estamos absorbiendo y asimilando, aunque podemos sentirnos impotentes y avergonzados, y culparnos a nosotros mismos por nuestros sentimientos problemáticos. Para gestionar nuestras emociones, podemos limitar nuestra exposición a las personas y los entornos que parecen desencadenar sentimientos incómodos. También podemos intentar detener la avalancha de emociones confusas haciendo oídos sordos a nuestra receptividad extrasensorial, cerrando nuestro corazón y dejando de sentir empatía por los demás. Puede que incluso nos critiquemos a nosotros mismos por la profundidad de nuestra reacción emocional y sintamos vergüenza por ser diferentes.

A modo de ejemplo, he aquí la experiencia de Jen:

No estoy segura de qué siento ni de por qué me siento así. Ayer, nada más entrar a la reunión semanal de trabajo, me invadió una oleada de temor. Durante todo el día parecía que algo me estaba agobiando. Esta mañana me han hecho saber que la empresa va a empezar a despedir a personal de mi departamento. Me pregunto si mis sentimientos de temor y pesadez tienen que ver con los despidos que se están planeando. ¿Te parece una locura? Ha pillado a todo el mundo por sorpresa.

Después de un tiempo, Jen aceptó que las emociones que sentía probablemente estaban relacionadas con los despidos que finalmente se anunciaron. Entonces recordó que, en otra ocasión, en una reunión anterior, se había sentido nerviosa y llena de aprensión por la empresa. Cuando unos días después se anunció una reorganización, se dio cuenta de que sus sentimientos empáticos eran correctos.

En lugar de que esta constatación fuera una afirmación positiva de su sensibilidad extrasensorial, Jen se sintió incómoda. Le preocupaba seguir sintiendo y absorbiendo la energía de hechos desafortunados y sentirse agobiada por ello. No quería sentir emociones sin sentido y no saber ni comprender con qué estaban relacionadas. Jen temía no poder ser feliz ni sentirse bien durante mucho tiempo. Aunque era consciente de las emociones que sentía, no siempre era capaz de expresarlas con palabras ni de entender qué significaban.

Interpretar los mensajes intuitivos y empáticos no siempre resulta sencillo. A menudo confiamos demasiado en nuestra mente analítica para dar sentido a la energía, a menudo incontenible, que absorbemos e intuimos. Como nuestra cháchara mental parece ser capaz de elaborar interpretaciones que tienen sentido, las aceptamos. Sin embargo, suele filtrar la energía extrasensorial a través de la lente de nuestras suposiciones, nuestras expectativas, nuestras necesidades y nuestros deseos. Tendemos a escuchar esta interpretación porque escuchamos lo que queremos escuchar. He aquí un ejemplo.

Eileen sintió una conexión inexplicable cuando conoció a Zach. Su estómago se removió y un escalofrío de energía le recorrió la columna vertebral. Como persona empática que era, inmediatamente sintió que conocía a Zach. La sensación de que compartía una conexión de alma con él era extraña e intensa. Su voz interior interpretó estos sentimientos y sensaciones como una señal de que podían compartir una conexión amorosa especial.

Aunque su instinto le decía que fuera despacio y con cuidado, Eileen dejó a un lado sus dudas y se abrió a una relación con Zach. Quería creer que las sensaciones intuitivas y los sentimientos que había experimentado al conocerlo indicaban un amor que estaba destinado a ser, y dejó a un lado sus recelos. A pesar de que el comportamiento de Zach y su insensibilidad hacia ella la hacían sospechar, ignoró sus preocupaciones y lo justificaba. Finalmente, fue Zach quien rompió la relación con Eileen después de que ella hubiera soportado sus malos tratos durante demasiado tiempo. Los sentimientos empáticos e intuitivos de Eileen de una conexión con Zach habían sido acertados. Sin embargo, su pensamiento egocéntrico había interpretado los sentimientos y las sensaciones como una señal de que compartían un vínculo amoroso.

La conexión instantánea que sentimos con otra persona puede deberse a su similitud con alguien de nuestro pasado. Al conocernos, sentimos intuitivamente esos sentimientos familiares, sin darnos cuenta de que el vínculo que compartimos con esa persona puede no ser de amor maravilloso, sino de desafíos y crecimiento. Esto es lo que le sucedió a Eileen. El sentimiento familiar que experimentaba con Zach estaba vinculado a una relación pasada no resuelta. No indicaba un vínculo armonioso de amor. Sentir una conexión energética con otra persona no significa necesariamente que vaya a conducir a la relación amorosa y satisfactoria que esperamos.

A lo largo de los años he conocido a personas atractivas, amables e inteligentes que iniciaron una relación que creían que estaba destinada a perdurar. Pero por desgracia, la sensibilidad energética que experimentaron durante el primer encuentro había sido malinterpretada. Sus esperanzas y deseos de una relación secuestraron sus sensaciones y sentimientos empáticos e interfirieron en su capacidad de discernir e interpretar lo que intuitivamente habían recibido. Si confiamos en nuestro ego para interpretar nuestros sentimientos intuitivos, es posible que no se cumplan nuestras expectativas de resultados positivos. Esto crea más confusión y nos da más razones para no confiar en nuestra conciencia empática.

EJERCICIO

En sintonía con el interior

Cuando nos sentimos confusos y agobiados por la energía emocional que absorbemos y sentimos de los demás, puede resultar útil crear un espacio y escuchar nuestro interior. Si nos preocupamos por intentar descubrir qué nos llega de los demás y qué nos genera a nosotros mismos, sólo lograremos más confusión. Si estamos demasiado centrados en el otro, puede que intentemos gestionar sus sentimientos y problemas, y que ignoremos cómo nos afecta su energía. Estar demasiado centrados en el otro y en lo que podemos hacer por él crea una desconexión con nuestro sentido del yo y nuestro poder.

Si te sientes confuso y abrumado por los sentimientos empáticos, prueba lo siguiente.

Ponte cómodo y respira profunda y relajadamente. Espira el estrés y la tensión. Conecta con tu cuerpo y siente cualquier tensión y tirantez, y libéralas al espirar.

Escucha tu interior y deja que aflore cualquier sentimiento o pensamiento. No intentes descubrir qué significan ni de quién o de dónde vienen.

Mientras respiras y te relajas, concéntrate en la emoción que aflora. Si percibes más de una emoción, concéntrate en la que sientas con más fuerza. Haz lo posible por mencionar esta emoción o este sentimiento.

Observa si la emoción o el sentimiento se desvanece y empieza a disiparse a medida que respiras, acéptalo y nómbralo. Es señal de que probablemente has intuido esa emoción. No intentes averiguar su significado. Respira y déjala salir.

Estás a salvo, y la energía y las emociones que recibes de los demás o de influencias externas no tienen poder sobre ti y no pueden hacerte daño.

Observa si la emoción o el sentimiento se hace más fuerte lo sientes más intensamente en tu cuerpo mientras respiras y lo mencionas. Si esto ocurre, es muy probable que se trate de una emoción autogenerada.

Escucha esta emoción y presta atención a cualquier percepción o mensaje que te ofrezca. Si la emoción te resulta incómoda o difícil, también puedes preguntarle qué necesita para sentir amor.

Continúa respirando y mencionando las emociones a medida que afloran.

Con el tiempo, tu corazón, tu mente y tu ser se relajarán y se restablecerá tu armonía interior.

Una de las respuestas habituales que tenemos cuando experimentamos sentimientos agobiantes es intentar protegernos. El origen de nuestra tendencia a sentir que estamos a merced de la energía de los demás y del entorno reside en nuestra creencia de que no tenemos el poder. No sabemos cómo enfrentarnos al algo intangible que hay dentro de nosotros que responde a esa energía y la recibe. Cuando nos vemos afectados e influidos por lo que parecen ser fuerzas externas que nuestros cinco sentidos y nuestra mente analítica no pueden controlar, podemos llegar a sentir miedo.

El remedio para nuestra angustia empática se encuentra dentro de nosotros. A medida que comprendemos mejor nuestra relación con el corazón y el espíritu, recuperamos nuestro poder. Nuestra conciencia empática no tiene por qué ser una fuente de incomodidad, miedo y sensación de agobio. Por el contrario, puede ser un oasis de armonía y amor puro que nutra nuestras necesidades más profundas y calme nuestras preocupaciones y nuestro estrés.

La incredulidad de las personas altamente sensibles

Las personas altamente sensibles no siempre nos consideramos intuitivas o empáticas. En vez de ello, nos centramos en el mundo material de los cinco sentidos. Cosas como el ruido, los olores, las luces brillantes y las aglomeraciones de gente pueden llegar a resultar sobreestimulantes y agobiantes. Las personas altamente sensibles suelen centrarse en controlar y gestionar la estimulación del mundo exterior. No necesariamente percibimos que lo que experimentamos procede de nuestra naturaleza empática e intuitiva. Aunque sentimos, percibimos y nos vemos influidos por la energía de los demás y del entorno, es posible que lo neguemos y no creamos que esto sea posible. Puede que no atribuyamos lo que estamos experimentando a otra cosa que no sea una sobreestimulación ambiental y del sistema nervioso. La idea de ser sensible a una energía que no está ligada al reino material puede no tener sentido. Al hacer todo lo posible por centrarnos en las preocupaciones cotidianas, no prestamos mucha atención a las percepciones y sensaciones intuitivas y empáticas.

Incluso aunque la idea de intuir y sentir energía no física nos parezca intrigante, podemos intentar racionalizar y negar que seamos capaces de recibir energía de fuentes no físicas. Si tenemos una experiencia clara de conciencia extrasensorial, podemos encontrar razones para descartarla. Para muchos, la sugerencia o la mínima insinuación de que pueden ser empáticos o intuitivos es rápidamente descartada.

He aquí la experiencia de Emmy. Tal vez te sientas identificado.

Esta fiesta es muy agobiante. Hay demasiada gente y demasiado ruido. Pensé que me lo pasaría bien, pero ahora sólo tengo ganas de irme. Pero para Jennifer es importante que todo el mundo se lo pase bien. Puedo sentir su ansiedad y no quiero decepcionarla. Le dolería que pareciera que no me lo estoy pasando bien. ¿Por qué soy tan infantil? Sólo necesito mezclarme entre la gente y hablar con algunas personas. Me estresa muchísimo estar en esta habitación. Todo es muy agobiante y sólo tengo ganas de irme a casa. Dios mío, ¿alguna vez podré superar esto? Necesito una copa. La gente va a pensar que soy rara. ¿Por qué siempre tengo que ser la más sensible de la habitación?

Las personas altamente sensibles pueden atribuir todos sus sentimientos y sensaciones agobiantes a estímulos físicos externos. Aunque nos afectan el ruido, las multitudes, los olores e incluso la iluminación de una habitación, también es probable que captemos las vibraciones energéticas de las personas y el entorno. Por desgracia, muchas personas sienten vergüenza y pudor por sentirse incómodas e incapaces de gestionar lo que a otras parece no afectarlas.

A menudo, sin saberlo, absorbemos en nuestro cuerpo físico la energía de los demás y de nuestro entorno. Éste es uno de los motivos por los que puede que no creamos que somos intuitivos. No recibimos la energía empática a través de los canales extrasensoriales habituales, como las imágenes, el conocimiento o el oído. Como tendemos a sentir la energía como sensaciones físicas, negamos y refutamos cualquier otra posibilidad. Si nos encontramos en una situación estresante o con otras personas que están pasando por dificultades, podemos sentirlo como dolor de cabeza, náuseas o tensión en todo el cuerpo. Rara vez nos damos cuenta de que las sensaciones físicas y los dolores pueden provenir de la energía intuida. A veces, el simple hecho de pensar en otra persona puede crear tensión física y dolores. Cuando experimentamos una sensación visceral, una vibración o un hormigueo de energía, o cuando de repente nos invade una sensación indefinida, afloran la duda y la negación.

Tal vez esta experiencia te resulte familiar:

Tengo ganas de salir a cenar con Michelle. Me gusta relacionarme con ella y ponerme al día de lo que le pasa. Sin embargo, es extraño que me duela la espalda cuando pienso en verla. A lo mejor me lo estoy inventando y es sólo una casualidad. A veces me pregunto si habla de mí a los demás. Noto una extraña sensación en mis entrañas que me dice que no puedo confiar en ella. Quiero confiar en ella y me gusta, pero ha tenido que hacer frente a muchas cosas. Pero ¿no es eso lo que significa ser amigo? ¿Aceptarla tal y como es? Ahora me empieza a doler el cuello.

Es un reto ser altamente sensible y vivir en nuestro mundo ruidoso y en constante movimiento. Muchas personas niegan y no quieren considerar la posibilidad de ser empáticas o intuitivas porque tienen que enfrentarse a demasiado. Enfrentarse al mundo físico ya es suficiente. Tratar de negociar con fuentes de energía difíciles de detectar que pueden estar influyendo y afectándonos es demasiado abrumador.

Si reconocemos que podemos ser empáticos e intuitivos, podemos vacilar entre ser abiertos y curiosos al respecto y sentirnos tontos por creer en la validez de lo que sentimos y percibimos. Sin embargo, cuando negamos su existencia, puede que no seamos conscientes de cuándo recibimos información energética.

He aquí unos cuantos ejemplos:

Creo que puedo sentir lo que mi amiga Lacey está sintiendo y pasando. No quiere hablar de ello, pero puedo sentir su dolor y su confusión. ¿A quién pretendo engañar? ¿Cómo puedo saber lo que está sintiendo? No puedo dejar que estas cosas me afecten tanto. Sólo me provocan dolor de cabeza.

Cuando paso junto a una persona sintecho, me duele el alma. Siento que absorbo esta pesada y estresante energía. He empezado a ir al trabajo por otro camino. Me resulta demasiado agobiante.

Siento mucha tristeza cuando estoy cerca de uno de mis compañeros de trabajo. No somos amigos íntimos y es una situación de trabajo, así que no se lo puedo plantear y preguntarle al respecto. ¿Cómo puedo sentir los sentimientos de otra persona? No es posible. Tengo que irme a dormir antes. A lo mejor estoy cansado y me lo estoy inventando.

¿Cómo puedo controlar mis sentimientos y no dejar que todo me afecte tanto? Resulta demasiado agotador. Tengo que acordarme de limitar los estímulos a los que me expongo y mi contacto con los demás.

Creo que siento y sé cosas de las que los demás no son conscientes. Si se lo contara a alguien, pensaría que estoy loca. Probablemente lo estoy. Es evidente que estoy loca.

Cuando negamos y no aceptamos que podemos estar recibiendo energía y vibraciones de los demás, desconectamos de nuestros propios sentimientos y necesidades. Perdemos la oportunidad de ser más conscientes de nosotros mismos y la posibilidad de recibir percepciones y mensajes útiles. Incluso cuando logramos desconectar, negar o racionalizar nuestra sensibilidad energética, es sólo temporal.

Por mucho que intentemos protegernos de la energía, ésta se encuentra en todas partes y está en todas las cosas. Esto nunca cambiará. Podemos intentar evitar aquellas cosas y actividades que desencadenan sensaciones y sentimientos incómodos e inexplicables, pero, aun así, nuestra receptividad empática e intuitiva sigue sus propias leyes y no puede ser sometida o encajonada a nuestra versión de lo que es posible.

Sigue siendo lo que es, a pesar de nuestra negación e incredulidad. Al final, resurgen las sensaciones, los sentimientos y los pensamientos intuitivos y empáticos.

He aquí la experiencia de Kate:

Hay algo en Jerry que no me gusta. No sé lo que es. Esta extraña sensación me recorre la columna vertebral y siento que necesito alejarme de él, pero luego pienso que tengo que dejar de ser tan sensible. Sólo porque sea un poco diferente no significa que haya algo raro en él. Pero de todos modos no me parece bien ignorar esta extraña sensación. No sé qué hacer. Parece una persona bastante agradable. Tal vez acepte su invitación para ir a cenar. Estaría bien salir. Tiene un buen trabajo y es guapo. No estaría mal conocerle mejor. Tal vez sólo sean mis nervios. Hace tiempo que no tengo una cita.

Cuando somos conscientes de nuestras capacidades intuitivas y empáticas, estamos más dispuestos a prestar atención a las sensaciones y las vibraciones inesperadas y a la energía incómoda que experimentamos con los demás. Cuando negamos que esto sea posible, ignoramos la energía útil y a veces protectora que recibimos.

EJERCICIO

¿Soy una persona empática?

Si no estás seguro de si eres intuitivo, empático o altamente sensible, prueba lo siguiente.

Cuando notes una sensación en tu cuerpo físico, sientas una emoción o tengas una intuición que parezca surgir de la nada, escríbela. No intentes descifrarla ni pienses demasiado en ella, ni te preocupes demasiado por si viene de una fuente conocida o desconocida. Simplemente anótala. También puedes incluir la fecha y lo que está pasando en ese momento en tu vida.

Continúa observando y anotando este tipo de episodios y experiencias cuestionables. No caigas en la tentación de mirar inmediatamente lo que has escrito. En vez de ello, echa un vistazo a lo que has escrito al cabo de unas semanas o de muchas anotaciones. Fíjate en cualquier patrón o conexión con lo que estaba sucediendo en tu vida durante y después de las experiencias.

Cuando concedemos espacio a nuestras experiencias extrasensoriales para que se desarrollen sin intentar comprenderlas de inmediato, surgen claridad y nuevas percepciones.

El mensaje que hay dentro de los obstáculos comunes

Algunos obstáculos comunes a los que la mayoría de nosotros nos enfrentamos cuando intuimos incluyen la interferencia de la cháchara mental, la dificultad para diferenciar la información energética de los pensamientos y los sentimientos autogenerados, sentirnos abrumados por la energía, negar nuestras habilidades extrasensoriales y temer que la energía que estamos absorbiendo pueda ser negativa o poco saludable. Puede que nos enfrentemos a algunos de estos retos más que a otros, pero en cierta medida todos experimentamos estos problemas.

Aunque podemos idear formas y métodos para sortear y ocuparnos de estos obstáculos para hacer que la intuición sea más clara, nuestros intentos son algo limitados. Incluso cuando experimentamos más claridad y mejora en nuestra capacidad para recibir e interpretar la información energética, ésta puede seguir siendo esquiva y no tan precisa y útil como nos gustaría que fuera. Queremos utilizar nuestra intuición para mejorar todas las áreas de nuestra vida. Sería un autosabotaje y una tontería querer otra cosa. Sin embargo, nuestras suposiciones sobre cómo conseguir lo mejor de nuestra conciencia empática e intuitiva se interponen en el camino.

Todos los obstáculos para una intuición más precisa y gratificante surgen del dominio del ego y de una falta de conexión y alineamiento consciente con nuestro espíritu. Nos acercamos a la energía intuitiva y empática a través de pensar demasiado y de nuestras expectativas, miedos y deseos. Nuestra incapacidad para diferenciar la energía absorbida e intuida de la cháchara mental nos recuerda que hemos puesto a nuestro ego propio a cargo de nuestra conciencia extrasensorial. Aunque el ego es una parte esencial y saludable de nuestro funcionamiento, no puede comprender plenamente las sutilezas de la energía. El ego puede ser consciente de quiénes somos en los reinos físico, mental y emocional, pero no tiene acceso a nuestro espíritu ni a nuestras capacidades extrasensoriales. Puede entender estas cosas como teorías, ideas y pensamientos, pero no interactúa ni experimenta con nuestro espíritu.

Las dificultades que experimentamos a la hora de diferenciar las percepciones intuitivas de los pensamientos autogenerados provienen de nuestros intentos de controlar y comprender mejor lo que estamos recibiendo a través de pensar en exceso. Cuando intentamos descifrar la información energética con una mentalidad puramente lógica y analítica, experimentamos confusión y duda.

Sentirnos abrumados por la energía nos proporciona la conciencia de que encarnamos un alto grado de sensibilidad energética. Esta percepción nos habla de nuestro potencial para el dominio extrasensorial. Es un mensaje para seguir explorando nuestra naturaleza espiritual y familiarizarnos con nuestros dones.

Con demasiada frecuencia proyectamos las limitaciones que experimentamos en el reino físico y material sobre la energía ilimitada. Pensamos que porque algo no es materialmente posible, también se encuentra fuera de los límites y no es factible en el reino espiritual. El miedo a lo desconocido y nuestra incapacidad para controlar la energía empática e intuitiva nos impiden experimentar la rica y creativa abundancia que es nuestro derecho natural.

La voz de la cháchara mental, alimentada por el ego, es convincente, mientras que nuestro espíritu parece tímido y apenas detectable. No siempre reconocemos los susurros más sutiles de nuestro corazón y nuestro espíritu, y puede que no seamos conscientes de las fuerzas espirituales que residen en nuestro interior.

Adopta la mente del principiante y acepta que pensar demasiado y tratar de descifrar y controlar nuestra conciencia extrasensorial no funciona. Cuando abrimos nuestro corazón y escuchamos dentro a nuestro espíritu, se revela la interpretación divina de nuestra conciencia intuitiva y empática. La voz de la cháchara mental no nos confunde, ya que nos damos cuenta de que no tiene ningún poder real. No tenemos miedo de sentirnos abrumados por la negatividad o la energía malsana de otra persona. Somos capaces de elegir la energía que absorbemos y no podemos vernos influenciados por fuerzas que no se encuentran en nuestro bien supremo. Estamos alineados con nuestro poder y conectados a las benéficas frecuencias superiores de energía.

A medida que nos movemos más allá del pensamiento finito, nos acercamos y nos hacemos más conscientes de los dones de la conciencia extrasensorial. El potencial infinito y las expresiones de la energía se extienden mucho más allá de nuestros obstáculos materiales y de nuestra comprensión. Las vibraciones más elevadas de la frecuencia energética están alimentadas por la energía pura de la fuerza vital divina y abarcan el amor, la bondad y la abundancia creativa. Nuestro espíritu reside en esta frecuencia superior. A medida que abrimos nuestro corazón y conectamos con nuestro espíritu, recibimos de manera natural el bien de los reinos superiores.

Nuestro reto espiritual es ir más allá de nuestras suposiciones sobre nuestra sensibilidad intuitiva y empática y nuestra necesidad de controlarla. Cuando empezamos a percibir las posibilidades y el potencial de nuestra sensibilidad energética, empezamos a alinearnos con nuestro espíritu y a desbloquear nuestro poder. A medida que practicamos nuevas formas de trabajar al unísono con la energía, descubrimos que el reino del espíritu quiere lo mismo que nosotros queremos: abundancia, amor y todas las cosas buenas.

En el próximo capítulo, nos acercaremos a nuestro espíritu a través de la escucha interior con curiosidad y con una mente y un corazón abiertos.

CAPÍTULO 3

Afinar nuestros sentidos interiores

La sensibilidad energética es un don y un aliado poderoso. Rara vez somos capaces de comprender plenamente su significado, ya que estamos demasiado ocupados intentando descifrarla y haciendo suposiciones sobre qué es y qué no es. Las voces de nuestra cabeza no pueden ayudarnos. Para conocer la verdad, a menudo tenemos que renunciar a querer y tratar de encontrarla. El camino espiritual es una paradoja. A veces, la acción más poderosa que podemos emprender es sentirnos cómodos sin saber y sin tener las respuestas. Cuando aceptamos el misterio, las voces dentro de nuestra cabeza empiezan a perder su poder. Seguirán intentando llamar nuestra atención para que confiemos en ellas, pero ya no serán tan atractivas como antes. Somos más capaces de resistirnos a dejarnos arrastrar por esa cháchara inútil. Cuando dejamos de intentar comprender el significado de lo que recibimos de forma intuitiva y empática, somos más capaces de escuchar los susurros de la verdad.

Para sofocar la constante actividad interior de la cháchara del ego, conviértete en observador. Observa tus pensamientos y emociones sin reaccionar ni intentar comprender qué está pasando. Las voces de nuestra cabeza están alimentadas por nuestros deseos, nuestros miedos y nuestras expectativas. Por eso, nos creemos lo que nos dice nuestra cháchara interior y le damos nuestro poder. Distánciate un poco y desconecta de la cháchara mental. Fíjate en el constante diálogo interior que no cesa. Es igual si estás ocupado y liado en actividades o tranquilo y solo; la cháchara interior siempre está presente. Observa esta actividad interior sin involucrarte en ella. Desde este estado del ser, puedes observar sin enredarte en el caos que hay en tu interior y a tu alrededor.

Cuando escuchamos nuestro diálogo interior, nos damos cuenta de que algunas cosas nos parecen bien, pero otras no tanto. Puede que queramos identificarnos con los pensamientos buenos y rechazar los no tan buenos. Sin embargo, no somos nuestros pensamientos, ni siquiera los placenteros. Somos nosotros quienes somos conscientes de ellos. Date cuenta de que cuando se desencadenan las emociones, el diálogo interior se hace más fuerte y potente, y comienza un ciclo de altibajos. Las voces se vuelven desconfiadas y más críticas. Si estamos nerviosos, frustrados o enfadados, se intensifica la conversación en nuestra cabeza. Cuando estamos tranquilos interiormente, los pensamientos son más positivos y la felicidad que deseamos empieza a brillar a través de nuestro corazón y nuestra mente.

En el punto más alto de los buenos pensamientos y sentimientos, a menudo afloran estrés y preocupaciones inesperadas. Se entromete la cháchara mental y nos hace saber que puede que no todo sea tan de color de rosa como parece. Nos dice que puede ocurrir algo inesperado y echarlo todo a perder. Empiezan a disiparse los buenos sentimientos. Pensamos en todos los problemas que pueden aparecer. Podemos pasar en poco tiempo de sentirnos positivos a sentirnos ansiosos y preocupados, sin que nada haya cambiado o haya pasado. Estos sentimientos son fugaces y van y vienen. Cuando nos tomamos demasiado en serio la cháchara de nuestra mente, nos dejamos llevar por la confusión y la agitación interior. En lugar de escuchar los pensamientos y las opiniones de la cháchara mental y creer lo que nos dice esa voz, practica el desapego. Cuando los sentimientos positivos y buenos se entremezclan con los pensamientos estresantes y preocupantes, podemos recordarnos a nosotros mismos que no somos nuestros pensamientos. En vez de ello, podemos preguntarnos, ¿a quién están hablando estas voces? ¿Quién está hablando y quién está escuchando?

Observa y deja que los pensamientos, los sentimientos y los juicios hablen sin parar. Cuando nos acercamos con curiosidad al diálogo interior de la cháchara mental, se abre un espacio para una nueva conciencia.

MEDITACIÓN

Deja que fluya la energía

Tómate un tiempo para observar qué ocurre en tu interior. No te involucres con la mente pensante. Siéntate en silencio y respira. Deja que los sentimientos y los pensamientos fluyan a través de ti sin asignar un significado a lo que experimentas.

Cuando empieces a sentir que la cháchara mental intenta captar tu atención y a hablar sin parar sobre todo tipo de cosas, inspira larga y profundamente y espira relajadamente.

Observa cómo la cháchara sigue intentando arrastrarte a su diálogo. Haz una pausa, céntrate en la respiración y espira el estrés y la tensión. Sigue respirando y moviendo la energía de la respiración por todo el cuerpo.

Deja que las emociones que afloren se muevan por tu cuerpo sin apegarte a ellas. Observa cualquier sensación, movimiento o tensión que se manifieste en el cuerpo. Observa los pensamientos y las sensaciones sin pensar demasiado en ellos y mantente abierto a todo lo que fluya. Haz todo lo posible por dejarte llevar y seguir observando sin tratar de dar sentido a lo que estás experimentando.

Cuando observamos y no reaccionamos ni nos implicamos con nuestros pensamientos, todo lo que recibimos nos atraviesa. No nos aferramos a ello.

Fíjate en el observador que hay dentro de ti: la conciencia tranquila y quieta que se da cuenta de los pensamientos, los sentimientos, las sensaciones y la energía intuitiva y empática.

Permite que todo lo que fluya te atraviese.

Preguntas para una mayor claridad

Cuando no nos implicamos con nuestros pensamientos y nuestras emociones, resulta más fácil percibir la energía intuitiva y empática a medida que aflora. A menudo nos deslizamos en el conocimiento, el sentimiento y la sensación intuitivos cuando menos lo esperamos. Podemos estar en el trabajo, conduciendo por la autopista, haciendo tareas domésticas o participando en otras actividades cuando surgen mensajes, sensaciones y sentimientos empáticos e intuitivos.

Si sospechas que estás recibiendo información energética, respira y relájate. Trata de no pensar demasiado en lo que estás recibiendo ni de implicarte en la cháchara interna. Si te centras en el significado y la importancia de lo que estás experimentando, puedes confundirte y empezar a sentirte agobiado. Entonces dejarás de ser capaz de observar. Si crees que estás recibiendo un sentimiento empático e intuitivo, una percepción o una sensación de conocimiento, respira y formúlate estas preguntas u otras similares:

- ¿La voz de mi cabeza está intentando juzgar, definir y asignar un significado a la energía que estoy recibiendo?
- ¿Puedo dejar que esta energía me atraviese sin intentar averiguar qué significa?
- ¿La voz de mi cabeza intenta crear la duda o pensar demasiado e interferir con lo que estoy recibiendo?

Si sientes que estás recibiendo información energética pero no eres capaz de diferenciar la energía intuitiva de la cháchara mental, inspira profundamente y luego espira lentamente. Concéntrate en la respiración. Deja que aflore cualquier sensación o sentimiento. Aunque te sientas incómodo y tu mente empiece a correr, sigue concentrándote en la respiración. Observa qué pensamientos, sentimientos y sensaciones afloran sin intentar comprender su significado. Deja espacio a lo que ocurre sin implicar la cháchara mental. Cuando nos centramos en la respiración, la cháchara interior empieza a reducirse y conseguimos mayor claridad sobre lo que estamos experimentando.

Pueden ser necesarias la observación y la práctica continuas para distinguir entre nuestros pensamientos autogenerados y el conocimiento, los mensajes y los pensamientos intuitivos y empáticos. Gran parte de la energía que intuimos y sentimos espontáneamente de los demás está entrelazada con nuestro pensamiento lógico y analítico. Esto facilita que la cháchara mental se apropie de lo que recibimos intuitivamente y lo malinterprete. Como el ego no es capaz de comprender el verdadero significado y la importancia de la energía empática e intuitiva, nuestra interpretación suele ser inexacta.

Cuando no pensamos demasiado ni hacemos juicios ni sacamos conclusiones precipitadas, conseguimos más claridad. Por ejemplo, cuando Carrie entró en una reunión con su supervisor, sintió una energía estresante en la sala. Su jefe no dijo nada inusual o alarmante, pero Carrie podía sentir que algo no iba bien. Estaba segura de que él se estaba guardando algo para sí mismo. Se preguntaba si alguien más podía sentir las estresantes vibraciones de su jefe.

Carrie empezó a preocuparse de que la energía que percibía en el despacho de su supervisor fuera un mensaje de que la iban a despedir. La idea de quedarse en paro la estresaba cada vez más y le preocupaba lo que pudiera ocurrirle si no podía pagar las facturas.

Entonces se dio cuenta de que estaba interpretando lo que intuía y sentía a través de los miedos de su ego. En lugar de seguir escuchando la cháchara interior, respiró hondo varias veces y empezó a relajarse. Se concentró en su respiración y dejó que la energía estresante fluyera a través de ella.

Mientras observaba la energía y se resistía a sacar conclusiones precipitadas, sintió la seguridad interior de que todo iba a ir bien. Este sentimiento le llegó como un tranquilo conocimiento interior y confió en él. Aunque no conocía el significado de lo que sentía con su supervisor, sabía que no tenía nada que ver con ella.

Carrie acertó cuando intuyó energía cargada de estrés en el despacho de su supervisor. Más tarde se enteró de que él estaba pasando por un divorcio difícil en el momento en que ella había intuido su energía estresante.

No es fácil dejar que la energía fluya a través de nosotros sin comprometer nuestros pensamientos y emociones. Inconscientemente, intentamos comprender y dar sentido a todo aquello que experimentamos. Esto es especialmente cierto cuando se trata de lo desconocido. Existen diferentes vías a través de las cuales los pensamientos y las emociones generados por nosotros mismos y la energía procedente de una fuente externa llegan a nuestro sistema nervioso. La energía de nuestros pensamientos y emociones es conocida y familiar, incluso cuando esos pensamientos y emociones son más intensos. No ocurre lo mismo con la energía intuida y absorbida. Es desconocida y desencadena sensaciones más profundas. Por eso le prestamos más atención y nos aproximamos a ella con cautela.

Cuando nuestras emociones no se despiertan y nos mantenemos en un estado neutral, la energía nos atraviesa. Si reaccionamos con miedo, estrés o ansiedad, se pone en marcha la cháchara mental. Cuando no nos apegamos a nuestra actividad interior y no le oponemos resistencia, nos mantenemos abiertos y despiertos. Nuestra voluntad de observar el drama interior permite que emerja nuestra verdadera naturaleza. Cuando escuchamos nuestro interior, descubrimos que no somos ni nuestros pensamientos ni nuestros sentimientos. Somos el observador tranquilo. Recordar esto nos lleva a lo más profundo de nuestro ser, donde tiene lugar un poderoso viaje.

No ofrezcas resistencia

La conciencia de que estamos intuyendo o absorbiendo energía puede despertar nuestros miedos y aprensión ante lo desconocido. No sabemos qué hacer y puede preocuparnos que estemos absorbiendo energía negativa o tóxica. Cuando no sabemos qué estamos captando y de dónde procede, a menudo nos sentimos inseguros e incluso temerosos. La voz de nuestra cabeza acude al rescate e intenta interpretar qué estamos experimentando. A veces, la voz del ego es dramática e interpreta y juzga aquello que estamos intuyendo a través de una lente enturbiada por el peor escenario posible. Si nos sentimos incómodos con lo desconocido y lo que no se ve, o desconfiamos de lo que podemos estar absorbiendo energéticamente, podemos proyectar sin saberlo estos sentimientos en la energía intuida.

Por ejemplo, mientras escuchas en silencio tu interior, puede alcanzar tu conciencia un sentimiento, un pensamiento o una sensación empática inesperada. Tu primer pensamiento podría ser: ¿por qué capto esto? ¿Estoy absorbiendo la energía de otra persona? ¿Qué significan estas sensaciones?

Puede que la voz de tu cabeza te dé una explicación. Puede que te diga que estas sensaciones indican que existe un problema o una preocupación, o que algo está pasando en una relación. Esto despierta sentimientos de ansiedad y empiezas a pensar en las personas de tu vida que podrían estar relacionadas de algún modo con la energía intuida que estás recibiendo. Al barajar varias posibilidades, empiezas a preguntarte si algún amigo o familiar está enfadado contigo. Y así sin parar.

Cuando nuestras emociones, dudas y miedos aumentan, no siempre resulta posible observar o apartar nuestra atención de la cháchara mental y de nuestras preocupaciones y estrés. Si te resulta demasiado difícil ser consciente de otra cosa que no sea la cháchara incoherente de las dudas y los miedos, simplemente escucha. Siéntate en silencio y escucha el diálogo constante. Deja que diga lo que quiera decir sin dejarte arrastrar por el drama. Si no opones resistencia y dejas que los pensamientos y las emociones sigan su curso sin que reacciones ante ellos, la cháchara acabará perdiendo fuerza.

En lugar de pensar demasiado y cuestionar lo que estás recibiendo, reconoce que la voz del ego está tomando el mando. La percepción y la conciencia que deseamos no pueden encontrarse en la cháchara interior. El constante ir y venir de pensamientos nos aleja de la comprensión que estamos buscando.

Éstos son algunos signos reveladores de que la cháchara mental se está haciendo con el control:

- Los sentimientos y las emociones que recibimos crean estrés y tensión interna.
- Necesitamos comprender los sentimientos, los pensamientos y las percepciones intuitivas que nos llegan. No saber qué significan provoca estrés y podemos sentirnos abrumados.
- Nos sentimos ansiosos, temerosos o preocupados por lo que recibimos.
- Nos sentimos especiales, como si fuéramos mejores o más merecedores que los demás.

Notar cuándo estamos pensando demasiado y que nuestras respuestas emocionales interfieren con la conciencia intuitiva y empática que buscamos nos ayuda a mejorar aún más nuestros sentidos. Sólo cuando desviamos nuestra atención del caos y la actividad de las respuestas de nuestro ego y la dirigimos al observador interior, podemos ser conscientes de la presencia espiritual.

La conciencia intuitiva y empática y nuestro espíritu están conectados de manera intrincada y natural. La mayoría de las veces, nuestro espíritu se da a conocer a través de la tranquila expansión de un corazón abierto. Por desgracia, a menudo la voz elevada y persistente de nuestro ego se apodera de nuestra atención y bloquea nuestra capacidad de sentirnos lo suficientemente seguros como para abrir nuestro corazón y sentir. Sentirse cómodo con la tranquilidad y el desconocimiento va en contra de nuestra forma habitual de hacer las cosas. Para nuestro cerebro pensante y emocional, el silencio es vacío y hueco. No tiene sentido ni nada que ofrecernos. Nos inquieta y preferimos la voz del ego, que siempre parece ofrecernos una explicación y una interpretación de lo que estamos recibiendo y sintiendo. Nuestro impulso innato de querer comprender y dar sentido a la energía intuitiva y empática que recibimos es fuerte. Nos hemos acostumbrado a escuchar y a confiar en los juicios y las interpretaciones de la cháchara mental.

Cuando dejamos que nuestro corazón se abra a nuestra conciencia intuitiva y empática, podemos ser más conscientes de la interpretación que nuestro espíritu hace de lo que estamos recibiendo. A diferencia del ego, nuestro espíritu es amoroso y sabio, y no se da a conocer a través de una actividad manifiesta o tratando de convencernos de algo. A menudo está calmado y es sutil.

Toma conciencia de la frecuencia vibracional

La claridad que buscamos proviene de escuchar más profundamente nuestro corazón y nuestro espíritu. A medida que seguimos observando la cháchara interior, resulta más fácil darse cuenta de cómo la mente del ego está controlando y juzgando constantemente lo que estamos experimentando. Escuchar la cháchara mental interrumpe el proceso intuitivo, mientras que observar refuerza nuestra capacidad de discernir y de recibir mejor el mensaje de lo que estamos intuyendo.

Por ejemplo, en plena pandemia del virus Covid-19, tenía programada una colonoscopia. Por culpa de la amenaza de infección, se estaban cancelando y reprogramando muchas intervenciones similares. Me sorprendió que el centro donde se iba a realizar la colonoscopia siguiera funcionando. Aunque pensé en cancelarla para estar a salvo del virus, no lo hice.

Llevaba varios meses oyendo una vocecita interior que me decía «Hazte una colonoscopia». Este mensaje persistente no parecía una señal de alarma ni incitaba al estrés o la tensión. Era sólo una vocecita silenciosa que me decía «Hazte una colonoscopia».

Cuando pensé en cancelarla, la voz regresó. Así que confirmé la cita.

Cuando me desperté después de la colonoscopia, el médico me dijo que habían extirpado un pólipo de un tipo que a menudo se convierte en canceroso. Me sentí agradecida por haber escuchado esa voz tranquila.

Cuando abrimos nuestro corazón y escuchamos a nuestro espíritu, nuestro conocimiento intuitivo, nuestros pensamientos y nuestros sentimientos son neutros, realistas y persistentes, y rara vez generan estrés o tensión. Cuando nos accedemos al espacio interior para escuchar, estamos menos ansiosos y reactivos. Cuando se despliega la energía, somos capaces de ser más conscientes de con quién o con qué están conectadas estas sensaciones. El mensaje dentro de la energía se despliega de forma natural. Incluso cuando el mensaje es un aviso, como en mi caso con la colonoscopia, nuestro espíritu no nos provoca ansiedad ni preocupación.

A menudo no recibimos el tipo de información y de interpretación que creemos necesitar y desear de nuestra conciencia intuitiva y empática. Cuando ocurre esto, lo mejor es dejarlo pasar. Una vez que aceptamos que lo que necesitamos saber acude a nosotros sin que intentemos que pase, creamos el espacio para nuevas percepciones y orientación. Recibir el significado y el mensaje que hay detrás de las percepciones empáticas e intuitivas, las sensaciones, los sentimientos y la conciencia es algo así como mostrar afecto a mi gato. Si pretendo acariciarlo o sentarlo en mi regazo, huye. En cambio, cuando actúo con desinterés y me dedico a mis quehaceres cotidianos, me sigue y me reclama.

Hay una sabiduría y una gracia en la guía superior que a menudo nos proporciona sólo lo que necesitamos saber, paso a paso. Nuestro papel no es controlar y manipular la energía intuida para satisfacer nuestros deseos, sino fluir con ella y confiar en su revelación. Observar y sentir la energía y las sensaciones sin apego permite que el significado y la importancia de lo que estamos experimentando emerjan sin comprometer la mente del ego.

No toda la energía intuitiva que percibimos, sentimos y recibimos merece nuestra atención. La energía que absorbemos empáticamente de los demás y del entorno puede ser negativa y tóxica. Incluso aunque seamos pacientes con el proceso de comprender y deducir el significado y los mensajes de lo que intuimos, parte de lo que recibimos tiene poco que ofrecernos. Algunas energías no nos aportan ideas ni una guía clara para nuestro bien mayor. Por el contrario, pueden llevarnos a la confusión y la fatiga, y hacer que nos sintamos agobiados, tristes y negativos. Simplemente, es mejor dejar que cierta energía intuida nos atraviese.

Observar la energía que recibimos de forma empática puede ayudarnos a diferenciar la energía positiva y útil de aquella que no nos beneficia. Cuando observamos, nos damos cuenta de las sutilezas y las vibraciones y frecuencias distintivas de la energía.

Aunque muchas cosas del mundo físico parecen sólidas, todo lo que encontramos está hecho de energía vibracional. Cuando la energía vibra a un ritmo lento y denso, está alineada con la frecuencia de la fisicalidad. Nuestros pensamientos autogenerados, la cháchara mental y el yo egoico están integrados dentro de la vibración más densa del reino físico. La frecuencia de la energía intuida y de los sentimientos empáticos varía y depende de la fuente de energía. La energía intuida de baja vibración procede de fuentes de baja vibración, como personas negativas o enfadadas, o situaciones caóticas. En cambio, las frecuencias más altas proceden de personas cariñosas y positivas, y de fuentes espirituales divinas.

A medida que nos acostumbramos a observar y a permitir que la energía fluya a través de nosotros, empezamos a percibir cómo difieren las frecuencias y vibraciones de nuestros pensamientos y sentimientos, y nuestra sensibilidad intuitiva y empática.

Por ejemplo, la preocupación, el estrés y el miedo suelen sentirse en el cuerpo como tensión y opresión, especialmente en el cuello, el pecho y la garganta. Estos estados de ánimo pueden provocarnos dolores de cabeza o musculares, o problemas digestivos. Un estado de ánimo optimista y un pensamiento motivacional cariñoso tienen una frecuencia más alta. Nuestro cuerpo está más relajado, dormimos mejor y nuestro sistema inmunitario se fortalece.

Tomar conciencia de la frecuencia y la vibración de nuestros pensamientos, nuestras emociones y nuestro espíritu nos ayuda a mejorar nuestros sentidos. A medida que aprendemos el lenguaje intuitivo de nuestro espíritu, nuestra esencia y nuestra energía, nos volvemos más capaces de identificar la vibración de aquello que sentimos y absorbemos. Con esta conciencia, podemos elegir abrirnos más a la energía positiva o poner límites a nuestra exposición a la energía de baja vibración. El mero hecho de tener la intención de recibir y absorber únicamente la energía que nos beneficia establece un límite espiritual. Somos seres espirituales poderosos y la energía responde a nuestra petición.

EJERCICIO

Observa la frecuencia y la vibración energética

Además de observar la energía que fluye hacia tu conciencia, toma conciencia de su vibración y su frecuencia. Tómate un momento para prestar atención a los pensamientos y los sentimientos que se arremolinan en tu interior. Deja que fluyan a través de ti sin reaccionar ni responder a ellos. Fíjate en lo que dices de ti mismo, en tus juicios, críticas y deseos, y en los constantes comentarios internos.

Observa estos pensamientos y sentimientos, y toma conciencia de cualquier sensación asociada a ellos. Algunos pensamientos y emociones pueden ser positivos y empoderadores. Pueden llenarte de energía, esperanza e inspiración creativa. Estos sentimientos tienen una vibración más alta y nos nutren de energía vital y saludable.

Otros pensamientos y sentimientos pueden resultar pesados o hacer que nos sintamos emocionalmente deprimidos o fatigados y cansados. Este tipo de sentimientos son indicios de energía de baja vibración. Esta energía tiene poco que ofrecer, así que déjalos salir a través de la respiración.

Deja que te abandonen mientras respiras y tomas conciencia de la vibración sutil de tus pensamientos y sentimientos.

Haz una inspiración larga y profunda, espira cualquier tensión o estrés. Fíjate en las sensaciones, los sentimientos y los pensamientos que van surgiendo, pero no te apegues a ellos. Mantén un estado abierto de receptividad y sigue respirando.

En este estado abierto y receptivo, imagina que inspiras energía de luz blanca y la envías a tu corazón. Sigue inspirando energía de luz blanca y deja que abra tu corazón al espirar.

Sé dulce y abierto, y fluye con las vibraciones que emanan de tu corazón. Invita a las frecuencias superiores de la sabiduría y el amor a fluir hacia tu corazón.

Sensaciones y sentimientos como el hormigueo, la ligereza y la sensación de paz indican una energía de vibración superior. Inspira estos sentimientos y escucha en tu interior la voz tranquila de la presencia divina.

Sin dejar de observar, conecta con las vibraciones más sutiles asociadas a la energía que entra y sale de tu corazón.

Observar nuestra actividad interior permite que aparezcan momentos de calma, expansión y un espacio centrado en el corazón. Esta conciencia puede resultar fugaz y difícil de retener. Practica dejando que estos momentos de apertura vayan y vengan y se disipen. No intentes aferrarte a esta amplitud y evita la tentación de pensar demasiado e intentar dar sentido a lo que está pasando.

Sigue respirando, relajándote y observando hasta que la conciencia se apague.

Limpia la energía absorbida

A medida que identificamos la frecuencia y la vibración de la energía que intuimos y sentimos, empezamos a darnos cuenta de las diferentes maneras en que influye y nos afecta. A menudo absorbemos en nuestro cuerpo la energía emocional y de pensamiento de los demás y del entorno a través de la conciencia empática y la alta sensibilidad. Podemos experimentar la energía de los demás y del entorno como sensaciones leves, como el erizamiento del vello del cuello o de los brazos, un ligero dolor de cabeza, presión en el cuerpo o una sensación de mariposas en el estómago. Pero la energía que absorbemos puede ser más intensa. Podemos llegar a sentir pesadez en el pecho, dificultad para respirar o sensaciones de estrés y pánico.

A veces podemos ser conscientes de cuándo sentimos y percibimos la energía de otra persona y cuándo recibimos sentimientos empáticos y sensaciones aleatorias, pero no siempre. No siempre es fácil separar la energía absorbida y la sensación de nuestros propios sentimientos y dolores. Puede que no nos demos cuenta hasta más tarde de que lo que sentimos o percibimos nos ha llegado a través de nuestra sensibilidad empática.

Por ejemplo, ésta es la experiencia de Claire:

Estaba escribiendo un mensaje de texto a mi amiga Kandace cuando, de repente, sentí una explosión de energía en el pecho. Entonces esta extraña vibración comenzó a moverse en mi intestino. Me pregunté si se trataba de un espasmo muscular, pero no sentía ningún dolor.

Kandace está de camino a Bali y, cuando pienso en ella, siento como si mi cabeza se estuviera expandiendo. Se va a un retiro de yoga y meditación. Parece que va a ser potente. Estas sensaciones y estos sentimientos extraños empezaron cuando me dijo que estaba pensando en asistir a este retiro. ¿Por qué siento esta energía? ¿Qué significa? Tal vez sea su energía. Está muy emocionada.

A veces la energía que absorbemos y sentimos empáticamente es intensa y abrumadora. No sabemos por qué estamos absorbiendo estas vibraciones ni qué hacer con ellas. Están en agudo contraste con la energía emocional más neutra y tranquilizadora que emerge del interior de nuestro corazón y de nuestro espíritu. Si la energía que absorbemos empáticamente nos resulta negativa o molesta, podemos sentir miedo o preocupación. Puede preocuparnos que sea perjudicial para nuestro bienestar y que pueda provocarnos algún daño. Nuestra necesidad de protegernos de lo que sentimos como energía tóxica o negativa se convierte en una prioridad.

Si sientes que has absorbido energía que te gustaría liberar o que tienes tendencia a absorber la energía de los demás y del entorno, no eres el único. Es una preocupación para muchos. Cuando sentimos que somos susceptibles a las influencias energéticas externas, tendemos a cerrarnos. Podemos hacer todo lo posible por evitar o reprimir nuestra receptividad intuitiva y empática. Sin embargo, cuando entramos en modo temeroso o defensivo, no podemos acceder a las vibraciones energéticas superiores.

Aunque nuestro instinto nos lleve a replegar nuestra energía de forma protectora, es nuestro corazón abierto el que nos ofrece alivio y seguridad energética. La oscuridad huye de la luz. Las vibraciones positivas, amorosas y elevadas nos levantan y nos llevan fuera del alcance de la energía más baja y pesada.

EJERCICIO

El corazón abierto de la protección

Cuando sientas la necesidad de protegerte de las fuerzas externas y de la energía de los demás, prueba lo siguiente.

Inspira energía de luz blanca por la parte superior de la cabeza. Envía esta energía a todo tu ser. Espira todo el estrés y la tensión.

Sigue inspirando larga y profundamente luz blanca y espira el estrés y la tensión del cuerpo. Cuando te sientas más relajado, imagina que inspiras luz blanca y espiras esta energía a través del corazón.

Continúa inspirando luz blanca y espirando por el corazón. Cuando espires, imagina que tu corazón se abre como una flor, pétalo a pétalo.

A medida que tu corazón se abre, invita al poder y a la presencia espiritual de alta vibración a fluir a través de ti y rodéate de luz blanca.

Imagina el desarrollo de la luz dentro de tu corazón. Deja que esta esencia energética se mueva por tu ser.

En armonía con tu respiración, esta energía de alta vibración fluye a través de ti, limpiándote de cualquier energía que haya en tu interior y a tu alrededor que no esté en tu bien supremo.

Continúa inspirando energía de luz blanca y espirando a través de tu corazón. Deja que la esencia de la luz limpie y purifique tu cuerpo físico y se extienda por el campo energético que te rodea.

Mientras absorbes la luz en tu interior, puedes pronunciar una oración corta de protección, como ésta:

Que la luz de lo divino que sale de mi corazón me rodee a mí, a mi hogar, a mis mascotas y a mis seres queridos, y limpie y purifique total y completamente cualquier baja vibración que no favorezca mi bien más supremo.

La energía divina vibra a una frecuencia elevada. Esta frecuencia no está limitada al tiempo y al espacio, y no está sujeta a las leyes de la fisicalidad. Nuestro espíritu, la parte verdadera y eterna de nosotros, no es físico y puede acceder a estas frecuencias superiores. Esta energía puede provocar sensaciones perceptibles cuando fluye en nuestro ser. Podemos sentir un zumbido o un hormigueo, o bien una sensación de expansión en la cabeza, el corazón u otras partes de nuestro cuerpo. Puede que un escalofrío de energía nos recorra la columna vertebral o que nos sintamos mareados. Pueden aparecer destellos y flashes de luz o de energía púrpura, magenta, verde, blanca o dorada, y también pueden aflorar imágenes y visiones al azar. La guía divina fluye de manera natural hacia nuestra conciencia. Incorporar frecuencias más elevadas expande nuestra conciencia y permite la manifestación de nuestro bien supremo.

Hay un vasto territorio dentro de nosotros para explorar. Aunque solemos centrarnos en la actividad de nuestro cerebro pensante finito y en nuestras respuestas emocionales, somos mucho más que eso. A medida que nos familiarizamos con nuestros aspectos espirituales, descubrimos fuerzas amorosas, sabias y poderosas dirigidas hacia nuestro bien supremo.

El reto espiritual consiste en observar nuestra cháchara y nuestra actividad internas y la energía intuitiva y empática que nos atraviesa. En lugar de escuchar la mente del ego y tratar de controlar nuestra receptividad intuitiva y empática, abrimos nuestro corazón a la poderosa presencia de nuestro espíritu.

Alejarnos un paso y escuchar tanto la cháchara mental como la voz intuitiva a medida que fluye en nuestra conciencia es un poderoso paso espiritual en nuestro despertar a nuestra verdad. Ya no estamos confinados a una orientación puramente física. Cuando permitimos que la energía fluya por nosotros sin involucrar la cháchara mental, emerge en nuestro interior la presencia intangible más ligera. Es la consciencia espiritual.

SEGUNDA PARTE

CONSCIENCIA

CAPÍTULO 4

¿Quién soy?

Las voces interiores que compiten por nuestra atención y parecen opuestas entre sí proceden de nuestro ser multidimensional. A veces, la cháchara mental parece tener sentido, mientras que otras veces es caótica y provoca estrés y una tensión interna. Lo mismo ocurre con nuestra sensibilidad intuitiva y empática. A veces, lo que sentimos, percibimos, sabemos y experimentamos de forma intuitiva nos proporciona valiosos conocimientos y orientación, mientras que otras veces nos parece confuso y sin sentido.

Cuando practicamos la observación de la actividad de nuestra cabeza, nos resulta más fácil desapegarnos de su constante diálogo interno. Cuando empezamos a darnos cuenta de que no somos nuestros pensamientos ni la energía intuitiva que absorbemos y sentimos, podemos preguntarnos: «¿Quién soy yo? ¿Qué hay dentro de mí que está haciendo la observación?».

Solemos percibir sólo pequeños aspectos y retazos de lo que somos. Por ejemplo, en diversos tipos de entornos sociales y laborales, nos pueden pedir que compartamos más cosas sobre nosotros. Nuestra respuesta suele depender de quién nos lo pida. En situaciones sociales, podemos compartir con los demás cómo pasamos el tiempo y cuáles son nuestros intereses, nuestras aficiones y nuestro historial. En un entorno profesional, podemos optar por compartir más información sobre nuestra ocupación, nuestra vida laboral y nuestros logros. Un médico puede vernos en términos de altura, peso, niveles de colesterol, valores de tensión arterial y otras características físicas.

La mayoría de la gente nos conoce de una forma que tiene sentido para ellos. Aunque las características por las que nos definen los demás pueden ser objetivamente correctas, es posible que estos aspectos de nuestra naturaleza no revelen muchas cosas de lo que realmente somos.

No sólo los demás nos describen y nos conocen de diversas maneras, sino que así es como nos conocemos a nosotros mismos. Cada día, nuestra percepción de quiénes somos puede cambiar. Este cambio de autoconciencia depende de muchos factores. Nuestros pensamientos, nuestras emociones y nuestra salud física cambiantes contribuyen e influyen sobre lo que creemos que somos. Los factores externos y nuestros pensamientos, nuestros sentimientos y nuestras creencias pueden cambiar de un momento a otro, modificando nuestra autopercepción. Las normas y las expectativas sociales y culturales también contribuyen a cómo nos vemos a nosotros mismos. Desde pequeños, recibimos mensajes abiertos y silenciosos sobre nuestro aspecto físico, nuestra inteligencia y nuestras capacidades. La mayoría de las características por las que nos definimos pueden ser ciertas desde el punto de vista fáctico y lógico, pero esta verdad es relativa o temporal. La profesión, el color de pelo, el peso, las opiniones, los gustos y otras características que nos definen no son necesariamente para siempre.

Sin embargo, hay veces en las que vislumbramos la parte de nosotros que no puede definirse de forma mundana, física o lógica. Por ejemplo, una de las sorpresas de envejecer es que empezamos a darnos cuenta de que el «yo» que llevamos dentro no parece envejecer. Aunque hay pruebas tangibles de que estamos envejeciendo, hay una parte de nosotros que se mira en el espejo y se pregunta por qué parecemos tan viejos. No nos identificamos necesariamente con ese nosotros más viejo que se mira en el espejo. La consciencia no tiene edad y siempre está presente.

Inmediatamente después de la muerte, podemos vernos a nosotros mismos desde fuera de nuestro cuerpo físico. Durante las sesiones de médium, mis clientes suelen expresar su preocupación por el hecho de que sus seres queridos experimentaran dolor y sufrimiento cuando fallecieron. Sin embargo, nunca un alma me ha dicho que morir fuera doloroso. Cuando el alma comienza a abandonar el cuerpo físico, ya no sentimos dolor. La conciencia de uno mismo pasa de ser un ser físico sometido a las leyes del mundo material a ser un espíritu y un alma. Este cambio de conciencia nos permite entrar en una dimensión en la que no existe el dolor ni el sufrimiento.

Ser empático, intuitivo y altamente sensible abre una puerta a través de la cual podemos sentir, conocer y experimentarnos mejor más allá del cuerpo físico y los cinco sentidos. Esta presencia y esta conciencia intangibles en nuestro interior es nuestra consciencia. Es a través de la consciencia como somos conscientes tanto de nuestro yo interno, como nuestros pensamientos, nuestros sentimientos, nuestros sueños y nuestras sensaciones intuitivas, como del mundo exterior, nuestro entorno físico y la información que nos proporcionan nuestros cinco sentidos. La consciencia es la totalidad de nuestra existencia, que no puede conocerse ni comprenderse plenamente a través de las palabras y los pensamientos. Tomar conciencia de nosotros mismos de esta manera es un paso evolutivo hacia una nueva forma de ser.

La visión desde nuestro nivel de consciencia

En general, ocupamos tres niveles de consciencia: material, mental y espiritual. Cada nivel de consciencia ofrece una perspectiva distinta de la realidad. Define cómo experimentamos el mundo y a nosotros mismos. La calidad de nuestra vida cotidiana, las limitaciones que encontramos y la cantidad de abundancia y alegría que fluyen en nuestras vidas están determinadas por nuestro nivel de consciencia. La energía que intuimos, sentimos y percibimos también está determinada por nuestro nivel de consciencia. A medida que ascendemos a estados superiores de consciencia, nuestra sensibilidad intuitiva y empática se transforma.

Para entender mejor estos tres niveles distintos de consciencia, supongamos que nos encontramos en una calle de una ciudad o de otra zona poblada. Es probable que veamos edificios, personas, coches y mucha actividad. Puede que oigamos el claxon de los vehículos, gente hablando y el sonsonete lejano de la constante actividad. Hay gente siguiendo su rutina cotidiana y una sensación general de ajetreo. En el aire se perciben los gases de los tubos de escape de los vehículos, el olor de la comida que se está cocinando en los restaurantes cercanos y el mal olor de los contenedores de basura. Hay mucho que asimilar y nuestra atención se centra en la actividad, los sonidos, los olores y la gente que nos rodea.

Cuando estamos en la esquina de la calle consumidos por nuestro entorno material inmediato, nos encontramos bajo la influencia de la consciencia material. Nuestros pensamientos, nuestros sentimientos, nuestras creencias y nuestro sentido del yo están determinados por el entorno exterior. Nuestra conciencia intuitiva y empática se centra en la energía de lo que ocurre a nuestro alrededor y en las energías de quienes se encuentran en nuestro entorno inmediato.

Ahora supón que estás subiendo a una montaña verde y frondosa. El rico aroma de los pinos y el canto de los pájaros llenan el aire. Al cabo de un rato llegamos a un claro donde podemos ver lo alto que hemos subido. A lo lejos, un arroyo serpentea por la ladera de la montaña y desemboca en un lago de un azul intenso. Nuestro corazón y nuestra mente están relajados y sentimos una profunda paz. La belleza de nuestro entorno nos inspira. Las preocupaciones que nos habían provocado estrés parecen desaparecer.

Empezamos a preguntarnos cómo podemos reorganizar nuestra vida para vivir a tiempo completo en este maravilloso lugar que acabamos de descubrir. Nos damos cuenta de que nos va a costar trabajo hacerlo realidad. Tenemos que vender nuestra casa actual y encontrar la manera de que nuestro jefe nos deje teletrabajar. A medida que pensamos en los pasos que hay que dar, la idea de trasladarnos empieza a no gustarnos tanto. Nos preguntamos si sería posible y nos desanimamos un poco. Aun así, estamos decididos a ser positivos y a intentar hacerlo realidad.

Mientras descansamos a mitad de la ascensión a la montaña, percibimos la realidad a través de la consciencia mental. La belleza de nuestro entorno y la comodidad y el apoyo que sentimos son símbolos de nuestra creciente conciencia del amor y el apoyo de la presencia espiritual. Sin embargo, hace falta un esfuerzo por nuestra parte para hacer realidad nuestro sueño de vivir en esta energía y conciencia. Con mucho que resolver, nos ponemos manos a la obra y olvidamos la serenidad tranquila de simplemente ser.

Ahora imagina que estamos en la cima de la montaña con una vista panorámica de los picos lejanos. El cielo está despejado y el Sol brilla sobre nosotros. Mientras respiramos, podemos sentir la pureza del aire fluyendo a través de nuestro ser. Al contemplar el vuelo de un pájaro en la distancia, empezamos a fundirnos con él y a movernos en las corrientes de aire. En nuestro corazón, sentimos una conexión y unidad con esta creación sabia y amorosa. Cuando un rayo de Sol entra en nuestra visión, nos disolvemos en el calor. Como una sonrisa, la luz del Sol danza en el cielo, viva y brillante. Somos la luz del Sol y el cielo azul, la cima de la montaña y mucho más. Trascendemos la forma física y nos sentimos energía, inmersos y sostenidos por la fuerza del amor.

En la cima de la montaña, trascendemos las limitaciones del reino físico. Esto es consciencia espiritual. Nos rendimos al flujo de la presencia divina y nos dejamos ser plenamente sostenidos. Experimentamos una unidad con toda la vida y reconocemos la brillante actividad creativa de un orden superior que siempre fluye con abundancia. Nuestras necesidades y nuestros deseos cotidianos se ven satisfechos y se manifiestan sin preocupaciones, conflictos ni estrés. No estamos separados ni apartados del resto de la creación.

Cómo escalar las alturas

Dada la belleza y la dicha de la montaña, podemos preguntarnos por qué la persona de las atestadas y apestosas calles no se pone sus botas de montaña y escala las alturas. Es una pregunta justa y lógica, pero hay muchas razones por las que podemos resistirnos a la llamada de la generosidad de las vibraciones superiores.

Tal vez no tengamos interés en perseguir una consciencia suprema. Nos gusta la ciudad y nos sentimos cómodos en ella. Queremos la seguridad de nuestros amigos, de la familia y de lo familiar. Nunca hemos escalado una montaña y tenemos algo de miedo y no creemos que podamos hacerlo. Puede que no tenga sentido práctico y parezca demasiado arriesgado. No nos atrae aventurarnos a lo desconocido.

Puede que nos apetezca mucho vivir en la montaña, pero no sabemos cómo hacerlo realidad. Se nos ocurren muchas razones por las que no es posible. Nos preocupa perder el trabajo y cambiar de profesión. Tenemos que pagar facturas y ocuparnos de responsabilidades cotidianas, y puede que nos sintamos demasiado comprometidos y tengamos otras responsabilidades de las que no creemos que podemos desprendernos. Nos preocupa sentirnos solos e incomprendidos por nuestros amigos y familiares. No parece el momento adecuado para hacer un cambio tan drástico. También hay razones inconscientes para no elevar nuestro nivel de consciencia, como sentirnos indignos o anclados en el pasado, o tener miedo.

Cuando se trata de cambiar nuestra perspectiva sobre nosotros mismos y nuestra vida hacia una conciencia suprema, a menudo hay resistencia. Para aquellos que están preparados para este viaje, el camino está abierto. Una vez que establecemos la intención de ascender a la consciencia superior, hay una fuerza en nuestro interior y a nuestro alrededor que teje con pericia las oportunidades, las sincronicidades y las personas que apoyan este deseo. Podemos participar en prácticas y ejercicios espirituales y hacer todas las cosas adecuadas, y aun así contenernos. Es nuestra intención y nuestra voluntad lo que pone en marcha la poderosa corriente de transformación de la consciencia.

El reto espiritual consiste en abrirse al vasto panorama de lo que somos. La consciencia es fluida y nuestra percepción de nosotros mismos, de los demás, del mundo y de la realidad cambia y evoluciona. Como empáticos, intuitivos y sensibles que somos, tenemos ventaja. Somos conscientes y a menudo podemos ver, sentir, intuir, conocer y aceptar las ofertas de una realidad energética más amplia. Nuestro reto es tener coraje y confianza, y dejarnos ir en el gran flujo espiritual que nos está impulsando hacia delante en el flujo de la abundancia, la manifestación y la alegría.

CAPÍTULO 5

Consciencia material: poder externo

Durante gran parte de la existencia humana, la consciencia material ha sido la forma principal a través de la cual vemos al mundo y a nosotros mismos. Incluye la creencia de que para sobrevivir debemos competir entre nosotros y con las fuerzas externas. Mediante la consciencia material, definimos el mundo que nos rodea y a nosotros mismos a través de la fisicalidad, los cinco sentidos y las normas y creencias culturales aceptadas. Si podemos tocar, oler, oír, ver o saborear algo es real.

A través de la consciencia material, estamos sujetos a la causa y el efecto, al tiempo y el espacio finitos y a la dualidad. Por mucho que lo intentemos, las posibilidades son limitadas. La consciencia material reside en el continuo de lo malo y lo bueno, lo correcto y lo incorrecto, el éxito y el fracaso, y la alegría y el sufrimiento. Experimentamos ambos lados de la dualidad. Algunos días podemos ser positivos y sentir que todo va como queremos. Estamos haciendo progresos y provocando los cambios que deseamos. Pero poco después, nos encontramos con las mismas dificultades y los mismos retos que creíamos haber dejado atrás.

Como las dos caras de una moneda, el día y la noche, la felicidad y la tristeza, y la ganancia y la pérdida, avanzamos y retrocedemos a lo largo de este continuo sin fin. A través de la consciencia material, el cambio no conduce necesariamente a la transformación. Por el contrario, acaba por llevarnos de vuelta a los mismos problemas familiares. Empezamos a comer más sano, pero si no permanecemos alerta, volvemos lentamente a nuestros viejos hábitos alimentarios. Encontramos un nuevo trabajo para escapar de la monotonía del anterior, sólo para encontrarnos en la misma situación en el nuevo trabajo. Un hábito sustituye a otro, y seguimos dudando entre qué queremos y qué no queremos. La consciencia material nos mantiene luchando por alcanzar nuestros deseos, anhelos y necesidades.

Este punto de percepción material invita a creer que el universo hace la vista gorda con nosotros, que no hay ningún poder ni ninguna influencia que nos quiera y cuide de nosotros incondicionalmente. Sólo prosperan los que son fuertes, dominantes, listos o afortunados. En casi todo, seguimos abordando colectivamente muchas de nuestras preocupaciones cotidianas a través de la consciencia material. Tememos la carencia, la enfermedad, la pobreza y el fracaso, y creemos que puede haber una calamidad inesperada a la vuelta de la esquina. A través de la consciencia material, cosas como la abundancia, el amor, el bienestar y la paz interior no llegan de forma natural o fácil. Tenemos que conspirar, planear, trabajar duro y tener suerte para tener éxito y conseguir aquello que deseamos. La creencia en la lucha y en la oposición está tan arraigada en la consciencia material que parece insensato pensar lo contrario.

Nuestro ego hace todo lo posible por tener pensamientos que nos proporcionen una sensación de poder y de control. La voz de la cháchara mental apoya la realidad tal y como hemos llegado a creer que es. Cuando creemos que las circunstancias externas y azarosas determinan qué oportunidades y qué ventajas se nos presentan, la cháchara de nuestra mente reforzará esta creencia. La voz nos recordará continuamente que no somos rivales para las fuerzas externas. Cedemos nuestro poder a las opiniones de los demás, a la economía y al *statu quo* cultural. Centrados en las amenazas externas y en el poder material, no podemos escuchar los matices silenciosos de nuestro corazón y de nuestra alma.

Cuando vivimos principalmente a través de la consciencia material, la vida suele ser todo un reto, problemática y difícil. Sin embargo, también puede ser sensual y gratificante para el ego, y satisfacer nuestras necesidades y nuestros deseos físicos. A menudo nos creemos víctimas de las circunstancias e intentamos controlar a los demás y todo lo que se nos pone por delante para conseguir aquello que deseamos. Albergando el temor secreto de que somos indignos y vulnerables, nos comparamos con los demás para sentirnos más exitosos, dominantes y superiores. La perspectiva material fomenta la competitividad, la lucha, el egoísmo, el temor a la muerte y un sentido limitado de lo que es posible. Tenemos poca conciencia de nosotros mismos y una comprensión limitada de nosotros mismos y de la vida.

Desde la perspectiva de la consciencia material, para abrirnos camino en el mundo dependemos de nosotros mismos y de aquéllos con los que sentimos afinidad. Nuestra identidad se centra en características físicas como nuestra raza y ascendencia y en nuestro estatus socioeconómico. Adoptamos las creencias y los prejuicios de nuestra familia y de nuestros amigos, y no nos desviamos mucho de lo conocido y aceptado. Una vida de éxito se basa en logros externos y en conseguir satisfacer nuestras necesidades y deseos. Gracias al esfuerzo personal, a la inteligencia, a las conexiones familiares, a la educación, al talento y a algo de fortuna, lo conseguimos. Cuando algo no sale como queremos, nos echamos la culpa a nosotros mismos, a los demás, a la economía, a la política o a otras fuerzas externas. En cambio, cuando las cosas salen como esperábamos, nos solemos atribuir todo el mérito.

La consciencia material está relacionada principalmente con el ego y con nuestros cinco sentidos. Esta orientación puede satisfacernos mediante una falsa sensación de poder y de control personal y un impulso materialista. Cuando nuestra consciencia está centrada en el reino material, escuchamos la voz que nos habla. Tiene sentido para nosotros, ya que sus juicios y necesidad de poder y de control refuerzan la visión del mundo de la materialidad.

Empáticamente centrado en el reino material

Hay muchas personas intuitivas, empáticas y sensibles que se perciben a sí mismas y al mundo sobre todo a través de la consciencia material. La mayoría lucha por aceptar sus percepciones intuitivas, su conciencia de los sentimientos de los demás y sus dones extrasensoriales. Cuando nuestra consciencia se centra en la realidad material, las sensaciones energéticas, intuitivas y empáticas, los sentimientos y la conciencia son a menudo ignorados o puestos en duda y descartados. Nuestra voz interior se rebela contra todo lo que no puede captar y comprender plenamente. La cháchara mental no es capaz de comprender lo que está pasando. La conciencia de que estamos recibiendo y absorbiendo energía en forma de pensamientos, sentimientos y sensaciones no tiene sentido. Cuando creemos sólo en lo que es físico y manifestado, nuestra realidad se vuelve estrecha y limitada. La idea de que la energía invisible emite vibraciones que pueden influirnos y afectarnos no encaja en nuestra creencia de lo que es posible.

Sin embargo, cuando nuestra visión está estrechamente enfocada y dejamos de evolucionar y de explorar las maravillas de la vida, nuestra alma nos empuja continuamente hacia territorios inexplorados. Una de las formas en que intenta llamar nuestra atención es a través de la aparición de la conciencia intuitiva y empática. Las experiencias extrasensoriales se abren camino a través de nuestras rígidas percepciones y nos exponen a lo no físico y desconocido. Algo dentro de nosotros se despierta y empezamos a vislumbrar lo que hay más allá de los cinco sentidos puramente materiales.

De todos modos, la consciencia material tiene una relación voluble con el reino extrasensorial. No siempre aceptamos la validez de la sensibilidad intuitiva y empática cuando nuestra percepción primaria se basa en la consciencia material. Aquellos que están abiertos a la posibilidad de que haya algo más allá de la realidad física que podamos conocer, sentir y ver suelen pensar que estas habilidades sólo son posibles para algunas personas, que las capacidades extrasensoriales son un don especial que se encuentra más allá del alcance de las capacidades de la persona media. Sin embargo, aunque no creamos que la percepción intuitiva y empática sea real, podemos poseer esta capacidad.

Cuando nuestra visión primaria de la realidad es a través de la consciencia material, la energía intuitiva y empática se experimenta a menudo a través del cuerpo físico. Son comunes las vibraciones, los presentimientos y sensaciones como los escalofríos que suben y bajan por los brazos o el erizamiento del vello de la nuca. Cuando descartamos, tememos o negamos la existencia del reino invisible del espíritu y la energía, no disponemos de una estructura a través de la cual recibir orientación y percepciones intuitivas. Los fenómenos extrasensoriales y no físicos suelen provocar estrés y ansiedad. Nuestra capacidad para comprender plenamente cómo podemos intuir los sentimientos y las vibraciones de los demás es limitada.

A través de la consciencia material, el ego es el centro principal del poder personal. Como al ego le gusta ser dominante, rara vez se confía en la conciencia extrasensorial. El miedo a lo desconocido tiene un brazo muy largo que se extiende hasta el ámbito empático e intuitivo. La conciencia intuitiva inesperada puede confundirnos o hacernos sentir incómodos. Puede que no sepamos qué hacer con la información intuitiva. Puede que no entendamos por qué sabemos y sentimos esas cosas, y qué hacer con lo que recibimos. Puede que no tengamos a nadie a quien pedir consejo, ya que no sentimos que podamos contar a los demás aquello que estamos experimentando. Muchas personas se cierran en banda y no comparten sus experiencias con los demás por miedo a que las juzguen y consideren que están locas o que deliran. Podemos sentirnos solos, extraños y diferentes.

A pesar de la resistencia y el recelo que albergan hacia la conciencia extrasensorial aquéllos cuya percepción se basa en la consciencia material, nuestra sensibilidad empática e intuitiva sigue reclamando nuestra atención. Es posible que investiguemos y practiquemos formas de protegernos psíquicamente y evitemos a las personas y las situaciones que nos parecen amenazadoras. También podemos intentar apagar nuestros sensores intuitivos y no sentir.

Otro desafío es la interferencia del ego. Cuando aceptamos nuestras inclinaciones intuitivas, tenemos propensión a permitir que nuestro ego interprete lo que recibimos. Cuando el ego se involucra, la cháchara mental nos dice el significado de los sentimientos, las sensaciones y las percepciones intuitivas que recibimos. Aunque el ego no es capaz de conectar con la información energética e identificar correctamente su significado, eso no le impide guiarnos, por lo general en la dirección equivocada.

El ego suele girar las cosas a nuestro favor y hacia lo que deseamos o nos inspira miedo y preocupación. El ego puede hacernos creer que somos más talentosos y especiales, o que estemos más dotados que los demás. Puede que nos digamos a nosotros mismos que hemos sido agraciados con poderes cósmicos que demuestran nuestra superioridad. Si alguien nos cuestiona, podemos atribuir su actitud a los celos, a la negatividad o a nuestra brillantez mal entendida. Si creemos que somos infalibles y más dignos que los demás, entonces es más probable que manipulemos a los demás y utilicemos nuestros dones para llamar la atención y aumentar nuestra sensación de poder.

A través de la consciencia material, estamos alerta cuando se trata de nuestra supervivencia y nuestra seguridad personal. Nos preocupa la posibilidad de absorber la energía negativa y potencialmente tóxica y malsana de los demás. Como nos inquietan los posibles efectos nocivos de la energía ajena, es posible que evitemos a los demás y tengamos cuidado con quién pasamos el tiempo. La representación del reino espiritual en la cultura popular como algo oscuro, maligno y peligroso ha llevado a muchos a evitar cualquier interacción o conexión con lo invisible. A través de la consciencia material, tendemos a ser menos conscientes de los matices y las sutilezas. Vemos el mundo de un modo más blanco o negro, bueno o malo, del tipo «estás conmigo o contra mí». Confiamos en el mundo material y en nuestros cinco sentidos.

A través de la consciencia material, la corriente de energía que recibimos de forma empática e intuitiva se centra sobre todo en el mundo mundano que nos rodea. Esto incluye a las personas con las que nos encontramos a diario (nuestros amigos, familiares y compañeros de trabajo) y la energía de los entornos que frecuentamos. Dado que el reino material está regido por la dualidad, lo que sentimos e intuimos se sitúa en el vasto continuo de lo positivo y lo negativo. Aunque podemos recibir vibraciones y percepciones útiles y amorosas, también podemos captar y absorber vibraciones de negatividad más bajas.

Podemos tener un amplio abanico de experiencias intuitivas y extrasensoriales, algunas más intensas que otras. Podemos empezar a percibir influencias desconocidas que nos resulten confusas u oscuras. Luego, inesperadamente, experimentamos lo que parece una presencia reconfortante o percepciones útiles para los demás. Podemos sentir que no estamos solos, tener sueños extraños o temer cada vez más que haya algo invisible que pueda hacernos daño. Entonces, aparentemente surgido de la nada, sentimos el suave calor de una presencia superior que nos atraviesa y nos abre el corazón.

EJERCICIO

Poder interior

A través de la consciencia material, nuestra respuesta inicial a los problemas, desafíos, carencias y sentimientos de limitación es buscar soluciones fuera de nosotros mismos. Podemos culpar de lo que estamos experimentando a la economía, a otros, a circunstancias imprevistas o a la mala suerte. Esto suele generar frustración, enfado y una sensación de impotencia.

Cuando te sientas agobiado por culpa de problemas o de desafíos y comiences a buscar una solución fuera de ti, tómate un momento para respirar. Hay una forma más eficaz de proceder: mira a tu interior y observa tus sentimientos y pensamientos.

¿Qué te dice esa voz interior? No discutas con ella ni intentes convencerte de lo que dicen tus voces interiores. En vez de ello, limítate a escuchar.

Respira y libera esos sentimientos y pensamientos al espirar. Sigue respirando y no te dejes atrapar por la cháchara mental. Inspira y espira el estrés y la tensión.

Mientras sigues respirando y liberando los pensamientos y sentimientos a través de la espiración, recuérdate a ti mismo que tú no eres tus pensamientos ni tus sentimientos.

Observa la voz de la cháchara mental sin apegarte a sus juicios, preocupaciones y estrés.

Cuando la cháchara mental empiece a desaparecer, recuérdate a ti mismo que hay una fuente mayor de presencia y poder dentro de ti.

Toma conciencia del centro de poder de tu cuerpo. Puede que esté en el plexo solar, las tripas o el corazón, o puede que por todo tu ser circule una sensación de poder. Puedes sentirlo como un torrente de energía cálida, amor y compasión, o como una fuerza que te ayuda a sentir conectado a tierra. También puedes sentir tu poder interior como un hormigueo de energía o una sensación de ligereza o de conciencia expandida.

Escucha tu poder y deja que te hable.

Tómate un tiempo para observarlo y sentirlo. ¿Qué quiere que sepas y sientas?

Cuando te alineas con tu poder interior y lo escuchas, te das cuenta de que hay soluciones, ideas, opciones y percepciones que quizá nunca habías considerado. Cuando estamos preparados para reconocer el poder interior, iniciamos nuestra ascensión hacia la consciencia mental.

El reto espiritual en la consciencia material es reconocer que la angustia, la ansiedad y las preocupaciones están impulsadas por la creencia de que nos encontramos solos y somos impotentes en un mundo sin amor. Si creemos que estamos al capricho de fuerzas externas y del poder del mundo material, vivimos con miedo. Sentimos que nuestra impotencia es real y reunimos pruebas que apoyan esta creencia. Sin embargo, eso no significa que sea verdad. A través de la consciencia mental, cambiamos la conciencia de nuestro poder interior.

CAPÍTULO 6

Consciencia mental: el poder del pensamiento

Durante mucho tiempo, los terrícolas hemos estado operando principalmente a través de la consciencia material. Con algunas excepciones, el mundo se ha inclinado a aferrarse a la percepción de que lo que define el éxito son cosas como el poder sobre los demás, los éxitos económicos y financieros, y demostrar que somos mejores y más merecedores que los demás. A lo largo del tiempo, ha habido grandes pensadores, filósofos e individuos de mente abierta que han utilizado el pensamiento, las ideas y el intelecto para introducir una nueva forma de percibir el mundo y nuestras vidas. Ahora estamos evolucionando más colectivamente y despertando al poder de la mente.

A través de la consciencia material, nuestra visión del mundo se ve influida por nuestros instintos primarios. Nos preocupamos principalmente por la supervivencia y por sostener y fortalecer el ego. La consciencia mental nos lleva más allá de la creencia de que el poder de influir y crear lo que deseamos reside únicamente en el mundo físico. En vez de ello, el enfoque cambia de una perspectiva puramente física a la conciencia superior de cómo crear lo que deseamos a través del poder de nuestra mente.

Mientras que la consciencia material mira principalmente al mundo exterior, el despertar de la consciencia mental nos lleva hacia el interior en la reflexión y el pensamiento. A través de momentos de perspicacia, empezamos a percibir cómo nuestros pensamientos y nuestras intenciones influyen sobre lo que experimentamos. Poco a poco resulta más evidente que existe un poder creativo en lo que pensamos y en nuestras creencias. Al examinar cómo nuestros pensamientos y nuestras ideas influyen en nuestras elecciones, decisiones y acciones, no podemos evitar ser más conscientes del poder de nuestra mente. En lugar de creer que las influencias culturales, económicas y terrenales determinan nuestro destino, generamos ideas y nos esforzamos por resolver problemas de forma creativa. Podemos estudiar las tendencias actuales, buscar datos útiles y consultar con otros para adquirir nuevos conocimientos. Entendemos mejor cómo la información es poder y establecemos relaciones con los demás basadas en nuestra capacidad para comunicarnos y compartir ideas, creencias y aspiraciones comunes. Nuestros pensamientos, nuestras ideas y nuestro intelecto se ponen a trabajar para ayudarnos con nuestras preocupaciones e inquietudes, y para lograr nuestros deseos.

En lugar de creer que el mundo exterior controla nuestro destino, despertamos a la comprensión de que somos la causa tanto de nuestro propio sufrimiento como de nuestra propia felicidad. A medida que evolucionamos hacia los matices más sutiles de la consciencia mental, empezamos a reconocer que cuando tenemos creencias, intenciones y pensamientos positivos, atraemos experiencias positivas. Se hace más evidente que el pensamiento negativo perpetuo nos trae más negatividad y resultados insatisfactorios. A medida que nos hacemos más conscientes de que lo que manifestamos se construye sobre los cimientos de nuestros pensamientos, sentimientos, ideas, creencias e imaginación, tenemos nuevas herramientas con las que crear. Ya no estamos confinados a perseguir lo que deseamos únicamente a través del esfuerzo físico y el enfoque en el mundo exterior.

La práctica de utilizar el poder de la mente para alcanzar el éxito en los negocios y el deporte, y para atraer aquello que deseamos, está cada vez más aceptada.

Por ejemplo, cada vez es más popular entre los profesionales de la salud y los negocios, los deportistas y los oradores motivacionales utilizar los pensamientos positivos y la visualización para transformar y alcanzar sus objetivos y aspiraciones.

La meditación *mindfulness* y otras prácticas similares de visualización y de pensamiento positivo utilizan el poder de la mente para sanar y restaurar la mente, el cuerpo y el espíritu. Aprendemos a calmar y relajar el cerebro pensante para visualizar y enfocar nuestros pensamientos en crear aquello que deseamos. Ya no somos víctimas de circunstancias sobre las que no tenemos el control, sino que aprovechamos el poder de nuestra mente para crear conscientemente. Nos damos cuenta de que nuestros pensamientos, nuestras ideas, nuestras emociones y nuestras intenciones conducen a la consecución de nuestros deseos. La realidad se vuelve más flexible a medida que creamos el cambio desde dentro de nosotros. Nos liberamos de tener que enfrentarnos a un mundo que parece estar en nuestra contra.

Sin embargo, por muy revelador que pueda ser utilizar pensamientos positivos e intenciones para manifestar nuestros deseos, también son la mente inconsciente, las experiencias pasadas y los patrones emocionales que hemos desarrollado a lo largo del tiempo los que crean las experiencias de nuestra vida cotidiana. La mente inconsciente es una potente fuerza que utilizamos a diario, normalmente sin saber que lo estamos haciendo. Es lo desconocido que hay dentro de nosotros lo que a menudo es el arquitecto de las situaciones y las experiencias que nos traen dolor y confusión. Hasta que no seamos conscientes de los recuerdos, las creencias, los pensamientos y las emociones reprimidos y ocultos en nuestro interior, seguiremos saboteando y limitando nuestra capacidad de crear lo que deseamos.

Cuando reconocemos el poder de nuestros pensamientos, creencias y emociones, nos sentimos motivados para dejar ir patrones saboteadores, viejas heridas y emociones negativas. Si hemos pensado en nosotros mismos como víctimas o impotentes, puede resultar sorprendente darnos cuenta de que son nuestras creencias y nuestros pensamientos los que influyen y crean lo que experimentamos. Esto inspira a muchos a tomar conciencia y sanar la mente inconsciente y las creencias y emociones no sanadas que provocan estados poco satisfactorios.

La consciencia mental requiere un nivel constante de pensamientos y emociones claros y positivos, y una mente inconsciente sana y sanada para crear y mantener nuestra realidad deseada. Cuando caemos en pensamientos negativos o autodestructivos, o sentimos emociones que nos desempoderan, los problemas que nos gustaría erradicar tienen el potencial de manifestarse rápidamente.

Por ejemplo, puede que queramos incrementar nuestra abundancia económica o encontrar un trabajo más satisfactorio, pero si albergamos la creencia inconsciente de que no nos lo merecemos y tenemos poco que aportar, esta creencia limitará nuestra capacidad de atraer dinero y un trabajo importante. Por mucho que utilicemos pensamientos y afirmaciones positivos, no se manifestará aquello que deseamos. Seguiremos experimentando las limitaciones de las que hemos intentado escapar.

Otro error frecuente que ocurre con la consciencia mental es la tendencia a dejar que nuestro ego dicte lo que nos hará felices. Por muy bien intencionados que sean nuestros deseos, debemos ser conscientes de nuestros motivos. Sin darnos cuenta, nuestros deseos suelen generarse desde nuestro ego. Aunque al principio disfrutemos y consigamos crear y experimentar los resultados que anhelamos, puede que nos demos cuenta de que sólo nos aportan una satisfacción temporal. Con el tiempo, puede que no apreciemos lo que tenemos y sigamos persiguiendo cosas que no están alineadas con nuestro bien supremo. El esfuerzo continuo y la búsqueda de la felicidad y la alegría fuera de nosotros nos lleva a un vacío interior. En algún momento, descubrimos que nos falta algo.

Por ejemplo, la mayoría de nosotros deseamos tener más dinero, mantener una relación de pareja, tener un hogar confortable y disfrutar de un trabajo satisfactorio. Todos estos deseos y anhelos son aceptables tanto para nuestro ego como para nuestra alma, ya que nos proporcionan una vida abundante y llena de sentido. Sin embargo, la idea que nuestro ego tiene de la abundancia, de la pareja perfecta y de una casa bonita puede diferir de las necesidades y la dirección de nuestra alma.

A modo de ejemplo, cuando nuestro yo egoico hace una lista de las cualidades deseables del tipo de persona que nos gustaría como pareja, puede incluir cosas como su ocupación, sus ingresos, sus características físicas o sus intereses similares y compartidos. En cambio, nuestra alma está más interesada en oportunidades que expandan nuestra capacidad de amar y recibir amor. A menudo nos dirige hacia alguien que puede ayudarnos a crecer y a sanar heridas profundas e inspirarnos para dar lo mejor de nosotros mismos.

A través de la consciencia mental, la cháchara de nuestro ego a veces dirige nuestros esfuerzos hacia lo que considera importante. Por esta razón, podemos atraer personas, cosas y estados que no son tan satisfactorios como lo que esperábamos. Podemos manifestar una relación con alguien que parece tener las cualidades que deseamos, pero la relación no nos aporta la felicidad ni el amor que estábamos buscando. No siempre somos tan buenos como creemos para determinar lo que nos aportará alegría.

Mente intuitiva y empática

Gracias a la consciencia mental, la existencia de algo más allá del reino físico resulta más convincente y accesible. Aceptamos mejor la conciencia intuitiva y empática, y escuchamos nuestro interior en busca de orientación y percepciones útiles. Con una nueva conciencia de las fuerzas internas y externas que podrían estar obstaculizando o bloqueando nuestros resultados deseados, la conciencia intuitiva se convierte en una valiosa herramienta.

Gracias a la consciencia mental, la utilidad y los beneficios de nuestra sensibilidad intuitiva y empática se vuelven más evidentes. Empezamos a percibirla como un activo a través del cual podemos ser más conscientes de nosotros mismos, comprender mejor a los demás y crear más de aquello que deseamos. Además de utilizar nuestros pensamientos y sentimientos para crear aquello que deseamos, descubrimos que nuestra sensibilidad empática e intuitiva también puede ayudarnos a experimentar más felicidad y satisfacción.

Por ejemplo, supongamos que no estás seguro de cuál es la mejor opción a la hora de tomar una decisión inminente en el trabajo. Después de examinar todos los hechos y datos, sigues pensando que no tienes suficiente información. En lugar de presionarte para tomar una decisión, das un paso atrás, respiras y te concentras. Una vez que hayas despejado la mente, pides a tu interior que te guíe. En uno o dos minutos, captas una percepción de cómo afectarán las distintas opciones a tu futuro en la empresa. En tu corazón y en tus tripas, te das cuenta de cuál es la mejor opción. Con el tiempo, se demuestra que es la correcta.

Otro ejemplo: una amiga quiere concertarte una cita con el amigo de su novio. Cuando te dice el nombre del hombre, te parece que hay algo raro en él, pero de todos modos aceptas quedar con él. Unos días más tarde, mientras compartes conversación y café con este hombre, se intensifica la sensación de que algo no va bien. Aunque es guapo, está seguro de sí mismo y es fácil hablar con él, decides no volver a verle. Unos meses más tarde, la amiga que había concertado la cita te explica que el hombre con el que te sentías incómoda acababa de ser despedido de la empresa. Llevaba meses malversando dinero y la empresa ha presentado cargos contra él.

Gracias a la consciencia mental, este tipo de experiencias suelen persuadirnos de que debemos dar más valor a la intuición y la empatía. Aunque nos sintamos incómodos con nuestra sensibilidad y nuestras habilidades energéticas, estamos más dispuestos a explorar la contribución que la intuición puede hacer a la creación y la manifestación de nuestros deseos.

Aunque la consciencia mental nos abre a los beneficios de los estados alterados de conciencia y a las capacidades intuitivas y empáticas, está firmemente centrada en la lógica y la razón. Fue a través del cambio colectivo hacia la consciencia mental como nosotros, como humanos, desarrollamos y adoptamos la ciencia. Con el tiempo, muchos han llegado a creer que algo es cierto y real sólo si hay evidencias y demostraciones físicas. Esto crea un dilema cuando se trata de confiar en el conocimiento intuitivo y empático. Las pruebas científicas de la validez y la fiabilidad de la intuición son escasas. Aunque se han llevado a cabo muchos estudios y pruebas psíquicas para autentificar o refutar su validez, los resultados no suelen ser tomados en serio por la comunidad científica en general. Las experiencias intuitivas y empáticas desafían las limitaciones de la ciencia tradicional. Si no hay evidencias científicas que respalden la fiabilidad de la intuición y no hay pruebas de que sea un medio viable a través del cual podamos recibir información, se descarta. Puede ser una buena teoría o una experiencia interesante, pero no tiene peso ni valor real. Aún no hemos desarrollado los medios físicos que nos permitan medir y comprender mejor la realidad no física.

La consciencia mental puede aportar un nivel de caos y estrés a la receptividad empática e intuitiva. La cháchara mental que crea dudas y niega nuestra conciencia intuitiva y empática saca su fuerza de la consciencia mental. Aunque estemos más abiertos a las experiencias extrasensoriales, existe una tendencia a pensar en exceso y a intentar diseccionar objetivamente lo que recibimos hasta que deja de existir. Las percepciones intuitivas y empáticas, los sentimientos, el conocimiento, las sensaciones y otros fenómenos están formados por vibraciones y frecuencias de energía. No se puede acceder a la energía intuitiva a través de los cinco sentidos o de métodos o procesos materiales. Conectamos con la energía intuitiva a través de su vibración y frecuencia, y nuestro cerebro interpreta esta energía y le da significado. Sin embargo, cuando utilizamos en exceso la lógica y la razón para demostrar que la sensibilidad intuitiva y empática es real y válida, bajamos nuestra vibración y frecuencia. Ya no podemos elevarnos a la frecuencia superior necesaria para recibir información energética. El don del intuitivo y el empático es la capacidad de elevar nuestra vibración y frecuencia energética al nivel de la energía no física y traerla a la conciencia. Sin embargo, la cháchara mental interrumpe y reduce nuestra vibración energética, infundiendo así duda y confusión.

La vibración energética y la frecuencia de la consciencia mental existen a lo largo de un vasto continuo. Tiene el potencial de alcanzar frecuencias más altas y acceder a fuentes puras de información energética. Sin embargo, el pensar en exceso y la interferencia de la cháchara mental a menudo impiden la receptividad intuitiva y la claridad. La consciencia mental reside en la dualidad de fuerzas opuestas, y continuamente experimentamos lo positivo y lo negativo, lo bueno y lo malo, la felicidad y la tristeza. La energía que intuimos de los demás y de lo que nos rodea es también una mezcla de emociones, sentimientos y estados del ser.

El cambio, la comprensión de nosotros mismos y del entorno a través de la consciencia mental puede ser un proceso lento. Aunque algunos han evolucionado hacia esta percepción, muchos no lo han hecho. Todavía estamos despertando colectivamente al poder que nuestros pensamientos, nuestras emociones y nuestro subconsciente tienen en la creación de nuestra realidad. Algunas personas descubren la consciencia mental a través de la aparición espontánea de la conciencia extrasensorial. Sentir la presencia de seres espirituales, experimentar sincronicidades, percibir una fuerza interior que nos guía o saber algo sin saber cómo lo sabemos puede despertarnos a nuestra naturaleza multidimensional.

La transición a la consciencia mental nos ayuda a avanzar más allá de un sentido puramente material de nosotros mismos y de la realidad. Ha abierto la puerta a la exploración de nuestro potencial y de las posibilidades que yacen más allá del reino físico. Esto nos conduce a la conciencia expansiva de la consciencia espiritual.

EJERCICIO

Manifestación creativa

Gracias a la consciencia mental, creamos y manifestamos a través del poder de la mente. Este ejercicio te permitirá poner en práctica tus pensamientos, tu imaginación y tu positividad. Utiliza la visualización y una afirmación.

Piensa en un deseo, una necesidad o un anhelo que te gustaría manifestar. Forma una imagen mental de lo que te gustaría manifestar y experimentar. Imagínala con el mayor detalle posible. Ilumina esta imagen con color, textura y vitalidad. Deja que esta imagen cobre vida con emoción. Siente la felicidad que aparece cuando experimentas lo que te gustaría manifestar y experimentar. Quédate con el mayor tiempo posible esta energía emocional positiva. Sin dejar de sentir plenamente los sentimientos positivos, repite una afirmación como ésta:

Estoy manifestando y abrazando ____________ (la relación, el trabajo, un aumento de las ganancias, etc.) que está llegando rápida y fácilmente a mi vida.

Sé consciente de cualquier duda o crítica que surja. No intentes apartarlas o ignorarlas. Deja que afloren.

Si se entromete la cháchara mental, respira, relájate y dale las gracias por su opinión. No te aferres a las dudas que surjan. Respira y déjalas ir.

Crea una imagen de ti mismo disfrutando de la manifestación de tu deseo, tu anhelo o tu necesidad. Visualízala con el mayor detalle posible y expresa tu agradecimiento.

A lo largo de los próximos días, semanas o incluso meses, sigue creando una imagen de lo que deseas y repite la afirmación.

El reto espiritual de la consciencia mental consiste en explorar más a fondo el poder de nuestros pensamientos e ideas. Nuestros pensamientos son poderosos y se materializan y manifiestan como las circunstancias, las oportunidades, las personas y la abundancia que experimentamos a diario. Ser conscientes del poder de la mente nos permite comprender mejor cómo la energía es la piedra angular de la manifestación.

Una vez que reconocemos que podemos expresarnos permitiendo y entregándonos a una fuerza y a un poder superiores, empezamos a transformarnos. Puede resultar difícil abandonar la necesidad de nuestro ego de controlarlo todo. Sin embargo, a medida que se expande y profundiza nuestra relación con la energía y lo invisible, evolucionamos hacia la consciencia espiritual.

CAPÍTULO 7

Consciencia espiritual: la fuerza del amor

El impacto más significativo que podemos tener en nuestra vida y en las vidas de los demás y del planeta es la transformación de la consciencia material y mental en consciencia espiritual. Sin embargo, no siempre tenemos una comprensión clara de qué significa ser espiritual.

Para algunos, ser espiritual implica practicar cosas como la meditación, el *mindfulness* o el yoga, y abrazar una serie de principios y creencias. Para otros, es la capacidad de sentir una presencia divina superior y practicar el amor, la compasión, la bondad y el perdón hacia uno mismo y hacia los demás. Para muchos, el despertar de nuestra naturaleza verdadera y eterna como espíritu y alma y la conciencia trascendente de estar conectados a la unicidad de toda la vida definen la espiritualidad. Aquellos que tienen la capacidad de sentir la energía y los espíritus, los ángeles y los seres divinos superiores a menudo se describen a sí mismos como espirituales. No existe una única definición de espiritualidad, ya que se trata de una experiencia personal e individual.

Aunque muchas de las creencias y prácticas de la espiritualidad están integradas en la consciencia espiritual, no son lo mismo. La espiritualidad abarca la exploración amplia e individual de cosas como un ser o un poder mayor, la comprensión de que nuestra vida tiene un propósito y un significado, y prácticas para profundizar en la autoconciencia y las experiencias extrasensoriales. En cambio, la consciencia espiritual es la comunión y la fusión de frecuencias superiores de presencia y actividad divinas dentro de nuestra mente, nuestro cuerpo y nuestro espíritu. No es una orientación ni un conjunto de prácticas, creencias y ejercicios. Aunque estas cosas pueden apoyar nuestra ascensión, la consciencia espiritual trasciende el pensamiento y la comprensión lineal y racional.

La consciencia material está centrada en el reino concreto, físico, mientras que la consciencia mental está centrada en nuestra mente y nuestros pensamientos. A través de la consciencia espiritual, nuestra conciencia se centra en el espíritu y el alma, y difiere de la consciencia material y mental de manera fundamental. A través de la consciencia material y mental, la atención se centra en la utilización de nuestro poder personal para lograr el éxito y la felicidad. La consciencia espiritual no depende únicamente de nuestros esfuerzos personales. Por el contrario, permite que una fuerza creativa divina fluya hacia nuestras vidas y se manifieste como nuestro bien supremo.

Gracias a la consciencia material, confiamos en nuestro ego y en el poder y las habilidades físicas para guiarnos. El poder se encuentra en cosas como la fuerza bruta, los logros externos, la fuerza y la abundancia de dinero y de relaciones con personas influyentes. Cuando nuestra conciencia está centrada en la consciencia mental, nuestro centro de poder es nuestra mente y nuestros pensamientos. A través de la consciencia espiritual, el poder adquiere un nuevo significado. En lugar de confiar en el poder terrenal y en nuestra habilidad para manifestar aquello que deseamos a través del pensamiento positivo, permitimos que nuestro bien fluya hacia nosotros. Ya no estamos al capricho de fuerzas azarosas y externas que tienen la capacidad de traernos alegría o sufrimiento. La consciencia espiritual es la conciencia de que sólo existe un poder y que nunca puede oponerse a sí mismo. Siempre está alineada con nuestro bien supremo.

La forma de definir y de entender la fuerza divina creadora varía de un individuo a otro. Para algunos es simplemente un poder superior, mientras que para otros es Dios, el Espíritu, la verdad o la naturaleza. Yo he llegado a verlo como la presencia divina y la fuerza del amor, no como nuestra interpretación humana del amor, sino como la presencia divina y santa del amor como fundamento a través del cual nace, se nutre y se sostiene toda la creación. A través de abrir nuestro corazón a la fuerza del amor es como la presencia divina se convierte en la actividad creativa de nuestra consciencia. A medida que absorbemos y dejamos que esta energía de alta vibración fluya a través de nuestro ser, se manifiesta a través de cosas como abundancia en todas las formas, alivio del sufrimiento, soluciones en medio de obstáculos y sanación mental, emocional y física.

Más allá de la dualidad

A través de la consciencia material y mental, nos encontramos bajo los dictados de la dualidad. Entre las fuerzas de lo bueno y lo malo, lo positivo y lo negativo, existe un vasto continuo. Nuestras emociones, nuestros pensamientos y nuestras experiencias recorren este camino sin fin de todas las posibilidades. Experimentamos distintos grados de lo bueno y lo no tan bueno. Cosas como la pérdida y la ganancia, la salud y la enfermedad, el éxito y el fracaso, la felicidad y la depresión, y la esperanza y el miedo nos acompañan a lo largo de nuestros días.

La consciencia mental intenta llevarnos a las vibraciones superiores del bien. Mediante el pensamiento positivo y la afirmación de nuestros deseos, se emplea el poder de la mente para asegurar que experimentamos más de lo que deseamos. Sin embargo, debemos vigilar continuamente nuestros pensamientos y emociones para mantenernos centrados en lo positivo. Aun así, a pesar del esfuerzo, la vigilancia y el enfoque constantes, siempre están presentes las influencias contradictorias. Lo malo sigue a lo bueno, las cosas se desmoronan después de ser reemsambladas y experimentamos distintos grados de lo positivo y lo negativo. Siempre están presentes fuerzas internas y externas que parecen oponerse entre sí.

La consciencia espiritual nos ofrece la libertad de la dualidad y del ciclo continuo de fuerzas en conflicto. Los estados opuestos como el bien y el mal, la carencia y la abundancia, y el sufrimiento y el alivio no existen en las frecuencias superiores de lo divino. Cuando la actividad creativa divina está trabajando dentro de nuestra consciencia, sólo puede manifestarse como el bien. Aún vivimos en el mundo físico de la dualidad, pero no tiene control sobre nosotros. Nuestro ser vibra dentro de la armonía del único poder que no está limitado por las leyes materiales.

En este mundo siempre nos encontraremos con gran variedad de experiencias, sentiremos un amplio abanico de emociones y tendremos una gran variedad de pensamientos. Ésta es la realidad del mundo material. La consciencia espiritual no nos impide experimentar todo el rango del ser humano. Al contrario, nos abre a una dimensión superior de la realidad. No nos cambia tanto como nos transporta a una parte de nosotros mismos donde la fuente pura de bondad y amor fluye sin fin. Es en estos aspectos superiores del ser donde reside lo divino.

Por ejemplo, supón que al levantarte de la cama por la mañana sientes una serie de dolores y molestias. Tienes agarrotamiento en el cuello, te duele la cabeza y notas el cuerpo pesado y dolorido. Poco después, te sientas en el patio de tu casa, junto a un jardín lleno de flores, y ves salir el Sol. Los pájaros cantan y experimentas una profunda sensación de paz y comunión con todo lo que te rodea. Ya no eres consciente de tus dolores y tensiones. En vez de ello, tu conciencia se centra en la armonía de lo que te rodea, y sólo sientes paz y conexión con la belleza en la que estás inmerso.

Gracias a la consciencia espiritual, nuestro día a día no está determinado ni controlado por condiciones externas aleatorias ni por la cháchara mental del ego. Ya no sentimos el deber imperioso de controlarnos, cambiarnos y mejorarnos a nosotros mismos y nuestras circunstancias para ser felices. A medida que asimilamos y absorbemos la fuerza del amor, ésta se convierte en nuestra experiencia. No hay necesidad de buscar respuestas fuera de nosotros ni de preocuparnos por cómo satisfacer nuestras necesidades. En lugar de intentar mover montañas y conseguir lo que deseamos únicamente a través de nuestros esfuerzos físicos y mentales, dejamos que una fuerza espiritual mayor cree y manifieste nuestro bien superior a través de nosotros. Mientras que el mundo material siempre nos dará contraste y dualidad, nuestra conciencia centrada en el poder y la fuerza del amor nos levanta fuera de su alcance.

La dualidad y las limitaciones finitas siempre formarán parte del mundo físico en el que vivimos. Sin embargo, cuando vibramos hacia la consciencia espiritual, las circunstancias externas no definen lo que experimentamos. A través de la lógica y el pensamiento racional, esto no tiene sentido. Si las condiciones en las que nos encontramos no son de nuestro agrado, por lo general solemos sentirnos infelices e insatisfechos. Sin embargo, la comprensión y la paz espirituales nos sostienen en medio de circunstancias que tienen la apariencia de discordia y desgracia.

La consciencia espiritual nunca puede definirse ni comprenderse plenamente a través de la consciencia material y mental, ya que desafía la razón y las limitaciones de las leyes físicas y materiales. Cuando la presencia divina se convierte en la actividad de nuestra consciencia, no culpamos a las condiciones externas o a nuestros pensamientos por aquello que experimentamos. En vez de ello, nos damos cuenta de que todo lo que encontramos es esencial para el viaje de nuestra alma. Sabemos que somos más que nuestro cuerpo físico y que nuestra alma se encarna en el reino físico para avanzar en nuestra evolución. Nuestros retos y los problemas a los que nos enfrentamos a diario tienen un propósito y un significado. El cerebro pensante no es capaz de proporcionarnos esta comprensión esencial. Hasta que no aceptemos que todo puede ser utilizado por la presencia divina para nuestro mayor bien, nuestros problemas continuarán persiguiéndonos allá donde vayamos.

Cuando abrimos nuestro corazón y escuchamos en nuestro interior, se revela la interpretación divina de nuestros problemas y dificultades. A través de revelaciones y percepciones de las verdades supremas incrustadas en nuestros retos, integramos los estados superiores de consciencia espiritual en nuestra vida cotidiana. Esta transferencia de energía de alta frecuencia crea armonía interior y se manifiesta en cosas como la resolución de nuestras preocupaciones, abundancia de todo tipo, un sentido renovado de propósito y oportunidades positivas.

Intuición espiritual

La consciencia espiritual abarca la comunión consciente con las fuerzas espirituales. Podemos ser más conscientes de la fuerza del amor en momentos tranquilos de percepción y escucha interior. La conciencia empática e intuitiva es el canal a través del cual podemos recibir estas vibraciones superiores. Aunque nuestra conciencia extrasensorial tiende a absorber y captar la energía de los demás y del mundo exterior, su función divina es conectarnos con las vibraciones superiores de luz.

Tendemos a creer que la sensación intuitiva y empática se centra principalmente en las cosas del reino material. A través de la consciencia material y mental, nuestra percepción intuitiva y empática puede parecer un revoltijo de sentimientos, imágenes, sensaciones y conocimientos que no siempre tienen sentido. Nos gustaría que nuestra capacidad extrasensorial nos ayudara a mejorar nuestro día a día, a resolver nuestros problemas y a aumentar nuestra abundancia. Sin embargo, cuando intentamos controlarla, pronto descubrimos que no siempre es tan eficaz como nos gustaría. Por mucho que queramos utilizar de formas específicas nuestra conciencia intuitiva y empática, a menudo tiene su propia agenda. Aunque recibamos percepciones y mensajes reconfortantes y orientadores, hay sensaciones, sentimientos e impresiones que nos resultan confusos o negativos. Aunque sepamos empáticamente cómo se siente otra persona y seamos capaces de conectar con su estado de ánimo e incluso con sus pensamientos, es posible que no sepamos qué hacer con la conciencia que recibimos.

Puede parecer inconcebible que nuestros canales intuitivos y empáticos puedan ser la fuente a través de la cual las fuerzas superiores entren en nuestras vidas y se manifiestan como nuestro bien supremo, si bien la conciencia intuitiva y empática desempeña un papel esencial en el cambio hacia la consciencia espiritual. Si enfocamos nuestra conciencia intuitiva y empática hacia nuestro interior y observamos y escuchamos sin apegarnos a lo que sucede dentro de nosotros, el ruido del mundo exterior comienza a disminuir. Bajo los pensamientos del ego y nuestras preocupaciones e inquietudes, están presentes fuerzas espirituales. En la quietud y el silencio de nuestro corazón, comienza a asomar una presencia elusiva pero íntima. Nos reclama un susurro interior de amor y sabiduría.

Mientras la cháchara mental hace todo lo posible para rechazar la suave ondulación de la marea divina entrante, la fuerza del amor se abre paso y nos abre a la conciencia de las fuerzas superiores.

A través de la consciencia espiritual, nuestra conciencia extrasensorial se expande más allá de los confines del reino material. A medida que el dominio del reino material se afloja, penetra en nuestro ser un amor superior. La presencia divina interior se hace más tangible y real. No tenemos que ser humanos buenos o perfectos para alcanzar la consciencia espiritual. Como gotas de lluvia que crean un arroyo que acaba abriéndose camino hacia el mar, la fuerza del amor se convierte en la actividad dentro de nuestra consciencia, poco a poco. Nos transformamos con cada toque de presencia espiritual. Nuevas percepciones y visiones fluyen hacia nuestro ser, nuestra mente y nuestro corazón.

Cuando nos tranquilizamos, escuchamos nuestro interior y dejamos que la fuerza del amor fluya hacia nuestro ser, prestamos atención a las señales de este cambio intensificado. Podemos experimentarlo como un temblor cosquilleante, una sensación de expansión en la cabeza o en la mente, o una ola tranquilizadora cálida o amorosa en el corazón. Las vibraciones altas de la presencia divina pueden sentirse como escalofríos internos de electricidad, un murmullo de energía atravesando nuestro cuerpo o sensaciones suaves y cálidas recorriendo nuestra columna vertebral. En esta conciencia trascendente, nuestro ser interior sonríe y se relaja.

La fuerza divina del amor puede hablarnos a través de suaves susurros y tratar de captar nuestra atención de innumerables maneras. Puede ser a través de un conocimiento interior de que todo va bien cuando estamos estresados o preocupados, o un sentimiento de consuelo tras una pérdida. A veces nos invade una cálida y suave ola de seguridad de que nos cuidan y de que nuestras vidas tienen un propósito y un significado. En las profundidades de la desesperación o de la depresión, podemos sentir una presencia que nos tiende la mano, ofreciéndonos consuelo, sanación y renovación. En los momentos de entendimiento, sentimos y conocemos el propósito y el significado divinos inherentes a nuestros retos cotidianos y recibimos sincronicidades y una orientación iluminada.

A través de la guía interior, recibimos mensajes iluminados que nos dirigen hacia las personas, las situaciones y las elecciones que se encuentran en nuestro bien supremo. Aunque estos sentimientos y estas percepciones pueden ser silenciosos y sutiles, hay una seguridad interior que los acompaña.

Nuestra sensibilidad y nuestras capacidades empáticas e intuitivas ya no se ven agobiantes, confusas o negativas. En vez de ello, la espaciosidad y la expansión de la consciencia espiritual nos llevan más allá de un marco finito basado en el ego. Cuando el aliento de lo divino fluye hacia nuestro ser desde nuestros sentidos intuitivos y empáticos, se produce una alquimia profunda. Al dejar de estar atados a las leyes materiales, la infusión de energía divina de frecuencia superior se expresa como todas las formas de abundancia, incluyendo cosas como un incremento de las finanzas, oportunidades profesionales, soluciones a los problemas, curación física y armonía en nuestras relaciones. Aunque todavía pueden aparecer retos, dificultades y problemas inherentes al mundo físico, se abre un camino.

La transición hacia las elevadas alturas de la consciencia espiritual tiene lugar gradualmente y en momentos de conexión con lo divino. Esto es más que un pensamiento o una conciencia. Es el proceso de transformación interior desde la conciencia centrada en el ego hasta la alineación de la mente, el cuerpo y el espíritu con la fuerza del amor. Cuando entregamos nuestra dirección y nuestros problemas, deseos, preocupaciones y estrés a la presencia divina, entramos en el reino de todas las posibilidades creativas.

El cambio a la consciencia espiritual completa es raro en este mundo. Hay sanadores extraordinarios y grandes maestros como Buda, Jesús y muchos santos de todas las tradiciones espirituales que han alcanzado este estado pleno de consciencia. También hay muchos individuos desconocidos que han entrado en un profundo estado de iluminación y gracia a través de la consciencia espiritual. Sin embargo, incluso pasar un momento en comunión con el amor inquebrantable y la devoción de la fuerza del amor es transformador. Sólo unos minutos en comunión con la presencia divina como la actividad dentro de nuestra consciencia tiene el poder de manifestarse como el bien en todas las áreas de nuestra vida.

MEDITACIÓN

El flujo de luz

La fuerza del amor es luz que no conoce la oscuridad ni tiene oposición. No está influenciada por los acontecimientos del mundo ni por la causa y el efecto. Siempre es bondad y amor, y adquiere forma física a través de la actividad creativa divina dentro de nuestra consciencia.

Esta meditación te ayudará a invitar a la energía divina de frecuencia más alta a que penetre en tu ser y a familiarizarte con estas sensaciones y estos sentimientos a medida que esta energía fluye a través de ti. Es posible que quieras escribir lo que sientes y recibes, y llevar un diario de las meditaciones, las prácticas y los ejercicios de este libro.

Para empezar, respira larga y profundamente, y envía la energía de la respiración por todo tu cuerpo. Deja que afloje y libere cualquier tensión que tengas en el cuerpo. Libera esta tensión al espirar, déjala ir y relájate. Sigue respirando de esta manera suave mientras liberas el estrés, la tensión y la toxicidad del cuerpo.

Mientras respiras y te relajas, imagina la fuerza vibracional más poderosa que existe, más fuerte que el Sol o la gravedad o el movimiento y la fuerza que mantienen las estrellas en su lugar y los planetas y el universo en movimiento. Esta fuerza es el amor, y sana, promueve, apoya y expresa todas las cosas. Fluye a través de cada ser vivo en forma física y sin forma.

Respira hondo e imagina la fuerza del amor como una luz intensa que fluye hacia tu ser y se funde con tu respiración. Cuando respiras e invitas a la luz de la fuerza del amor a que fluya por tu ser, se convierte en tu respiración y te envuelve.

Mientras respiras y te relajas, sigue imaginando la fuerza del amor como una luz blanca que pulsa y se acumula justo encima de tu cabeza. Mientras respiras y descansas en esta energía, puede que sientas, percibas y experimentes una mayor vibración o densidad y veas imágenes, luz o colores.

Respira e imagina esta energía de luz blanca fluyendo hacia abajo por la parte superior de la cabeza y circulando por tu cuerpo. Siente cómo las células de tu cuerpo se fortalecen y alcanzan un mayor nivel de vibración. Puede que experimentes el movimiento de la fuerza del amor a través de tu ser como escalofríos de energía, sensaciones de cosquilleo, una sensación de que tu espíritu se eleva más allá del cuerpo físico y la sensación de que tu corazón se expande.

Mientras sigues respirando luz blanca intensa por la parte superior de la cabeza, deja que se acumule en tu mente y siente una sensación de expansión. Esta energía nutritiva, purificadora y sustentadora es vigorizante y calmante al mismo tiempo. Puede que sientas esta presencia o que veas o sientas manchas de energía blanca y morada.

Inspira y siente el flujo de la fuerza del amor como un anillo de energía azul que rodea la garganta y la parte superior de los hombros. Relaja la mandíbula y respira, espirando cualquier tensión. Sigue respirando y luego di en voz alta o para tus adentros: «Soy». Espira y siente cómo aumenta tu vibración. Mientras inspiras, sigue repitiendo «Soy». Respira y descansa en la presencia divina, y deja que la fuerza del amor fluya través de tu ser interior.

Mientras sigues respirando, la energía de la fuerza del amor se acumula en tu corazón. Tu corazón se abre completamente a esta luz mientras tonos de energía verde, turquesa y blanca te atraviesan. Siente cómo la frecuencia superior de la fuerza del amor se expande dentro de tu corazón.

Mientras sigues respirando, el amor y la compasión fluyen hacia las heridas emocionales, el resentimiento, el dolor o la pena acumulados en tu corazón. Deja que aflore cualquier sentimiento. Si tu corazón se siente ahogado o limitado, sigue inspirando e invita a la fuerza del amor a que fluya por ti. Espira y deja ir todo aquello que ya no te sirva.

Mientras la fuerza del amor sigue fluyendo a través de tu respiración, deja que se desplace hacia tu plexo solar, llenándote de luz blanca. Sigue respirando e imagina que te rodea una espiral de energía naranja. Respira en tu centro de poder e intuición, tu plexo solar. Siente este poder como la expansión de la consciencia y el conocimiento.

Sigue respirando la luz de la fuerza del amor por de la parte superior de la cabeza y desplázala hacia abajo un poco por debajo del ombligo. A medida que esta energía se va acumulando, empápate de ella y deja que promueva y apoye la consecución de tu mayor potencial y felicidad en esta vida. Imagina la fuerza del amor fluyendo en todos los ámbitos de tu vida. Tus relaciones, tu carrera, tu salud, tus finanzas y tu trayectoria vital se alzan hacia las vibraciones superiores de la manifestación. La fuerza del amor se manifiesta como bondad en forma perfecta.

Como una cascada luminiscente, la luz blanca de la fuerza del amor fluye desde encima de la cabeza hasta la planta de los pies, bañándote en energía de frecuencia superior. A medida que esta luz va recorriendo tu cuerpo, deja que te purifique y te despeje de cualquier pensamiento y emoción limitados que te impidan ser un canal claro de luz.

Reposa en el silencio interior y escucha. Abre tu corazón y toma conciencia de los mensajes, las percepciones, las visiones y las sensaciones. Observa sin aferrarte ni comprometer la mente.

Las personas empáticas, las intuitivas y las sensibles suelen ser más conscientes de la profundidad del amor que el reino invisible siente por nosotros. Encarnamos los sublimes sentidos internos que nos permiten sentir y percibir más fácilmente la presencia del amor de vibración superior.

Cómodos en la frontera entre lo físico y lo no físico, entramos y salimos de lo sublime y lo manifiesto. Somos más capaces de descifrar el significado y el mensaje de lo que es difícil de captar plenamente sólo a través de nuestros cinco sentidos materiales.

A medida que invitamos a la fuerza del amor a nuestro ser, nuestra vibración va cambiando lentamente, momento a momento. A medida que la actividad divina se convierte en la fuerza creativa dentro de nuestra consciencia, nuestro bien supremo fluye hacia la manifestación.

El reto espiritual es abrazar la conciencia de que nuestra sensibilidad intuitiva y empática puede servir como el canal a través del cual elevamos nuestro nivel de consciencia y vivimos una vida más abundante, plena de alegría y con propósito.

Por diseño y naturaleza, encarnamos la consciencia espiritual. No hay nada que conseguir o alcanzar.

Se trata más bien de dejar ir lo que hemos pensado que somos y liberar la acumulación de emociones reprimidas y viejas heridas, creencias y cordones de energía que bloquean nuestra luz. Nuestro trabajo es liberar todo lo que bloquea nuestra capacidad de ascender a las vibraciones de luz.

En la siguiente sección, exploramos el proceso a través del cual elevamos nuestra vibración para que podamos fusionarnos y vivir con la consciencia espiritual.

TERCERA PARTE

DEJA IR

CAPÍTULO 8

Cómo intuimos, qué intuimos

Todos estamos en un camino de ascensión hacia la consciencia espiritual. Lo divino nos está llamando incluso cuando parece que nos movemos en dirección contraria. Sin embargo, no siempre somos conscientes de sus suaves susurros y de su presencia orientadora. Este paso de nuestro viaje hacia la consciencia espiritual comienza con el refinamiento de nuestra capacidad para sentir y conectar con las sutilezas energéticas dentro de la mente, el cuerpo, el corazón y el espíritu. Una mayor conciencia energética nos empodera para elegir la frecuencia energética que deseamos intuir, absorber y recibir.

La consciencia no se centra en una parte del cuerpo. No se deriva del cerebro, del corazón o del sistema nervioso. La raíz de nuestra consciencia radica en el espíritu. Lo mismo puede decirse de la conciencia intuitiva y empática. Es una función de nuestro yo no físico. Aunque la consciencia y la percepción extrasensorial se expresan a través de nuestro yo físico, esta conciencia no está contenida en nuestro cuerpo. Las raíces de la consciencia y de la percepción extrasensorial se extienden hasta el espíritu. El hilo común que se enrolla por nuestra conciencia empática e intuitiva es la energía. El cambio hacia una conciencia suprema y convertirse en un canal para la actividad creativa divina comienza con el perfeccionamiento de nuestra capacidad para conectar con la energía y elegir la frecuencia que queremos intuir y absorber.

La consciencia material está alineada con lo que es tangible y atrae a los cinco sentidos. Nuestra conciencia de la energía es limitada y no la percibimos como un factor importante de nuestro bienestar general.

Sin embargo, aunque no tengamos en cuenta el papel que desempeña la energía en nuestra vida cotidiana, estamos sujetos a su influencia. La energía sutil y físicamente indetectable que emana de todo y de todos afecta a nuestro bienestar a muchos niveles. Cuando dejamos de escuchar al corazón y al espíritu, sufrimos. Sin inspiración, un sentido de propósito y las vibraciones más elevadas de la fuerza del amor moviéndose por nosotros, somos más propensos a cosas como la depresión, la ansiedad, la preocupación y la mala salud.

Nuestra falta de conciencia de la influencia de la energía también puede llevarnos a confiar en los demás, incluso cuando algo en nuestro interior nos dice que no lo hagamos. Por ejemplo, Angie tenía un amigo que estaba invirtiendo dinero en una empresa tecnológica emergente. El amigo de Angie, Henry, le aseguró que, si invertía pronto, seguro que ganaría mucho dinero. Aquella noche a Angie le costó conciliar el sueño. Tenía el estómago revuelto y se despertó de un sueño que la dejó intranquila. Al día siguiente, Henry la llamó y le dijo que, si quería invertir, tendría que hacerlo pronto. Al recordar el sueño perturbador y estresante de la noche anterior, dudó un momento, pero acabó descartando la idea de que fuera una advertencia o estuviera relacionado con la inversión. Dos años y medio después de que Angie invirtiera una gran suma de dinero en el negocio, quebró y perdió todo su dinero.

Quienes están familiarizados con la dinámica de la energía saben que podemos recibir información y orientación de las sensaciones de nuestro cuerpo y a través de nuestros sueños. Aunque no seamos conscientes de todos los hechos de una situación, la energía no miente.

A través de la consciencia mental, comprendemos mejor la importancia de la energía. Comprendemos que es la energía de nuestros pensamientos, nuestras creencias y nuestras emociones la que crea y manifiesta lo que experimentamos. Somos más conscientes de la influencia de la energía y trabajamos para controlar y gestionar nuestros pensamientos y sentimientos. Sin embargo, aunque sintamos la energía de las emociones y los pensamientos positivos, seguimos siendo propensos a que nuestro ego y la cháchara mental nos influyan en exceso.

A través de la duda y el miedo, la cháchara mental nos disuade de escuchar y confiar en lo que intuitivamente sentimos en el corazón y el espíritu. Nos confunde con su insistencia en que nuestro ego es el juez último de la realidad. Con demasiada frecuencia, escuchamos a la familiar e insistente cháchara mental y nos mantenemos cautivos de las ilusiones. Es fácil encerrarse en una mentalidad de lucha y seguir escuchando las constantes voces que resuenan en la cabeza y ahogan los susurros de la tranquila presencia interior. Cuando dejamos que nuestro ego determine nuestro rumbo, nos agarra con fuerza. En su mayor parte, confiamos en su proceso de pensamiento más analítico, que nos mantiene centrados en las dificultades de la vida cotidiana y en el miedo a lo que pueda suceder.

Cuando elegimos y tomamos decisiones a través del pensamiento lógico principalmente, a menudo nos encontramos desincronizados con nuestro bien mayor y en relaciones y situaciones que ahogan el alma. Por ejemplo, un trabajo que no nos parece adecuado desde el punto de vista lógico o que no nos aporta lo que creemos que queremos y necesitamos, puede tener un potencial oculto de resultados positivos y satisfactorios.

Podemos ignorar un encuentro casual sincronizado con alguien porque su aspecto no se ajusta a nuestro ideal de pareja deseable.

Cuando no escuchamos los susurros de nuestro corazón, juzgamos mal las posibilidades positivas y satisfactorias que se nos presentan.

La consciencia espiritual es dinámicamente diferente. Encarnamos un sentido refinado de las sutilezas de la energía y comprendemos mejor la importancia de estar alineados con la energía de alta frecuencia. Nuestro sentido del alma, del espíritu y de la esencia no puede comprenderse plenamente a través del pensamiento lógico o de los cinco sentidos. El viaje hacia la consciencia espiritual es un cambio fundamental que nos aleja de la definición de realidad del reino material. En vez de ello, invitamos a que surja una nueva visión y comprensión de quiénes somos y de aquello que es posible. Esto comienza escuchando al corazón y los suaves susurros de nuestra voz interior.

Uno de los dones que nos ofrece la conciencia intuitiva, sensible y empática es la capacidad de atravesar la naturaleza ilusoria del mundo material y percibir la verdad a través de una lente más expansiva. Es a través del corazón y el espíritu, y no del cerebro lógico, como escuchamos los susurros de la verdad. Cuando escuchamos nuestro interior y nos abrimos más plenamente a la fuerza del amor, nuestro sentido intuitivo cobra vida. En nuestra conciencia se abre paso algo intangible y no físico, llamándonos a una parte más profunda de nosotros mismos. Cuando escuchamos nuestro interior, conectamos con nuestro yo más poderoso.

Los empáticos y los intuitivos y sensibles son inherentemente más capaces de sentir, percibir, conocer y conectar con el reino menos tangible de la energía y la vibración. Con una habilidad más refinada para sentir, percibir y conectar con el reino no físico, estamos bien equipados para liderar el cambio hacia la consciencia espiritual. A través de nuestros sentidos espirituales, el poder y el potencial de la energía cobran vida.

Ser energía

Cuando escuchamos nuestro interior y conectamos con las subestimadas energías de nuestra intuición, se abre la puerta hacia la consciencia espiritual. Aunque parezca que somos seres puramente físicos, nuestra verdadera naturaleza se extiende mucho más allá de lo físico. A la mente analítica le puede resultar complicado conceptualizarnos como luz, vibración y energía sutil. Dado que hemos llegado a conocer el entorno material a través de los sentidos físicos y el cerebro pensante, es difícil imaginar y comprender que todo lo que encontramos es energía vibrante. Lo que parece sólido y puramente físico es energía vibracional lenta y densa. Los pensamientos y sentimientos son una forma menos densa de vibración material, y el alma y el espíritu, una vibración aún más ligera.

En buena parte, nuestra comprensión de nosotros mismos como energía se limita a la energía que nuestro cuerpo necesita para estar sano y activo. Generamos energía a través de los alimentos que ingerimos, de las horas que dormimos y de la cantidad de ejercicio que hacemos. Aun así, ésta no es una imagen completa de nuestras necesidades y sensibilidades energéticas. Aunque sabemos que el cuerpo transforma los alimentos en energía, somos menos conscientes de cómo la energía de los pensamientos y las emociones y las fuentes superiores de energía espiritual nos afectan e influyen sobre nosotros.

Por ejemplo, a pesar de comer bien, dormir lo suficiente y hacer ejercicio, podemos experimentar momentos en los que tenemos poca energía y otros en los que nos sentimos plenamente vivos e intensos. Suele deberse a la energía de las emociones y los pensamientos. Las palabras amables o el contacto con un nuevo amor pueden hacernos sentir un hormigueo de energía y llenarnos de vitalidad. Sentirnos inspirados, entusiasmados y felices incrementa nuestra energía, mientras que la decepción y la pena pueden hacernos sentir cansados y agotados. Cuando sufrimos una ruptura o una pérdida, es posible que apenas podamos levantarnos de la cama. Podemos tener la mente nublada y puede que nos falte energía para afrontar el día. Lo mismo ocurre con nuestros pensamientos. Cuando pensamos en un objetivo que hemos alcanzado o en unas vacaciones cercanas que esperamos con ilusión, tenemos más energía. Si pensamos continuamente en una entrevista de trabajo que no fue bien o en un suceso doloroso del pasado, nos sentiremos abatidos y deprimidos.

Cada pensamiento y cada sentimiento que experimentamos conlleva una carga energética. Si prestamos atención y conectamos con la energía de nuestros pensamientos y emociones, descubriremos que todo lo que experimentamos tiene una vibración. Estas vibraciones son como las notas de una escala musical. Emociones como la felicidad y la amabilidad tienen una vibración alta, mientras que la depresión y la negatividad tienen una vibración más baja. Emociones como el amor y la alegría nos aportan energía, mientras que las emociones y los pensamientos negativos o llenos de resentimiento o de tristeza son más pesados. Esta energía baja nos agota y hace que nos cansemos.

Nuestra vibración energética general influye sobre nuestro nivel de consciencia. En la consciencia material, nuestras vibraciones, a menudo alimentadas por emociones como el miedo y la preocupación, son bajas y pesadas. Las vibraciones de la consciencia mental son un poco más altas y ligeras. Somos más conscientes de nuestro poder interior y de nuestra capacidad para crear, y esto inspira más energía positiva. A través de la consciencia espiritual, recibimos las elevadas vibraciones de la fuerza del amor y nos elevamos a la frecuencia de la presencia divina.

Sin embargo, constantemente todos sentimos emociones positivas y negativas y todos los sentimientos intermedios. No hay una emoción que sea más espiritual que otra, y es esencial que nos permitamos sentir lo que genuinamente sentimos. No es el pensamiento negativo aleatorio o el sentimiento de tristeza o de ira lo que reduce nuestra vibración energética, sino que es nuestra tendencia a retener y reprimir emociones difíciles y dolorosas y heridas no sanadas lo que baja nuestra vibración.

Con demasiada frecuencia, no nos permitimos sentir plenamente nuestros sentimientos. Esto mantiene la energía de nuestras emociones bloqueada dentro del cuerpo y del campo energético. Emociones como la tristeza, la pena o la ira son incómodas y difíciles de sentir plenamente. El trauma, la pérdida, el dolor y la herida, especialmente el dolor que experimentamos durante la infancia, pueden parecer imposibles de soportar. Podemos temer no tener la capacidad de afrontar la intensidad del trauma y los sentimientos abrumadores de dolor.

Cuando reprimimos y sofocamos las emociones y los sentimientos, se incrustan en el cuerpo y en el campo energético. Esto provoca bloqueos energéticos e impide que la energía vital de la fuerza del amor fluya libremente a través de nosotros. Estos sentimientos y emociones difíciles reprimidos nos mantienen encerrados en sentimientos habituales de negatividad, ira y resentimiento. Por mucho que queramos olvidar, ignorar y dejar atrás experiencias pasadas difíciles y dolorosas, la energía no sanada permanece en nuestro interior. Por desgracia, no siempre sabemos cómo sanar y pasar página del pasado. Aunque hayamos dejado atrás los traumas y las viejas heridas del pasado, la energía no sanada no se evapora sin más.

Incluso cuando ya no somos conscientes de ellas, las emociones no sanadas y reprimidas influyen sobre nuestra salud emocional, mental y física. Almacenada en el cuerpo, la energía emocional no sanada se convierte en una presencia silenciosa pero poderosa. Los ataques al corazón, el cáncer y los problemas de los sistemas digestivo, nervioso y endocrino suelen tener sus raíces en el pasado no resuelto. Los trastornos alimentarios, las adicciones, la depresión, el abuso, la infelicidad y el suicidio pueden tener su origen en emociones y traumas no sanados y reprimidos. Los patrones emocionales crónicos de ira, rabia, resentimiento, desesperanza o miedo al abandono señalan la presencia de emociones reprimidas y no resueltas y de heridas y traumas no sanados.

El dolor reprimido y las heridas no sanadas hacen bajar nuestra vibración y nos mantienen encerrados en una realidad de sufrimiento y de lucha.

Atraemos lo que reprimimos

Cuando sentimos plenamente nuestras emociones en lugar de reprimirlas, se disipan. No importa lo incómodo y difícil que sea el dolor y el sufrimiento, sentir las emociones permite que puedan ser liberadas. Cuando nos sentimos abrumados por las emociones y las reprimimos, las negamos o no las reconocemos, se vuelven perjudiciales. Las emociones reprimidas emiten una carga energética que atrae energía emocional similar.

La ley de la atracción es un fenómeno universal en el que lo semejante atrae a lo semejante. Las emociones que reprimimos o negamos atraen hacia nosotros a personas y experiencias que encarnan esas mismas emociones.

Aquello que reprimimos y aquello con lo que atiborramos el cuerpo y el campo energético es un imán que atrae energía similar.

Por ejemplo, si creciste en una familia que guardaba secretos o mentía sobre temas importantes y has reprimido el dolor y la confusión que esto provocó, es probable que atraigas circunstancias de traición y deshonestidad. Aunque te comprometas a elegir amigos y parejas abiertos y auténticos, es posible que repitas el mismo patrón. También te mostrarás sensible y reaccionarás ante el menor indicio de deshonestidad o de traición por parte de amigos, familiares, compañeros de trabajo y otras personas.

Nuestras emociones reprimidas y escondidas también afloran a la superficie y aumentan la intensidad del dolor y del sufrimiento que experimentamos en experiencias emocionales actuales similares.

Por ejemplo, si un ser querido fallece cuando somos jóvenes y escondemos y reprimimos el dolor, es probable que de alguna forma atraigamos la pérdida. Se activan con facilidad el dolor y las emociones pasadas no sentidas. La sola idea de que un amigo o un compañero abandone una relación puede invocar el miedo y provocarnos un profundo estrés. Cuando alguien nos deja, el dolor es mucho más profundo por culpa de las heridas y los traumas del pasado que aún tenemos incrustados en el cuerpo.

Las emociones y heridas que reprimimos y escondemos en el cuerpo físico y el campo energético también afectan nuestras percepciones y nuestros juicios. Cuando el dolor, el malestar o la negatividad que experimentamos nos parecen demasiado intensos como para soportarlos, es posible que, sin saberlo, introduzcamos esta energía en el cuerpo y la absorba el campo energético que se extiende desde el cuerpo.

La forma en que nos vemos a nosotros mismos y a los demás está contaminada por esta energía emocional y por nuestros pensamientos y sentimientos. No nos percibimos a nosotros mismos, a los demás y a la vida tal y como son. Lo vemos todo a través de la lente de nuestros patrones energéticos.

Por ejemplo, si tu cuerpo físico y tu campo energético están plagados de heridas pasadas sin sanar, emociones difíciles reprimidas o negatividad, puedes percibir amenazas constantes a tu bienestar y atraer a personas problemáticas y experiencias desfavorables.

Pensar demasiado y estar recordando continuamente el dolor de un trauma o de una herida del pasado sin resolverlo también puede conducir a patrones emocionales poco saludables.

Por ejemplo, tal vez un familiar o cónyuge te trató de manera injusta y se aprovechó de ti. Repites una y otra vez lo sucedido, cada vez más alterado y enfadado. Al final, las emociones relacionadas con esta experiencia actúan como un imán que atrae a personas y experiencias que acabarán saboteando tu felicidad y tu bienestar.

Las emociones pasadas no sólo crean patrones energéticos y bloqueos internos, sino que los pensamientos y las creencias también arraigan en el campo energético. Imagina que desde pequeño te han dicho una y otra vez que en la vida todo es lucha y que es difícil salir adelante. Estos pensamientos y creencias forman un patrón energético dentro de tu campo energético. Actúan como una red energética, atrayendo personas, situaciones y experiencias que crean luchas que te mantienen bloqueado.

Nuestra vibración más fuerte

La energía que constantemente intuimos, sentimos y percibimos en los demás es similar a nuestra vibración energética más fuerte. Como personas sensibles, empáticas e intuitivas, somos especialmente propensos a intuir las emociones y los pensamientos de aquéllos cuya energía es similar a la nuestra.

¿Te has preguntado alguna vez por qué, en un grupo de personas, intuyes y sientes las emociones y la energía de una persona en concreto? Supongamos que te encuentras en una reunión o en una fiesta y empiezas a sentir las vibraciones de alguien que se encuentra en la sala; no las vibraciones de todos los presentes, sino las de una persona concreta. Cuando prestas atención a lo que intuitivamente sientes, absorbes y captas, puedes empezar a darte cuenta de que los sentimientos y los pensamientos que recibes te resultan familiares. Es posible que tengas o hayas tenido amigos o familiares que hayan expresado esos mismos sentimientos y pensamientos, o que hayas estado en compañía de otras personas que lo hayan expresado. Sin embargo, aún es más probable que la energía que intuyes de otra persona sea similar a tu propia energía reprimida. Como personas empáticas, intuitivas y sensibles que somos, tendemos a sentir e intuir más fácilmente los pensamientos y las emociones de los demás que reflejan nuestros propios pensamientos y sentimientos. Las vibraciones que nos resultan familiares captan nuestra atención y son más fáciles de intuir y de sentir.

Por ejemplo, imagina que te encuentras en una conferencia y de repente empieces a sentir ansiedad. Esto te sorprende porque unos minutos antes te sentías relajado. A medida que aumenta tu nivel de ansiedad empiezas a sentir un nudo en la garganta. Te entra un poco de pánico, te disculpas y sales a tomar el aire. Unos minutos más tarde, te sientes mejor.

Cuando vuelves a entrar a la sala de conferencias, te fijas en una mujer que se encuentra detrás de un podio y habla de sus traumas pasados y de su ansiedad. Te das cuenta de que te la acababan de presentar justo antes de que empezaras a sentir ansiedad. Aunque pueda parecer exagerado desde un punto de vista lógico, sientes como si hubieras absorbido intuitivamente su ansiedad cuando le has dado la mano.

Aunque durante vuestra breve conversación ella no ha mencionado que era una de las ponentes ni que se encontraba ansiosa, tú lo has sentido. Mientras la escuchas hablar, sientes empatía y compasión por ella. A ti también te angustia hablar en público y aprecias su sinceridad al hacerlo.

Éstas son algunas de las energías comunes que intuimos, absorbemos y sentimos en los demás y que pueden ser un reflejo de nuestra energía inconsciente y reprimida:

- Dolor y sufrimiento emocional
- Pena, ira, miedo y resentimiento
- Pensamientos y creencias negativos o contraproducentes
- Enfermedad física y dolores
- Agotamiento emocional, físico, mental y espiritual
- Ansiedad, estrés y pánico

No sólo captamos e intuimos las emociones difíciles y desafiantes de los demás, sino que también podemos intuir y sentir la luz y los sentimientos positivos de los demás. Quienes irradian optimismo y nos ayudan a sentirnos felices pueden elevar nuestra vibración energética sin pronunciar una palabra. Así como podemos sentirnos cansados, tristes o desesperanzados en compañía de alguien que tiene una perspectiva más negativa, aquellos que irradian amor suelen elevarnos y llenarnos de energía. En cualquier situación social o laboral, nos encontramos en compañía de personas con diferentes niveles de consciencia y vibración. De forma natural, gravitamos hacia otras personas que tienen una vibración similar a la nuestra e intuitivamente nos sentimos más cómodos a su lado. Cuando conseguimos liberar y dejar ir emociones reprimidas y sanamos viejas heridas, atraemos una energía más ligera y positiva. Dondequiera que vayamos, absorbemos las buenas vibraciones e irradiamos esta energía a los demás.

Éstas son algunas de las energías de frecuencia más alta que podemos intuir, sentir y percibir en los demás:

- Inspiración
- Amor

- Aceptación
- Autenticidad
- Paz
- Relajación
- Aumento de la energía física
- Generosidad

Del mismo modo que reprimimos o negamos nuestras emociones difíciles, también podemos reprimir el propósito y los dones del alma. Cuando nos sentimos indignos y no lo suficientemente buenos para aceptar y expresar nuestros talentos y habilidades, nos alejamos de ellos. Podemos temer avergonzarnos de nosotros mismos o fracasar en lo que sabemos de corazón que es lo correcto para nosotros. Si de forma crónica nos hemos sentido decepcionados y defraudados a lo largo de la vida, puede que no seamos capaces de asumir riesgos y creer en nosotros mismos. Cuando estamos inmersos en la consciencia material, no siempre confiamos en los anhelos del alma y podemos creer que los sueños y las aspiraciones son poco prácticos y realistas.

Cuando hemos reprimido las capacidades naturales y los dones del alma, siguen latentes en nuestro interior. Las personas a las que admiramos y los talentos de aquéllos a quienes envidiamos pueden ayudarnos a comprender nuestros propios dones.

Practica aceptar y abrir tu corazón y tu mente a los rasgos, los talentos y las habilidades que admiras en los demás. Imagina que participas en actividades similares y deja volar tu imaginación. Cuando te alineas con lo bueno de los demás, ganas confianza para expresar y aceptar aspectos de ti mismo que tal vez hayas estado ignorando.

Percibir, sentir y absorber la energía de los demás cuando expresan sus dones nos permite probarnos estas energías. Podemos hacernos una idea de lo que es tener talento musical, desarrollar nuestras capacidades psíquicas, practicar la sanación o ser un líder. Sin embargo, si no reconocemos que estos mismos dones están vivos dentro de nosotros, perdemos la oportunidad de desarrollarlos y expresarlos aún más.

Éstos son algunos dones y habilidades comunes que pueden estar latentes en nuestro interior:

- Orador, líder, sanador
- Inventor, innovador, empresario
- Músico, cantante, actor
- Escritor, deportista, chef
- Artista, talento creativo
- Médium y poseedor de capacidades psíquicas e intuitivas

Sentir, percibir e intuir la bondad, la compasión y el corazón amoroso de otra persona puede decirnos mucho sobre nuestra capacidad de amar. Abrir nuestro corazón y absorber la energía amorosa de otra persona incrementa nuestra capacidad de amar y sanar a los demás. He aquí algunas cualidades que podemos observar en los demás y que probablemente tengamos en nuestro interior:

- Fuerza
- Coraje
- Liderazgo
- Compasión
- Amabilidad
- Amor incondicional
- Alegría

Cómo influye la consciencia sobre lo que intuimos

Nuestro nivel de consciencia y las emociones, los pensamientos y la energía que absorbemos e intuimos van de la mano. La frecuencia energética de lo que absorbemos e intuimos influye sobre nuestro nivel de consciencia, mientras que, a su vez, nuestro nivel de consciencia influye sobre las vibraciones que absorbemos e intuimos. Están indisolublemente entrelazados.

Consciencia material

Para aquellos que están centrados principalmente en la consciencia material, los sentimientos no son etéreos ni idealistas. Tienen los pies en la tierra y abarcan un amplio abanico de posibilidades emocionales.

A través de la consciencia material, las emociones nos incitan a la acción y nos ayudan a hacer elecciones y tomar decisiones. En lugar de sentir nuestras emociones, tendemos a reaccionar ante ellas.

Por ejemplo, a través de la consciencia material, es probable que experimentemos el amor como romance y devoción por la familia y los amigos. Es posible que protejamos a nuestros seres queridos y que los cuidemos. Puede que queramos comprarles cosas y hacer todo aquello que los haga felices. Sin embargo, nuestro amor puede pasar rápidamente de la adoración y el afecto a los celos y el odio.

Puede que seamos conscientes de emociones supremas como la compasión, el perdón y el amor incondicional, pero puede que sean más bien un concepto abstracto. No siempre sabemos cómo reaccionar ante estos ideales más espirituales.

Por ejemplo, el perdón puede parecer una respuesta débil a un daño recibido y no la forma de corregir un error. Podemos aferrarnos al rencor y al resentimiento durante largos períodos de tiempo.

Nos gustan las emociones que nos ayudan a sentirnos más poderosos y nos aportan un aumento de la energía física. Sentirnos felices, entusiastas y confiados nos hace sentir bien. Sin embargo, cuando lo que experimentamos es incómodo, podemos esconder y reprimir nuestros sentimientos. Si pensamos que una emoción es mala, podemos negar que la sentimos.

Por ejemplo, quizá creas que no deberías enfadarte o sentirte mal con tus seres más queridos. Cuando te sientes enfadado o resentido con tu pareja, puede que niegues tus sentimientos y los reprimas. Entonces intuyes, sientes y atraes estos mismos sentimientos y puedes expresarlos de formas poco saludables y dañinas.

A través de la consciencia material, a menudo reaccionamos ante nuestras emociones y nos cuesta más procesarlas. Es más probable que las neguemos y las reprimamos, y que luego tengamos arrebatos emocionales. Cuando no somos conscientes de las heridas y los sentimientos reprimidos, podemos culpar a alguien o a algo externo a nosotros por hacernos sentir de determinada manera.

Cuando nuestra conciencia intuitiva y empática se centra en la consciencia material, conectamos con las personas y las situaciones de nuestro entorno cotidiano. No sólo intuimos y absorbemos la energía de los demás, sino que a menudo reaccionamos ante lo que sienten los demás y nos vemos influidos por ello.

Por ejemplo, si estamos junto a personas que comparten sentimientos de ira o de odio hacia otras personas, podemos absorber esos sentimientos tan intensos. Incluso aunque no compartamos sus creencias y no estemos enfadados, podemos vernos alterados o reaccionar de manera grosera con los demás sin ningún motivo.

Intuir a través de la consciencia material puede hacer que nos sintamos abrumados, estresados, ansiosos y negativos. No sólo reprimimos, negamos y ocultamos nuestros propios sentimientos incómodos, sino que también reprimimos los sentimientos difíciles que intuimos de los demás. Esto conduce al insano ciclo de atraer más de aquello que no queremos sentir. Sin comprender este patrón destructivo, seguimos sintiéndonos impotentes y sufrimos.

Consciencia mental

A través de la consciencia mental, somos más propensos a intuir los pensamientos y las creencias de los demás. Dado que la cháchara mental puede ser especialmente destacada en la consciencia mental, no siempre somos conscientes de cuándo estamos intuyendo. Podemos adoptar las creencias y las formas de pensar de los demás sin darnos cuenta de que lo estamos haciendo. Esto ocurre a menudo en las relaciones duraderas, cuando las parejas y los matrimonios empiezan a pensar igual y a compartir creencias comunes. También es más probable que ocurra si nos sentimos solos y queremos encajar dentro de un determinado grupo. Nos unimos a los pensamientos de los demás y nos fusionamos con su energía.

Las energías de pensamientos y creencias vibracionalmente similares se unen y forman formas de pensamiento. Las personas que tienen pensamientos similares atraen estas formas de pensamiento, y sus creencias, opiniones y emociones se ven fortalecidas. Esto, a su vez, atrae a otras personas con creencias y opiniones similares.

Por ejemplo, las actitudes y los pensamientos racistas y discriminatorios de algunos atraen los pensamientos y las creencias similares de otros, aunque se encuentren a kilómetros y kilómetros de distancia. Estas formas de pensamiento se vuelven entonces más poderosas e influyentes. Las personas de mente débil son especialmente vulnerables a asumir y absorber estas creencias, y adoptarlas como propias.

A través de la consciencia mental, también podemos atraer formas de pensamiento creativas. Estas corrientes de energía suelen ser de una frecuencia más alta y contienen ideas generales y específicas, soluciones a problemas actuales, innovaciones interesantes y conceptos creativos. Artistas, escritores, innovadores, inventores y creativos de todo tipo a menudo reciben ideas y percepciones de esta forma de pensamiento creativo colectivo.

Cuando nuestra conciencia se centra en la consciencia mental, intuimos y absorbemos más fácilmente estas ofertas creativas. Si no es el momento adecuado o no somos capaces de perseguir las ideas y los conceptos que recibimos, entonces la energía pasa a otros.

Nuestra capacidad para procesar pensamientos y emociones a través de la consciencia mental está más desarrollada que a través de la consciencia material. Para manifestar aquello que deseamos, podemos prestar especial atención a generar y mantener pensamientos y emociones positivos. Conscientes del poder de las emociones, hacemos todo lo posible por alejarnos de la negatividad.

Por ejemplo, si queremos llamar la atención a una pareja cariñosa y amable, nos mantenemos positivos y afirmamos que estamos despertando una relación cariñosa. Si nos desanimamos o seguimos saliendo con personas que no tienen las cualidades que buscamos, podemos redoblar nuestros esfuerzos y hacer todo lo posible por seguir siendo positivos. Como no queremos tener pensamientos negativos ni sentirnos poco esperanzados y positivos, rechazamos estos pensamientos y sentimientos o negamos que los estemos pensando o sintiendo. Entonces intuimos y sentimos estas emociones reprimidas en los demás, y atraemos a aquéllos con ira y negatividad reprimidas. Y continúa este ciclo condenado al fracaso.

Aunque son muchos los beneficios que experimentamos cuando nos sentimos positivos y felices, debemos sentir todas nuestras emociones. Cuando no sentimos nuestras emociones, éstas no desaparecen. Por el contrario, se quedan bloqueadas en el cuerpo y el campo energético y atraemos e intuimos energía similar.

Consciencia espiritual

A través de la consciencia espiritual, atraemos a personas que se alinean con nuestro corazón, nuestro espíritu y nuestro bien supremo. Absorbemos y recibimos intuiciones, guía, sabiduría y comprensión de inspiración divina. A diferencia de lo que sucede con la consciencia material y mental, somos menos propensos a sentirnos abrumados por la energía de los demás y del entorno.

Sin embargo, la consciencia espiritual no es un escape de las emociones difíciles. Al contrario, a través de la consciencia espiritual, nuestras emociones se transforman en su expresión suprema. Aparecerán en el camino la tristeza, la ira y el miedo, así como la alegría y la serenidad, y todas las emociones intermedias. A través de la consciencia espiritual, somos conscientes de que las emociones son transitorias y están destinadas a enseñarnos y guiarnos. Son mensajeros en esta dimensión humana que ayudan a profundizar en nuestra autoconciencia. Las emociones y los sentimientos nos informan de lo que hemos venido a aprender, sanar y compartir. Apuntándonos hacia nuestra verdadera naturaleza espiritual, nos muestran nuestras heridas, nuestros lugares bloqueados y en qué necesitamos crecer y evolucionar.

Cuando dejamos que las emociones fluyan libremente a través de nosotros sin reprimirlas, negarlas o apegarnos a ellas, se abre el corazón. Emerge una luz espiritual que nos conduce lejos del sufrimiento hacia un nuevo territorio. Se hace presente el suave resplandor de la fuerza del amor. Nuestra naturaleza humana quiere escapar de las emociones difíciles; sin embargo, cuando nos permitimos sentirlas, se abre el corazón y atraemos la verdad espiritual y la sanación.

Cuando escuchamos la suave voz interior, recibimos intuitivamente el significado espiritual superior de lo que sentimos y experimentamos, además de experimentar la sanación. Por ejemplo, llegamos a comprender que el dolor y la pérdida pueden hacernos tomar conciencia de que nunca podemos perder a nadie de verdad. Todo lo que deja de ser físico sigue viviendo de otra forma. Tenemos momentos en los que somos conscientes de que los espíritus de aquéllos a quienes hemos perdido a través de la muerte física están entre nosotros.

La experiencia del dolor despoja nuestras ilusiones y expectativas, y revela la cruda realidad de nuestra vulnerabilidad y necesidad de amor.

El dolor nos arrastra más profundamente hacia nuestro interior y nos despierta a nuestra necesidad de recurrir a una fuente superior de alivio. Nos ayuda a percibir las limitaciones del ámbito puramente físico y a permitir y recibir sanación espiritual.

La soledad nos centra en nosotros mismos y nos anima a fortalecer nuestra relación con nosotros mismos y con lo divino. Aquello que hayamos buscado fuera de nosotros nunca nos satisfará de verdad. Es de la unión de nuestro yo verdadero y de lo divino de donde surgen las relaciones satisfactorias y amorosas con los demás.

Cuando el miedo nos atenaza y nos encierra en un estado de parálisis, y las sombras del mundo hacen que nos acobardemos, la fuerza del amor nos susurra que está cerca. Sin embargo, sólo podemos oír y sentir esta presencia cuando abrimos nuestro corazón y nos permitimos sentir. Entonces descubrimos el coraje y la fuerza incrustados en nuestro corazón y en nuestro espíritu.

Gracias a la consciencia espiritual, cuando nos permitimos sentir nuestras emociones sin juzgarlas, escapamos de las garras del resentimiento, el odio y la hostilidad. Algo dentro de nosotros sufre y necesita amor. En lugar de centrarnos en las acciones de los demás o en la injusticia cometida contra nosotros, somos guiados a explorar más profundamente lo que pide ayuda a gritos dentro de nuestro ser.

Nuestro reto espiritual es asumir la responsabilidad de lo que intuimos y utilizar esta conciencia para sanar y evolucionar. Aunque es útil crear límites seguros con los demás y protegernos de la energía malsana, debemos mirar en nuestro interior.

En el próximo capítulo, exploraremos cómo identificar y liberar la energía emocional reprimida y bloqueada y las heridas no sanadas. Cuando nos comprometemos a liberar aquello que bloquea nuestra capacidad de recibir las vibraciones superiores de la consciencia espiritual, nos transformamos.

CAPÍTULO 9

Limpiar los canales intuitivos

La transformación hacia la consciencia espiritual se centra en el corazón, donde lo humano y lo divino se encuentran. Tomar conciencia y liberar nuestras emociones escondidas y reprimidas y nuestras heridas no sanadas es el siguiente paso en nuestro ascenso hacia la consciencia espiritual. Cuando limpiamos nuestro cuerpo físico y nuestro campo energético de emociones difíciles e insanas, dejamos de atraer inconscientemente la energía caótica y negativa de los demás y del entorno. Entonces, nuestra conciencia intuitiva y empática se convierte en el canal a través del cual recibimos frecuencias divinas más elevadas.

El abanico de sensibilidad emocional de las personas empáticas, las intuitivas y las sensibles es amplio y extenso. Podemos sentir desde el amor más profundo hasta el dolor más intenso. El dolor cala hondo en el corazón y en el alma cuando otro nos hiere o cuando nuestra sensibilidad y nuestro genuino afecto son malinterpretados o se aprovechan de nosotros. Cuando nos han tratado injustamente, nos han ignorado, nos han maltratado o nos han traicionado, podemos sentirnos heridos y sin fuerza durante mucho tiempo. Aunque podemos darnos a los demás rápida y fácilmente sin reservas, no siempre exponemos las heridas y el dolor. Revelar nuestras heridas puede hacernos sentir demasiado vulnerables, y a menudo preferimos mirar hacia nuestro interior y hacer todo lo posible por curarnos nosotros mismos. Las personas empáticas, las intuitivas y las sensibles tienen tendencia a enterrar el dolor en lo más profundo de su ser. Puede resultar demasiado difícil y abrumador sentir el dolor. Podemos sentirnos barridos por su intensidad e incapaces de afrontarlo. A menudo nos aislamos y nos apartamos de los demás cuando nos sentimos afectados o incómodos, o cuando nos duele algo. Sin embargo, sufrir en silencio y alejarnos de quienes pueden ofrecernos el consuelo y la comprensión que necesitamos intensifica el sentimiento de ser diferentes y estar solos.

El corazón es el centro emocional multidimensional de las personas empáticas, intuitivas y sensibles. Tanto en términos humanos como espirituales, el corazón nos da vida. El corazón hace circular la sangre por el sistema físico, que a su vez nos suministra oxígeno y nutrientes. A nivel energético, el corazón canaliza la energía divina de la fuerza del amor a través de la mente, el cuerpo y el espíritu. También nos ayuda a sentir y procesar las emociones amorosas y no tan amorosas que encontramos en nuestras relaciones y en la vida cotidiana.

Nuestra tendencia a blindar y proteger el corazón es instintiva. Como personas empáticas, intuitivas y sensibles, estamos acostumbrados a sentir y absorber oleadas de emociones, pensamientos y energía. Sentir las emociones de los demás no siempre sienta bien. La mayor parte del tiempo puede sentar bastante mal. Sentir el miedo, la ira o la negatividad propios y ajenos puede empujarnos a cerrar el corazón y hacer todo lo posible por no sentir. Podemos intentar escudarnos cuando experimentamos la embestida de las emociones absorbidas. Sentir el sufrimiento de los demás no es poca cosa. Es difícil sentir nuestro propio dolor y asumir la energía emocional de los demás resulta agotador y poco saludable. Cerrar el corazón puede parecer la única manera de protegernos y de controlar aquello que sentimos e intuimos. Puede que queramos evitar o alejarnos de lo que sea o de quien sea que veamos como la fuente de nuestro malestar.

Aunque intentemos protegernos de intuir la energía emocional difícil de los demás, a menudo estos sentimientos reflejan nuestras propias emociones reprimidas. La energía que intuimos en otro suele ser similar a nuestra propia energía emocional reprimida.

Cuando nos sentimos alterados y tenemos una reacción fuerte ante la energía que sentimos e intuimos de otra persona, a menudo son nuestros propios sentimientos inconscientes y nuestras emociones los que nos provocan angustia.

Por ejemplo, supongamos que intuyes y sientes por empatía la rabia de una amiga. Cuando le preguntas si está enfadada, te dice que en el trabajo se aprovechan de ella. Admite que se siente frustrada, pero no cree que pueda hacer nada para cambiar la situación. Ese mismo día, tú mismo te sientes poco valorado por tu pareja. Te invade la rabia. Aunque has intentado dejar atrás estos sentimientos, has estado negando tu rabia. Te das cuenta de que la rabia que intuías en tu amiga es similar a tus sentimientos hacia tu pareja.

Nuestras heridas y emociones reprimidas emiten una señal que atrae una energía similar en los demás. Mientras que las emociones, el dolor y las heridas de las que somos conscientes atraen energía similar, la energía inconsciente y olvidada almacenada dentro de nosotros es el imán más poderoso. Podemos creer que la energía intuida de otra persona nos está haciendo sentir abrumados, agobiados, negativos o estresados; sin embargo, aunque la energía de otra persona pueda ser ansiosa o negativa, es nuestra reacción energética a ella lo que amplifica nuestro malestar.

La energía de otras personas puede estimular e incentivar a que afloren las emociones y heridas reprimidas que llevamos dentro. Puede llegar a ser confuso sentir la intensidad de estos sentimientos olvidados y no procesados cuando llegan a nuestra conciencia. Cuando reaccionamos con fuerza a lo que intuimos, es señal de que algo en nosotros necesita atención y sanación.

El origen de nuestros bloqueos energéticos

Nuestras heridas no sanadas, las pérdidas no superadas y las emociones reprimidas provocan bloqueos energéticos internos que nos impiden intuir y sentir con claridad. La energía bloqueada inhibe nuestra capacidad de empaparnos del flujo beneficioso de la fuerza del amor. Los bloqueos energéticos provocan tensión y ansiedad en la mente y el cuerpo y nos impiden abrir el corazón a vibraciones más elevadas.

Reprimir y ocultar emociones y heridas dolorosas suele comenzar durante la infancia. Cuando somos jóvenes, no somos capaces de comprender nuestras emociones y de expresar en palabras lo que sentimos.

Los niños empáticos, intuitivos y sensibles suelen ser malinterpretados y etiquetados como difíciles, revoltosos o problemáticos. Solemos tener tendencia a expresar y liberar la incómoda energía emocional que se acumula en nuestro interior a través de nuestro comportamiento. A menudo reprendidos y castigados por estas acciones, aprendemos a reprimir los sentimientos y a negar las necesidades emocionales. Como no siempre sabemos por qué nos sentimos así, no sabemos qué hacer con nuestras emociones.

Los traumas infantiles y las situaciones y las experiencias desafiantes pueden ser muy entorpecedoras, especialmente para los jóvenes intuitivos, empáticos y sensibles. Rara vez somos capaces de sentir y procesar plenamente lo que está sucediendo, y podemos cerrarnos, reprimir las emociones y entrar en un estado de *shock*. Cuando no somos capaces de procesar experiencias que nos provocan dolor, confusión o miedo, el trauma se almacena en el corazón, el estómago, el hígado y otros lugares del cuerpo físico y del campo energético. La energía emocional no procesada permanece en nuestro interior con la misma intensidad que tenía cuando la experimentamos. Cuando las emociones y las heridas no sanadas que hemos reprimido empiezan a aflorar a la superficie, la intensidad de aquello que sentimos puede cogernos por sorpresa. También podemos sentirnos confusos sobre el origen de esos sentimientos incómodos.

Las emociones difíciles reprimidas en el pasado necesitan ser sentidas, liberadas y sanadas. Del mismo modo que nuestro cuerpo físico trabaja para liberar cosas como toxinas y virus, nuestro cuerpo energético desea dejar ir el dolor del pasado y las emociones estancadas y reprimidas. Desafortunadamente, no solemos darnos cuenta cuando las emociones del pasado salen a la superficie para ser sanadas y liberadas. Cuando las emociones difíciles parecen surgir de la nada, podemos hacer todo lo posible por ignorar lo que sentimos o suponer que estamos sintiendo intuitivamente la energía de otra persona. Es posible que reprimamos nuestras emociones e intentemos alejar la mente de ellas atiborrándonos, comprando compulsivamente, jugando a videojuegos, bebiendo o realizando otro tipo de actividades adictivas. Hasta que no permitimos que las emociones reprimidas y las heridas no sanadas salgan a la superficie y las sintamos, permanecen dentro de nosotros.

Cómo identificar las emociones reprimidas y las heridas no sanadas

He aquí algunos signos que indican la presencia de emociones y heridas no sanadas y reprimidas incrustadas en el cuerpo físico o en el campo energético:

- Siento que mi propósito es servir a los demás, pero cuando estoy con los necesitados, siento que absorbo y percibo su sufrimiento y sus dificultades.
- Cuando abro mi corazón, mis sentimientos se ven heridos fácilmente por mi familia y mis amigos.
- Me siento solo la mayor parte del tiempo y quiero relacionarme con los demás. Sin embargo, cuando me encuentro en situaciones sociales, siento ansiedad y me siento agobiado por la energía de los demás.
- Tener pensamientos positivos y tener gratitud no parece funcionarme. Me siento mejor durante un tiempo, pero luego vuelvo a sentirme fatal.
- Solía ser intuitivo y notar las sincronicidades y quiero recuperar esta magia.
- ¿Por qué siempre acabo teniendo relaciones con personas que me abandonan? Lo intento con todas mis fuerzas, pero no parece que nada cambie.
- Capto vibraciones muy negativas de los demás. ¿Qué le pasa a la gente? Intento ser positivo, pero siempre me encuentro rodeado de gente que ve el vaso medio vacío.

Para liberar las heridas, los bloqueos y la energía emocional reprimida dentro del cuerpo físico y del campo energético, necesitamos sentirlos. Este proceso es sencillo y natural. Sin embargo, como nos trae recuerdos incómodos y dolor que no queremos sentir, nos resistimos al proceso.

En su mayor parte, la energía fluye por nosotros sin que la detectemos. Del mismo modo que no somos conscientes de nuestra respiración a menos que nos concentremos en ella, tampoco nos damos cuenta de las sutiles sensaciones y de los sentimientos que continuamente nos están atravesando. La forma más fácil de tomar conciencia de lo que sentimos es concentrarnos en la respiración y observar las sensaciones sutiles que van y vienen.

El ejercicio siguiente te ayudará a sintonizar y a identificar mejor la energía emocional interior reprimida, las heridas no sanadas y la energía acumulada.

EJERCICIO

Escaneo sanador para liberar emociones escondidas y reprimidas

Túmbate en un lugar cómodo y tranquilo donde nadie te moleste. Cierra los ojos y respira profundamente. Cuando espires, libera el estrés y la tensión.

Sigue respirando y relajándote. Envía una respiración relajante por todo el cuerpo y espira cualquier tensión y estrés.

Para explorar el cuerpo y el campo energético, dirige tu atención a la zona por encima de la cabeza. Desplaza lentamente tu conciencia hacia abajo por todo el cuerpo y en el espacio de unos doce centímetros por fuera del cuerpo.

Cuando sientas tirantez, tensión, un nudo o un vacío, o si te sientes atraído hacia una zona concreta, para. Centra allí tu atención y mantente receptivo. Escucha, siente y observa. No intentes averiguar qué estás recibiendo o qué está sucediendo. Mantente pasivo pero alerta y receptivo. Sigue respirando y ten paciencia.

Al principio, cuando movemos la conciencia por el cuerpo, es posible que no sintamos ninguna sensación identificable ni energía bloqueada o reprimida. Si ocurre esto, sigue respirando y continúa explorando desde la parte superior de la cabeza hasta la planta de los pies. Cuando te des cuenta y sientas una zona de tensión, tirantez, vacío o densidad distinta, aunque quizás sutil, para.

Inspira profunda y relajadamente, y espira para liberar el estrés.

¿Cuál es la emoción y el sentimiento relacionados con esta energía?

La energía responde a nuestras preguntas. Pero en lugar de utilizar palabras, la energía suele hablarnos a través de sensaciones, sentimientos, recuerdos, pensamientos y, a veces, imágenes. Sin embargo, la conexión más importante que podemos establecer con esta energía es sentirla. Aunque puede ser interesante ser consciente del origen de la energía que ha generado esa herida o energía reprimida y bloqueada, no te centres en ello.

Puedes empezar a sentir muchas emociones diferentes. Algunos sentimientos pueden ser vagos y sutiles, mientras que otros serán más fuertes e intensos. Las heridas no sanadas pueden provocar sentimientos de tristeza, de rabia o de impotencia. La mayoría de nosotros tenderemos a querer evitarlo inconscientemente e intentaremos saltarnos el importante paso de sentir. Recuerda que, para empezar, éste es el motivo y la forma en que la energía quedó alojada y bloqueada.

También es posible que sintamos muy poco. Las emociones y las heridas ocultas y reprimidas suelen estar congeladas, y puede llevar algún tiempo descongelarlas. A veces, la energía es densa o dura y está bloqueada. No puede hablarnos y puede que nos cueste sentirla. Si percibes una zona de energía congelada o bloqueada, respira y envíale amor y compasión. Sigue escuchando, sintiendo y percibiendo cualquier mensaje.

Si no sientes que recibes una respuesta de la energía bloqueada en la que te estás centrando, no te preocupes. Envía un mensaje de amor a las emociones o heridas reprimidas para decirles que es seguro que afloren a la superficie. Abre el corazón y ten en cuenta que está presente la poderosa fuerza del amor. Con el tiempo, las emociones empezarán a aflorar. Presta atención cuando lo hagan y resiste la tentación de reprimirlas de manera automática.

Todo lo que tenemos que hacer para liberar la energía de las emociones reprimidas y las heridas no sanadas es sentir. Esto permite liberar el dolor emocional acumulado. Al sentir las emociones, éstas se disipan y dejan de quedar retenidas en el interior.

Permítete sentir plenamente, aunque te sientas confuso o tengas dudas y tus emociones no tengan sentido. Tómate tu tiempo en este proceso. Sé paciente y está atento a las emociones, los sentimientos y las viejas heridas que afloren.

Cuando sientas que has liberado todo el dolor reprimido que has podido liberar en este momento, sigue relajándote y respirando. Imagina que la fuerza del amor fluye desde el corazón y recorre todo el cuerpo físico y el campo energético. Deja que se acumule en aquellos lugares en los que has sentido opresión, tensión, un nudo o una sensación de pesadez. Respira en esos lugares y envía amor y compasión. Haz una pausa, descansa y siente. Cuando te veas preparado, escribe cualquier percepción o nueva conciencia que hayas recibido.

Conectar con nuestra energía emocional reprimida y nuestras heridas no sanadas y tomar conciencia de ellas es un proceso que necesita tiempo. Cuando nuestras emociones y heridas no sanadas empiezan a descongelarse, puede que nos sintamos ajenos a ellas o que sólo las sintamos levemente. Ten paciencia. Cuando somos conscientes de las emociones bloqueadas, empezarán a aparecer en nuestra conciencia. Cuando las emociones empiezan a aflorar, es posible que nos sintamos vulnerables, malhumorados o tristes, o incluso que acabemos llorando. Deja que este proceso dure todo el tiempo que sea necesario. Cuando las emociones salgan a la superficie, recuerda que son los sentimientos que teníamos escondidos. Por muy difícil que sea sentir nuestras emociones incómodas, cuando las sentimos, se liberan. Aquello que no reconocemos y sentimos interrumpe el flujo de la fuerza del amor por el cuerpo, la mente y el espíritu, y se manifiesta en desarmonía en nuestras circunstancias cotidianas.

Para acelerar la desintoxicación emocional que se produce cuando liberamos emociones reprimidas y heridas sin sanar, bebe mucha agua, come frutas y verduras frescas, y duerme y descansa mucho. Llevar un diario puede fomentar las percepciones intuitivas y hacer que afloren más emociones que nos proporcionen percepciones aún más profundas. Las emociones reprimidas y las heridas sin sanar suelen aflorar cuando dormimos. Presta atención a tus sueños y escríbelos. Esto ayudará a expulsar la energía fuera del cuerpo. Puede ir muy bien la actividad física, como el yoga, correr o pasear por la naturaleza. Estar cerca del agua o meterse en un *jacuzzi* o en un baño turco favorece una mayor desintoxicación emocional. Si se tiene la sensación de que hay energía a la que es difícil acceder porque está bloqueada o atrapada, la terapia de masaje, la acupuntura u otro tipo de trabajo corporal pueden ayudar a estimular una limpieza emocional más profunda.

Cuando nos activamos

En el caso de las personas empáticas, intuitivas y altamente sensibles, absorber o percibir la energía emocional de otra persona o de una situación a menudo nos saca del presente y nos lleva al pasado. La energía que intuimos de los demás puede desencadenar y activar el dolor del pasado y todo aquello que hemos intentado dejar atrás. No siempre resulta evidente cuando salen a la superficie los recuerdos del pasado, las emociones reprimidas y los problemas sin resolver. A menudo experimentamos las heridas no sanadas y las emociones difíciles del pasado en el mismo grado en que las experimentamos originalmente. Incluso aunque los traumas y las dificultades ocurrieran años antes o cuando éramos muy jóvenes, podemos experimentar las emociones con la misma intensidad con la que las sentimos por primera vez.

Por ejemplo, tal vez sientas o intuyas que un amigo está pasando por una situación difícil. Cuando le preguntas si le pasa algo, te dice que todo va bien. Sin embargo, tu conciencia empática te dice lo contrario. Cada vez estás más estresado y te preguntas cuál es la mejor manera de ayudarlo. Te sientes preocupado por él y aumenta la presión interior para hacer algo.

Mientras consideras qué puedes hacer para ayudar a tu amigo, te llega una intuición inesperada. Los sentimientos y la preocupación que sientes por tu amigo te recuerdan la preocupación y el estrés que a menudo sentías con tu madre cuando eras joven. A menudo parecía estar triste y distante. Aunque sentías los sentimientos de tu madre, no sabías qué hacer para ayudarla. Ella intentaba convencerte de que todo iba bien, pero en el fondo sentías que no era verdad. Con el tiempo, tu madre cayó en una depresión y enfermó físicamente. Se distanció de ti y se resistía a tus intentos de consolarla o de ayudarla. Durante años te preguntaste si podrías haber actuado de otra manera. Aunque querías ayudar a tu madre, nunca pudiste. Aunque se trata de un recuerdo de hace mucho tiempo, intensifica tu frustración y aumenta tu preocupación y el estrés por tu amigo.

Cuando los sentimientos y la energía que absorbemos, percibimos o intuimos de los demás desencadenan emociones y heridas reprimidas, no siempre tenemos la conciencia clara de que está ocurriendo. Es posible que miremos a nuestro alrededor preguntándonos quién o qué está emitiendo la energía triste o negativa que sentimos. La mente se desboca en un intento de averiguar qué está provocando la angustia. Como no parece que esté pasando nada en nuestra vida que haya generado estos sentimientos, suponemos que los estamos intuyendo de otra persona. Sin embargo, es muy probable que tanto la energía de otra persona como nuestros propios sentimientos reprimidos estén provocando nuestro malestar. Las heridas no sanadas y los problemas no resueltos se han disparado intuitivamente, y esto es lo que está causando estragos en nuestro interior.

Por ejemplo, Lia, una clienta mía, me contó que, durante una meditación de apertura del corazón en su clase de yoga, inmediatamente empezó a sentirse abrumada por emociones confusas y difíciles. La intensidad emocional que sentía era poderosa. Lia es empática y sintió como si estuviera absorbiendo las emociones de los demás. Por culpa de esta experiencia, no estaba segura de querer volver a la clase.

Los sentimientos y los pensamientos intuitivos y empáticos van y vienen, tanto que no siempre es posible conocer su origen. Demasiado a menudo hacemos suposiciones sobre por qué de repente tenemos sensaciones y sentimientos sorprendentes. En nuestro deseo de comprender mejor los pensamientos y los sentimientos que no parecen tener sentido, podemos llegar a conclusiones prematuras que pueden no ser correctas.

Por ejemplo, cuando mi amigo Ryan conoció a Claire, pudo sentir su dolor. Sintió una inesperada sensación de tristeza cuando hablaron por primera vez. Aunque Claire no mencionó ninguna pérdida ni problema reciente, él estaba seguro de que estaba atravesando por dificultades emocionales.

Sin embargo, Ryan malinterpretó el origen de las emociones que sentía. Claire desencadenó la pérdida no sanada que Ryan había experimentado con una antigua novia que se parecía a Claire. Aunque Claire podía estar triste y él podía sentirlo empáticamente, la intensidad de las emociones procedía de sus propias emociones reprimidas.

Los estímulos intuitivos sutiles, como las coincidencias, la sensibilidad empática e incluso los olores, pueden desencadenar la aparición de sentimientos y pensamientos reprimidos y ocultos. Las sensaciones intuitivas y la energía empática que recibimos pueden hacer que nos preocupemos por si una persona, una situación o una actividad en particular no es buena para nosotros. A veces, la energía que absorbemos intuitivamente llega a ser abrumadora y no podemos procesarla, ni siquiera expresarla con palabras. Puede parecer que no tenemos control sobre lo que experimentamos y nos influye. Podemos culpar a los demás de nuestro cansancio, de nuestras angustias o de nuestras preocupaciones, y sentirnos maldecidos por nuestra sensibilidad y quedar a su merced. En nuestra percepción de impotencia, hacemos todo lo posible por alejarnos de las personas, las situaciones y los acontecimientos que creemos que están provocando el problema. No es de extrañar que desconfiemos o reneguemos de nuestra intuición, cerremos el corazón y nos aislemos de los demás. ¿Por qué querría alguien estar continuamente empapado de emociones dolorosas o negativas o saturado de energía?

Por ejemplo, puede que un amigo te diga algo sin intención de herirte, pero tú te lo tomas como algo personal. El comentario fuera de lugar despierta ira y dolor. Te preguntas por qué tu amigo está siendo tan insensible y mezquino contigo. Es igual lo que diga para intentar hacerte saber que no pretendía herir tus sentimientos; el comentario sigue doliendo.

Cuando continuamente nos encontramos en compañía de otras personas o en situaciones en las que absorbemos energía inquietante o negativa, es señal de que algo dentro de nosotros necesita sanación. Si no liberamos nuestra energía reprimida, seguimos atrayendo y absorbiendo las vibraciones más bajas de las que intentamos alejarnos. No vemos a los demás ni las situaciones como son. Por el contrario, son un reflejo de nuestra consciencia. Tener heridas y energía emocional reprimida no significa que seamos inherentemente negativos o tóxicos, o que tengamos puntos débiles. La energía que estamos intuyendo es un espejo que ha venido a iluminar aquello que está bloqueando nuestra capacidad de recibir vibraciones amorosas y sabias más elevadas.

Señales de que están aflorando emociones reprimidas

El momento óptimo para liberar y limpiar las emociones reprimidas es cuando se han activado y empiezan a aflorar a la superficie. Nuestra sensibilidad energética intuitiva atrae hacia nosotros a personas y situaciones que son similares a nuestras emociones reprimidas. Fíjate cuando sientas emociones incómodas. Nos acostumbramos tanto a ignorar y minimizar lo que sentimos que a menudo dejamos a un lado e ignoramos nuestras emociones. Por desgracia, no van muy lejos. Cuando tomamos conciencia de la energía que hemos reprimido y sentimos las emociones, sanamos.

He aquí algunas señales de que se están desencadenando las emociones reprimidas y las heridas no sanadas:

Tenemos reacciones emocionales intensas y fuera de lugar ante experiencias comunes y cotidianas.

Revivimos una y otra vez situaciones emocionales pasadas, pensando en qué podríamos haber hecho o dicho de otra manera.

Experimentamos reacciones emocionales abrumadoras y exageradas ante cambios e inconvenientes inesperados.

Intuimos emociones como la ira, la pena, el estrés y el resentimiento en los demás sin darnos cuenta de que son emociones que a menudo sentimos nosotros mismos.

Nos despertamos por la noche con emociones intensas o tenemos sueños que nos despiertan sentimientos confusos.

Experimentamos la aparición repentina de sentimientos incómodos mientras realizamos actividades cotidianas como conducir, hacer ejercicio, limpiar o cocinar.

A menudo tenemos la sensación de que los demás van a por nosotros o intentan hacernos daño o crearnos problemas.

Sentimos un revoltijo de emociones cuando intentamos meditar o escuchar nuestro interior.

Tenemos un miedo recurrente a ser tratados injustamente o a ser víctimas.

Tenemos problemas frecuentes de ansiedad, ataques de pánico, atracones de comida u otras adicciones, o dolores físicos y enfermedades.

PRÁCTICA

Siente las emociones cuando afloran

Si sospechas que se está activando y aflorando energía emocional reprimida, recuérdate que es una oportunidad para sanar. Observa y sé más consciente de las emociones que afloran y que parecen desproporcionadas en relación con lo que está sucediendo. A continuación, te doy algunos ejemplos:

- Un amigo te pide que cambies la fecha de una comida y te sientes dolido y decepcionado. Estás disgustado durante días y te planteas poner fin a la amistad.
- Tu hijo no parece muy entusiasmado cuando abre su regalo de cumpleaños y te invade la tristeza y la culpa. Inmediatamente le compras más regalos, aunque no puedes permitírtelo.
- En un restaurante, un camarero te trae un plato equivocado. Personalmente ofendido, regañas al camarero y pides hablar con el encargado. Montas una escena y avergüenzas a tu familia.

Haz todo lo posible por sentir y observar lo que sientes en este tipo de situaciones. Reconoce y pon nombre a tus sentimientos a medida que van aflorando. Fíjate si te das cuenta de que descartas automáticamente tus emociones o culpas a otros por ellas. Deja que tus emociones salgan a la superficie.

No te reprimas ni trates de minimizar lo que sientes. A veces nos sentimos culpables o demasiado sensibles, o creemos que tenemos algún problema por lo que sentimos. No te juzgues. Algo dentro de ti te está haciendo daño y eso merece tu atención.

Cuando notes que sientes emociones intensas que no guardan proporción con lo que está pasando, respira hondo y deja que aflore lo que sientes. Siente plenamente tus emociones. No las apartes ni las ignores. Siéntelas en toda su intensidad. Aunque te resulte difícil e incómodo, no te juzgues ni juzgues las emociones. Lo superarás.

Las emociones fuertes y abrumadoras suelen ser una acumulación de heridas y sentimientos del pasado que nos han acompañado durante mucho tiempo. Al principio los enterramos porque no creíamos que pudiéramos sentirlos. Nos dolían demasiado y nos resultaban demasiado dolorosos para soportarlos. Puede que inconscientemente sintamos que todavía no somos capaces de manejarlos. Recuerda que lo que provocó estos sentimientos ya ha pasado y pertenece al pasado. Estás a salvo y puedes sentir lo que está aflorando.

A medida que vas sintiendo las emociones y las heridas, éstas se disipan y sanan. Abre el corazón y deja que la fuerza del amor fluya por ti.

Si te encuentras en una situación o en un lugar donde no puedes procesar las emociones que se están desencadenando, comprométete a trabajar de inmediato en este proceso. No dejes pasar demasiado tiempo. Dedica algún tiempo a estar solo en un lugar donde te puedas permitir que afloren los sentimientos.

EJERCICIO

Desencadena emociones enterradas y heridas sin sanar

¿Te has sorprendido alguna vez por tu reacción ante una situación o un acontecimiento, o por algo que alguien ha hecho o ha dicho? Las emociones enterradas y las heridas no sanadas pueden aflorar en momentos inapropiados o complicados. A veces, las emociones pueden arder con tal intensidad que decimos o hacemos algo de lo que luego nos arrepentimos. También es probable que nuestras emociones se cocinen a fuego lento en nuestro interior y nos generen estrés, ansiedad o depresión. Por desgracia, no siempre somos conscientes de que las emociones reprimidas del pasado y las viejas heridas se encuentran en el centro de lo que sentimos y experimentamos.

En lugar de esperar a que alguien o algo desencadene tus emociones reprimidas y tus heridas no sanadas, puedes invitarlas a que afloren.

Cuando te sientas tranquilo, descansado y centrado, imagina una situación, una persona o un recuerdo que despierte en ti una respuesta emocional. ¿Qué te provoca sentimientos intensos como ira, tristeza o miedo? ¿Hay acontecimientos del pasado que todavía despiertan sentimientos intensos? ¿Cuándo sientes que emocionalmente has perdido los papeles y reaccionas? Puedes invocar estos sentimientos evocando recuerdos del pasado.

Cuando empieces a sentir las emociones de forma más aguda, pregúntate: «¿En qué parte de mi cuerpo físico o de mi campo energético se siente más intensa la energía de estas emociones?».

Pon la mano en la parte del cuerpo donde sientas más intensamente la energía de las emociones. Aquí es donde puede estar alojada la energía emocional reprimida o la herida no sanada. Es posible que haya más de una zona en el cuerpo en la que se esté acumulando esta energía. Coloca la mano en la zona donde sientas la emoción más intensamente. Si no eres capaz de identificar un lugar concreto, coloca las manos sobre el corazón o el plexo solar.

Respira y siente la energía de las emociones. Siente lo que aflora y haz lo posible por identificar las emociones a medida que van aflorando.

Cuando sientas los sentimientos, di algo como: «A medida que siento la energía de estas emociones difíciles, se va disipando y va hacia la luz» o «Estoy liberando estos sentimientos difíciles hacia la fuerza del amor».

Sigue respirando y abriendo el corazón, la mente y el cuerpo a la fuerza del amor. Deja que este amor circule por ti y te ayude a liberar las emociones difíciles y estresantes.

Puede ser buena idea participar en algún tipo de acción o de actividad para liberar aún más las emociones reprimidas. He aquí algunas cosas que pueden ir bien a la hora de limpiar el dolor y las emociones reprimidas:

- Habla de tus emociones con alguien sea prudente, que no te juzgue y que te quiera.
- Pinta o trabaja con arcilla, lápices de colores o cualquier otro medio artístico.
- Escribe, garabatea, lleva un diario o redacta poesía.
- Camina, corre, nada, baila o levanta pesas.
- Asiste a clases de yoga o de gimnasia.
- Pinta o redecora tu casa.
- Cultiva, planta, deshierba o recoge fruta.
- Ofrécete como voluntario para ayudar a los demás.
- Practica un nuevo *hobby.*
- Haz algo positivo para ti que siempre hayas querido hacer.
- Toma una sauna o un baño de vapor, o hazte un trabajo corporal, acupuntura o un masaje.
- Escucha tu corazón y tu instinto para saber cómo cuidarte.
- Establece límites seguros con los demás en determinadas situaciones.
- Di no si algo no te conviene.

Libérate del dolor

Tendemos a hacer todo lo posible para evitar emociones y sentimientos incómodos. El dolor tiene el poder de controlar nuestras vidas y condenarnos a la infelicidad a través de la consciencia material. Podemos sentirnos víctimas, que se aprovechan de nosotros y que nos tratan injustamente. A menudo nos culpamos a nosotros mismos y culpamos a los demás y a las circunstancias de nuestra mala suerte y de nuestra desgracia. Debe evitarse el dolor.

A través de la consciencia espiritual, el dolor no llega a nuestra vida para castigarnos o como resultado de pensamientos negativos o victimización. Al contrario, su mensaje es la trascendencia. El dolor nos despierta. Muchas personas espirituales, intuitivas y empáticas han experimentado mucho dolor y pérdida en la vida. A menudo, cuando nos encontramos en la desesperación, la soledad y el sufrimiento más profundos, acudimos instintivamente a lo invisible. Aunque la presencia invisible suele ser silenciosa, sutil y apenas detectable, algo en el corazón y el alma nos empuja a abrirnos y a confiar en ella. Sentimos y sabemos intuitivamente que hay algo más allá del mundo físico, y queremos que nos traiga alivio y consuelo. El sufrimiento suele motivar nuestro camino espiritual.

El dolor y el sufrimiento nos empujan a cambiar y a adoptar nuevas perspectivas. A través de la consciencia espiritual, podemos utilizar nuestro sufrimiento para abrirnos a una nueva comprensión de nosotros mismos y de la vida. Podemos darnos cuenta de dónde estamos bloqueados y nos estamos resistiendo al crecimiento. Sin embargo, el sufrimiento no nos lo envía lo divino. Es nuestra propia alma la que crea las circunstancias que mejor nos ayudarán a evolucionar, a sanar y a desarrollar todo nuestro potencial.

Nuestras emociones y heridas reprimidas, tóxicas y no sanadas necesitan nuestro amor. Aquello que se siente insoportable puede ser el vehículo a través del cual nos permitimos recibir amor y una consciencia espiritual suprema. Sentir y liberar patrones energéticos y emociones bloqueadas y reprimidas es un trabajo espiritual. Nuestra resistencia a este proceso puede ser profunda y estar oculta. No resulta fácil sentir las olas de emociones escondidas y reprimidas a medida que salen a la superficie. Es posible que intentemos distraernos o que nos frustremos por lo que sentimos como una falta de progreso o de cambio positivo perceptible. Queremos que el proceso sea más sencillo y podemos convencernos de que sentir nuestros sentimientos no es útil ni curativo. El camino espiritual, razonamos, debería ser un camino de consuelo y alegría.

Cuando el camino de la sanación se complica, tenemos una opción. Podemos refugiarnos en los vacíos clichés espirituales o podemos liberarnos. Si queremos verdadera libertad, tenemos que aceptar los retos, a menudo rigurosos, del camino espiritual. No nos aleja de nuestro sufrimiento, sino que nos conduce a través de él. Mientras consideremos que nuestros sentimientos y experiencias son más poderosos que nosotros, nos tendrán atados y nos controlarán.

Sé amable con tu energía estancada y con todos los nudos y bloqueos que descubras en tu interior. Necesitan tu compasión y tu atención amorosa. Lo más probable es que estas bolsas de miedo, trauma, agobio y dolor lleven contigo mucho tiempo. Si no se les has prestado atención, habrán echado raíces en tu interior. Están impidiendo el libre flujo interno de energía de alta vibración, tan necesaria para una salud mental, emocional, física y espiritual óptimas. Como un tapón en un río, estos nudos y puntos de opresión y tensión quedan estancados, vertiendo energía sobre nuestros miedos, negatividades, estrés, ansiedad y dolor.

El siguiente ejercicio puede ayudarte a aceptar tu energía interior estancada con bondad amorosa hacia ti mismo.

EJERCICIO

Querido sufrimiento

Envía un mensaje al dolor interno latente que hay dentro de ti diciéndole que es seguro emerger y ser sentido y liberado. Escribir una carta alentadora a las emociones reprimidas facilita la conexión y la liberación suave.

Te muestro un ejemplo:

Querido/a Rabia, Miedo o Pena (o cualquier otra emoción):

Sé que llevas mucho tiempo escondido en mi interior. A veces te siento y eso me asusta. Parece que hay mucha intensidad encerrada dentro de mí. Tengo miedo de que, si dejo aflorar estos sentimientos, me sienta abrumado y me derrumbe, o tal vez arremeta contra personas que no merecen mi rabia. Además, tengo miedo de que debajo de esta rabia haya mucha tristeza y dolor. Me siento solo con toda la tristeza que llevo dentro.

Creo que mi cansancio y mis problemas de salud constantes se deben a las emociones reprimidas, y quiero dejarlas salir. Entiendo por qué he reprimido estos sentimientos y sé que he tenido muchos motivos para estar enfadado y triste y tener miedo a lo largo de mi vida, sobre todo durante mi infancia. Ayúdame a deshacerme de ellos.

Cuando hayas terminado de escribir, respira profunda y relajadamente, soltando el estrés y la tensión con cada espiración. Respira, relájate y escucha en tu interior la sabia y amorosa guía y los susurros de apoyo.

Las heridas no sanadas y las emociones bloqueadas necesitan nuestra ayuda y nuestra atención. La tensión y los bloqueos del campo energético son potentes. Cuando alimentamos el dolor y las heridas con amor y comprensión, nos ablandamos y la fuerza del amor fluye libremente. Se afloja la energía de emociones tales como la pena, el trauma y el miedo, que se han ido acumulando en nuestro interior. Se vuelve como la niebla de un chaparrón de verano o el rocío de la brisa marina, absorbida por la luz.

A medida que nuestra conciencia espiritual se fortalece, empezamos a reconocer que nunca nos encontramos verdaderamente solos. Estamos conectados a una fuerza divina y celestial mayor que siempre está presente. A menudo somos atraídos hacia la oscuridad para ver la luz. Cuando dejamos que una fuerza divina superior de amor fluya por nosotros, se enciende la belleza de nuestra alma.

El reto espiritual es abrir el corazón y sentir. Cuando tenemos el corazón abierto, respiramos profundamente y permitimos que la energía se mueva por nosotros. Sentimos las emociones, pero no se nos adhieren ni se acumulan en el corazón, la mente y el cuerpo. Las dejamos ir. Cuando reprimimos las emociones negativas e insanas, son como veneno para el sistema. Dañan el cuerpo, la mente y el espíritu. Un corazón abierto permite que las emociones y la energía intuida y absorbida de los demás nos atraviesen. Aunque seguimos sintiendo nuestras propias emociones y la energía de los demás, no desencadena heridas sin sanar ni emociones atrapadas. Lo que sentimos e intuimos fluye a través de nosotros. Somos libres.

CAPÍTULO 10

El vasto y profundo amor del empático

Las personas empáticas, las intuitivas y las sensibles sienten un impulso irresistible y penetrante de amar y ser un rayo de luz, de esperanza, de inspiración y de sanación para los demás. Refinar nuestra capacidad de amarnos a nosotros mismos y a los demás define nuestro viaje hacia la consciencia espiritual. El siguiente paso en la ascensión a la consciencia espiritual es examinar cómo amamos. Cuando integramos la fuerza del amor en el cuerpo, la mente y el espíritu, es posible que también deba transformarse la forma en que nos amamos a nosotros mismos y a los demás.

Las personas intuitivas, empáticas y sensibles suelen sentirse atraídas por los necesitados. Entrelazado con nuestra profunda sensibilidad intuitiva está el deseo de servir. Podemos percibir rápidamente el dolor y la pena en los demás, y buscamos maneras de ayudarlos y sanarlos. Cuando alguien sufre, entra en acción nuestro amor y se mueve a través de nosotros como las notas a través de un instrumento. El sentimiento de amor que recorre el corazón y el alma es inmensamente satisfactorio. Amamos y damos, y nos sentimos bien. Aunque nuestro deseo de amar y de cuidar a los demás es noble, también puede ser fuente de confusión, de malentendidos y, a veces, de dolor. La mayoría de las personas empáticas, intuitivas y sensibles experimentan un abanico de emociones más amplio y profundo que los demás. Esto es algo esencial en nuestra naturaleza, y sencillamente no podemos no sentir e intuir. Los sentimientos, los pensamientos y la energía de los demás pueden afectarnos de forma sutil, inconsciente o manifiesta.

Aunque en cierta medida todo el mundo se ve influido y afectado por la energía, las personas empáticas, intuitivas y sensibles son más propensas a ser conscientes de las vibraciones energéticas de los demás y del entorno. Estamos en sintonía con las diferentes texturas de sentimientos, sensaciones y cualidades que encarna la energía. A veces, la energía de otra persona resulta ligera y acogedora, pero otras veces puede ser pesada y desagradable. Lo mismo ocurre con las situaciones y los entornos. Hay lugares específicos que suelen contener huellas energéticas que no siempre son positivas y agradables.

A pesar de las vibraciones y de los sentimientos incómodos que intuimos de los demás, nuestro pozo interior de empatía es vasto y profundo. Cuando sentimos la tristeza, la angustia, la ira u otras emociones similares de otra persona, nuestro barómetro interior suele dirigirnos hacia ella en vez de alejarnos. Nuestro deseo de ayudar, dar y estar con otros que están luchando o pasando por dificultades emocionales nos atrae a su lado.

Las siguientes experiencias pueden resultarte familiares:

- Hay algo raro en la vibra de Leo. Es como si me estuviera empujando a alejarme. Pero no me voy a ninguna parte. Estoy aquí por él.
- Parece que Maggie y Trevor tienen problemas. Puedo sentir la fricción. Sigo queriendo ir a la playa con ellos. Tal vez pueda ser útil.
- Keke siempre parece feliz, pero siento su tristeza. Seguiré queriéndola y haré todo lo posible por estar a su lado.
- Creo que Samuel tiene más talento del que es consciente. Podría llegar a lo más alto en su campo. Me gustaría poder ayudarle de alguna manera a ver y ser consciente de esto.

Aunque somos capaces de intuir y sentir empáticamente la energía de los demás, no siempre sabemos qué hacer con la información que recibimos. La sensibilidad intuitiva y empática agita el corazón, y hacemos todo lo posible por comprender a los demás y ser una fuente de fuerza y amor para ellos. Pero, por desgracia, en el proceso no siempre cuidamos de nosotros mismos ni prestamos atención a nuestras necesidades.

Podemos ser capaces de sentir y saber lo que sienten o experimentan otros que se encuentran a kilómetros de distancia. No sólo conectamos intuitivamente con la familia, los amigos y los compañeros de trabajo que están lejos. Las personas empáticas, intuitivas y sensibles a menudo intuyen y absorben la energía de conocidos casuales y pueden sentirse sobreestimuladas por las multitudes o simplemente por encontrarse en un lugar público. Algunas personas empáticas, intuitivas y sensibles pueden ver o escuchar un telediario y sentir la desesperación y el sufrimiento de los demás, aunque se encuentren a miles de kilómetros de distancia. Muchos son sensibles al dolor que experimentan los animales maltratados o criados en condiciones deplorables.

Cuando los sentimientos intuitivos, el conocimiento y la sensación que recibimos se vuelven excesivos, podemos intentar desconectar nuestra intuición. Esconder o reprimir los sentimientos y las sensaciones intuitivas y empáticas que nos bombardean, o distanciarnos tanto emocional como físicamente de los demás pueden parecer nuestros únicos remedios. Sin embargo, aunque separarnos de los demás y cerrar el corazón puede reducir parte de la sobrecarga energética que experimentamos, puede acabar pasando factura a nuestra psique. Ser empático e intuitivamente sensible puede ser solitario. Desconectar nuestra receptividad pasa factura.

Cuando intentamos desapegarnos de nuestra conciencia intuitiva y empática, el corazón se cierra y la intensa energía de la fuerza del amor queda sofocada y bloqueada. Esto puede hacernos perder las conexiones emocionales que tenemos con los demás y debilitar nuestra confianza en nosotros mismos y en una presencia y un poder superiores. Aumenta el miedo y el estrés, y podemos sentirnos impotentes y a merced de fuerzas que no somos capaces de comprender.

Cómo se relacionan las personas empáticas con los demás

Aunque sentir, percibir y absorber la energía de los demás puede suponer todo un reto, ser empático, intuitivo y sensible es una bendición y un signo de afinidad natural con la consciencia espiritual. Por mucho que queramos desconectar nuestra naturaleza intuitiva, empática y sensible, no es posible. Nuestro espíritu ha traído al frente nuestras habilidades intuitivas y empáticas con un propósito. Hay algo poderoso en nuestro interior que está trabajando.

La percepción empática e intuitiva va más allá de los cinco sentidos, la lógica y la razón, y se adentra en el corazón y la conciencia del alma. No somos superficiales y rara vez nos sentimos atraídos por otra persona por la cantidad de dinero que gana, por su ocupación o por otras cualidades externas. Más en sintonía con las conexiones del alma, anhelamos relaciones que se extiendan a las vibraciones sublimes superiores. Preferimos abrir el corazón y permitir que otro entre en nuestro ser antes que entablar conversaciones triviales. El amor fluye por las venas de las personas empáticas y las intuitivamente sensibles.

A través de la consciencia material, a menudo sentimos el amor a lo largo de un continuo de estados variables como el deseo, los celos, la compasión y el cuidado, y todas las emociones intermedias. Es en los estados evolucionados superiores de conciencia donde experimentamos el amor como algo más que una emoción o un sentimiento. A través de la consciencia espiritual, la persona empática, intuitiva y sensible evoluciona y encarna los estados divinos del amor, y se convierte en un canal a través del cual fluye este amor superior. Éste es el amor que sana, nutre, transforma y crea. Sin palabras y a menudo indefinible, el amor es nuestra brújula y a menudo nos conduce ante las personas y las situaciones sobre las que podemos tener un impacto positivo. El amor se mueve a través de nuestra alma y nos despierta, nos agita y nos motiva.

Las personas empáticas, intuitivas y sensibles establecen vínculos con los demás a través del corazón, el espíritu y el campo energético. Este vínculo de amor es más que sentimiento, anhelo y deseo. Es el entrelazamiento de la energía de las almas entre sí y una sinergia que va más allá de los límites emocionales y físicos. El amor divino es la energía más fuerte que existe y la fuerza creativa celestial que nos nutre y nos sustenta. Puede ser electrizante y energizante, calmante, esclarecedora o simplemente reconfortante. Cuando amamos a alguien, abrimos el corazón y recibimos su esencia; nuestras energías amorosas se entremezclan y establecemos un vínculo. En una relación amorosa mutuamente satisfactoria, nos sentimos apoyados y fortalecidos por el amor del otro y nuestra pareja se siente apoyada por el nuestro. Damos y recibimos. Cada relación tiene problemas que resolver y lecciones y retos importantes que nos ayudan a crecer y evolucionar. Cuando amamos de verdad a otra persona, no dependemos de ella ni ella de nosotros. Damos y compartimos el amor superior que nos sustenta.

Por desgracia, no todas las relaciones nos aportan un intercambio saludable de energía. Integrar nuestra conciencia anímica del amor en nuestra experiencia humana cotidiana y terrenal supone todo un reto. Las personas empáticas, intuitivas y sensibles son compasivas por naturaleza y se centran en el corazón; se sienten realizadas contribuyendo a elevar a los demás e influyendo en ellos de manera positiva. Podemos sentirnos atraídos románticamente por alguien porque intuitivamente sentimos y percibimos que podemos ayudarlo y sanarlo. Cuando sentimos que alguien nos necesita, amamos sin reservas. Muchos de nosotros hemos estado preocupados por las necesidades de los demás durante tanto tiempo que dar en exceso nos resulta normal. Sin embargo, reforzar continuamente el vacío interior y la baja autoestima de otra persona no es saludable ni para ella ni para nosotros. Cuando sentimos que tenemos que ser la fuente de amor para alguien, creamos un desequilibrio energético. Transmitimos a los demás el mensaje tácito de que son emocionalmente incompetentes. Con el tiempo, acabarán resintiéndose por depender de nuestro amor.

A pesar de nuestra elevada comunión con la energía del amor, a menudo nos encontramos atraídos por personas que se aprovecharían de nosotros y nos utilizarían para su beneficio personal. Algunos perciben nuestro corazón abierto y nuestra voluntad de dar. Los empáticos y las personas intuitivamente sensibles pueden centrarse y derramar amor y atención sobre los demás sin reservas. Vemos a los demás de un modo que tal vez hasta entonces no habían visto ni conocido. Para una persona que no está acostumbrada a este tipo de atención, puede resultar seductor, convincente y aterrador a la vez.

Cuando no estamos en contacto con nuestras propias necesidades emocionales, somos más vulnerables a que se aprovechen de nosotros aquellas personas a las que les han hecho daño, están necesitadas o perdidas, o bien nadie las comprende. Cuando no hemos dejado que afloren nuestras emociones escondidas y reprimidas y tenemos heridas sin sanar, somos propensos a atraer almas rotas. El dolor reprimido a menudo atrae hacia nosotros a aquéllos con heridas similares, y asumimos erróneamente que se trata de una verdadera conexión amorosa. Cuando compartimos patrones emocionales con otra persona, sentimos una familiaridad inconsciente. En el primer encuentro, puede parecer que compartimos una conexión de alma o que conocemos a alguien de toda la vida. Estar en compañía de alguien con emociones reprimidas y heridas no sanadas similares a las nuestras puede resultar cómodo y confuso al mismo tiempo. Por desgracia, esto nos lleva a relacionarnos con personas que no son capaces de amarnos.

Cuando abrimos el corazón y el alma a los demás, podemos empezar a sentir sus emociones. Absorbemos las preocupaciones, las cargas y el estrés de los demás, y a menudo nos sentimos agobiados por su energía. Sin embargo, sentir e intuir lo que otra persona está experimentando no quita ni disminuye sus problemas, sus cuestiones ni sus dificultades emocionales. Por el contrario, cuando absorbemos la energía angustiada de otra persona, se magnifica y fortalece, tanto para nosotros como para los demás. Podemos creer que, si somos capaces de intuir y tomar conciencia de las emociones, los problemas y el dolor de otra persona, entonces es nuestra responsabilidad ayudarla de algún modo. Esto puede llevarnos al agotamiento, a la depresión y a sentirnos emocional, espiritual, mental y físicamente agotados. Aunque hayamos dejado atrás muchas de nuestras cargas emocionales malsanas del pasado, es posible que sigamos atrayendo a los que sufren.

Para entender la tendencia hacia aquellos que podrían utilizarnos, hacernos daño y aprovecharse de nosotros, es necesario comprender el corazón de una persona empática, intuitiva y sensible. La mayoría de los empáticos y los intuitivamente sensibles conocen demasiado bien la punzada del dolor. Es posible que nos hayamos sentido diferentes y extraños durante toda la vida. Algunos han soportado años sintiéndose incomprendidos o siendo de alguna forma acosados o maltratados durante la infancia o en la edad adulta. Nuestro amor desea ser expresado y compartido. Cuando sentimos el dolor y el sufrimiento de otra persona, nuestro corazón responde de manera espontánea.

Es probable que desde pequeños hayamos hecho todo lo posible por ayudar y sanar a los demás. La mayoría de las personas empáticas y de las intuitivas y sensibles son el barómetro emocional dentro de su sistema familiar. Somos los que sentimos lo que sienten los demás, y a menudo, sin ser conscientes de ello, lo exteriorizamos a través de nuestro comportamiento. Somos la oveja negra que es más sensible y se ve más afectada por la energía tácita del hogar. Las familias disfuncionales son especialmente complicadas para una persona empática.

Los niños empáticos e intuitivos suelen absorber inconscientemente la tristeza, el dolor, el estrés y otras emociones de sus familiares. Muchos no son conscientes de que lo están haciendo y crónicamente están de mal humor y sufren problemas estomacales, dolores de cabeza y otros problemas físicos, mentales y emocionales. El patrón intuitivo y empático inconsciente de absorber el dolor y el sufrimiento de los demás continúa durante la edad adulta. Asumir las cargas de los demás acaba convirtiéndose en algo natural.

Cuando crecemos en un entorno en el que intuimos y sentimos las emociones de los demás, inconscientemente desestimamos nuestras propias necesidades. Percibimos y sentimos lo que sienten los demás y hacemos todo lo posible por tranquilizarlos, sanarlos y estar a su lado. Nos resulta fácil anticiparnos a los deseos y las necesidades de los demás, y hacer todo lo posible por satisfacerlos. Muchas personas empáticas no son conscientes de que es posible ayudar, sanar y amar a los demás sin captar su energía.

Sanar nuestras relaciones

El impulso del alma de expresar amor como consuelo y sanación nos mueve instintivamente, y nos entregamos libremente a quienes lo necesitan. La energía pura del amor a menudo pasa por alto nuestro yo más consciente y racional. Su poder se mueve a través de nuestro corazón y de nuestra alma, y nosotros lo seguimos. El amor es un bálsamo sanador y estamos convencidos de que no hay herida que no pueda sanar.

Hay quienes sienten nuestra vulnerabilidad y nuestro corazón abierto y, consciente o inconscientemente, intentan crear un vínculo malsano con nosotros. Puede que a algunos les moleste nuestra positividad y franqueza, y nos tomen por tontos. Puede que no tengan reparos en absorber nuestra energía y utilizarnos de formas que provocan confusión e incluso dolor. Sorprendentemente, pueden justificar su comportamiento como una manera de enseñarnos a no ser ingenuos o darnos una excusa similar. Las personas empáticas, las intuitivas y las sensibles a menudo atraen a otras personas con tendencias narcisistas. Estos individuos heridos y centrados en su ego carecen de empatía y de conciencia de las necesidades y los sentimientos de los demás. Con una necesidad de atención y admiración constantes, se sienten con derecho a utilizar y abusar de los demás para sus propósitos.

El deseo de sanar y de amar puede hacer que malinterpretemos lo que ocurre en una relación y cómo puede estar afectándonos negativamente. Puede que veamos cosas bellas, vulnerables y positivas en los demás, incluso cuando ni tan sólo ellos mismos pueden verlas. Puede que queramos ser el espejo a través del cual la otra persona pueda ver su verdadero yo. Por desgracia, a menudo nuestro deseo de ayudar no es deseado ni valorado. No todo el mundo está preparado y dispuesto a cambiar y sanar. Es una decisión personal que cada uno debe tomar por sí mismo. Por mucho que queramos a otra persona y veamos su belleza interior, no podemos ayudarla si no reconoce que lo necesita. Muchas personas con heridas sin sanar no están preparadas o carecen del valor suficiente para buscar su propia sanación y son incapaces de abrir el corazón. Puede que les moleste nuestra capacidad de amar y no quieran que les recordemos lo que no pueden sentir y dar.

Incluso aunque nuestra relación con alguien nos provoque dolor, seguimos adelante. No queremos defraudar o abandonar a la otra persona, ni ser la fuente de su dolor y de su sentimiento de rechazo. Cuando hay malos rollos en una relación, podemos culparnos por ello y seguir siendo maltratados o ignorados. Las personas a las que les han hecho daño suelen volverse insensibles a los sentimientos y necesidades de los demás. Han ocultado sus emociones y necesidades durante tanto tiempo que ya no son capaces de sentir y responder a los demás con atención y sensibilidad. Pueden intentar compensar su odio hacia sí mismos y sus sentimientos de ineptitud y carencias aferrándose a la energía positiva y amorosa de los demás. Algunos sienten un impulso inconsciente que los empuja a buscar e intentar manipular y aprovecharse del amor que sienten en nuestro interior. Pueden desear el amor y tratar de destruirlo al mismo tiempo.

Centrarnos en las necesidades de los demás nos impide ser vulnerables y reconocer nuestras propias necesidades. El propósito de nuestro viaje no es evitar y cerrar nuestro corazón a quienes sufren y padecen. Por el contrario, se trata de reconocer que toda sanación procede del interior. Podemos sentir compasión por los demás y animarlos a que se abran a la fuerza del amor que reside en su corazón, su mente y su alma. Sin embargo, es esencial que hagamos lo mismo con nosotros mismos. Cuidarnos y marcar límites nos permite expresar la vulnerabilidad y la debilidad de nuestro corazón. Sólo permitimos entrar en lo más íntimo de nuestro corazón a quienes pueden amarnos de verdad y tratarnos con respeto.

Si estás manteniendo una relación romántica o una amistad muy cercana con alguien que está herido emocionalmente, o te sientes atraído por esa persona, haz todo lo posible por discernir si está participando activamente en su viaje de sanación. ¿Reconoce sus heridas y está buscando activamente formas de sanar? ¿Niega y minimiza su dolor, y lo expresa de formas poco saludables? ¿Está enganchado a alguna adicción para adormecer sus sentimientos y emociones? ¿Qué medidas está tomando para cuidar de sí mismo?

Sé honesto sobre tu motivación para querer ayudar y dar a alguien con quien estás manteniendo una relación. Pregúntate: «¿Siento que puedo dar a la otra persona el amor que siente que le falta? ¿Minimizo mis propias necesidades? ¿Puedo compartir libremente los problemas y las preocupaciones que me afectan con esta persona? ¿Siento que me apoyará y me escuchará? ¿Me estoy centrando en el potencial de esta otra persona en lugar de en su situación actual y en su nivel de autoconciencia?».

Al reconocer que queremos a alguien, tenemos la responsabilidad de dar la máxima expresión de amor y cuidado de la que seamos capaces. También debemos permitir y recibir el amor y el cuidado de los demás.

Cómo se forman los cordones energéticos

En nuestro deseo de amar y ayudar a sanar a los demás, podemos entrar sin saberlo en conexiones energéticas malsanas. Los cordones energéticos son líneas invisibles de energía que unen a las personas entre sí. Cuando en una relación hay un desequilibrio entre dar y recibir, entre control y necesidad, se forman los cordones energéticos. En lugar de conectar con la fuente suprema de amor, nos unimos mutuamente. Los cordones energéticos nos mantienen atados el uno al otro de una forma poco saludable. Normalmente, un miembro de la pareja da demasiado y el otro recibe demasiado. Si bien el miembro de la pareja que recibe la energía vital del otro puede sentirse sano e intenso, y estar lleno de energía, el otro se agota y se desgasta. A menudo, el miembro de la pareja que recibe la energía se vuelve más dominante y controlador. Puede que ponga menos esfuerzo y amor en la relación y espere ser amado y cuidado sin corresponder.

El miembro de la pareja que da demasiado puede sentir que está perdiendo el sentido de identidad. Cuando permitimos que otro tome de nosotros sin corresponder, perdemos nuestro poder. Podemos ser fácilmente manipulables y absorber del otro los sentimientos de baja autoestima, los miedos y las heridas sin sanar. Aun así, muchas veces nos encontramos esforzándonos más y poniendo más energía y esfuerzo en hacer que la relación sea mejor. Si esto no funciona, podemos empezar a distanciarnos de nuestra pareja en un intento de conseguir una mejor perspectiva de lo que está pasando. Sin embargo, cuando establecemos una conexión de cordón energético con otra persona, no es fácil desconectarse. El cordón energético permanece intacto mucho tiempo después de haber terminado una relación. Podemos encontrarnos a kilómetros de distancia y no tener contacto físico con la persona, y aun así puede estar absorbiendo energía de nosotros.

Éstas son algunas pistas de que mantienes una conexión de cordón energético poco saludable con otra persona:

- Estás confundido en lo que respecta a por qué no puedes abandonar y salir de una relación disfuncional y poco saludable.

- Sientes la obligación de estar ahí para el otro a pesar de sentirte poco valorado y querido por él.
- Ofreces atención, cuidados y amor a otra persona sin reciprocidad.
- Soportas un trato irrespetuoso o poco cariñoso.
- Nunca sientes que haces o eres suficiente.
- Sigues intentándolo y culpándote por una relación que no funciona.
- Te obsesionas o no puedes dejar de pensar en otra persona.
- Te sientes agotado, con poca energía y cansado, mientras que tu pareja parece tener más energía.
- Te sientes controlado por los pensamientos, las creencias y las emociones del otro.
- Adoptas las costumbres y las opiniones de la otra persona.
- Te sientes atraído por actividades, intereses y comportamientos poco saludables que antes no te interesaban.
- De repente, tienes antojos de azúcar y de hidratos de carbono, o adoptas los gustos alimentarios de la otra persona.
- Experimentas dolores y molestias que imitan los problemas físicos de la otra persona.
- A menudo sueñas con alguien con quien mantuviste una relación poco saludable.
- Sientes que necesitas la energía de la otra persona para sentirte bien y hacer cualquier cosa.
- Sin la energía de un compañero, te sientes agotado, deprimido e inapetente.

No siempre es fácil reconocer cuándo la energía de otra persona está incrustada en la nuestra. Aunque podemos transformar y sanar nuestras emociones, nuestros pensamientos y nuestras creencias difíciles, no podemos procesar y transformar la energía que no es nuestra. Sólo podemos liberarla. Si habitualmente sientes ciertas emociones como miedo, rabia o pena, o experimentas dolores físicos y eres incapaz de procesarlos y trabajarlos, puede que estés absorbiendo la energía de otra persona. Presta atención a las emociones que sientes continuamente y que son similares a las emociones predominantes de tu pareja, de tus amigos o de tus familiares.

Por ejemplo, tal vez tengas un familiar que tiende a enfadarse o una pareja que suele estar triste o frustrada. ¿Sientes a menudo los mismos sentimientos que ellos, incluso cuando no te encuentras a su lado? ¿Adoptas sus opiniones, juicios y puntos de vista, aunque no estés necesariamente de acuerdo con ellos? ¿Te sientes agotado, cansado y sin fuerzas?

Si sospechas que tienes un apego energético a otra persona, es importante que lo liberes. Permitir que otra persona dependa de tu energía y recibir la energía de esa persona tendrá un efecto perjudicial sobre la salud y el bienestar de ambos. El siguiente ejercicio te ayudará a reconocer los apegos energéticos y a dejarlos ir.

EJERCICIO

Despréndete de los cordones energéticos

La capacidad de recibir y emitir frecuencias amorosas, sanadoras y transformadoras está integrada en nuestra capacidad de intuir, sentir y percibir la energía. Entra en un estado de relajación. Lo mejor es hacer este ejercicio sentado o tumbado en un lugar tranquilo. Respira larga y profundamente, espirando cualquier tensión o estrés que tengas. Repite esta respiración varias veces.

Ahora respira larga y profundamente, y mueve la energía de la respiración por todo el cuerpo. Conecta con el flujo de energía que te está atravesando mientras inspiras y espiras.

Sin dejar de mantener la concentración en la respiración, mueve tu conciencia a la parte superior de la cabeza. Inspira profunda y prolongadamente, y a continuación espira y desplaza la conciencia por todo el cuerpo. Sigue respirando de forma relajada.

Mientras espiras, escanea tu cuerpo físico y tu campo energético. Cuando encuentres una zona tensa, un nudo, una sensación de vacío o una sensación de que la energía fluye fuera de ti, haz una pausa.

Pregúntate: «¿Este sentimiento o esta sensación se debe a mi energía o bien hay un apego a otra persona?».

No preguntes de quién es esta energía ni por qué la sientes en tu cuerpo. Formular demasiadas preguntas puede confundirte y alejarte de tu estado intuitivo.

Repite la pregunta y haz una pausa. Sigue respirando profundamente y relájate.

Probablemente sentirás o tendrás la sensación de saber si la energía que has encontrado es tuya o pertenece a otra persona.

Si estás desconcertado después de formularte esta pregunta y no obtienes una respuesta clara, asume que lo que estás experimentando es una combinación de tu energía y la de otra persona. Tanto si se trata de la energía de otra persona como si es una combinación de tu energía y la de otra persona, es necesario liberarla. Toma conciencia de la zona de tu cuerpo que sientes hueca, vacía, energéticamente hiperactiva o tensa. Conecta con esta zona de tu cuerpo donde está unido el cordón.

Respira hondo y toma conciencia de si te sientes como si te estuvieran absorbiendo energía. Puede que sientas que te tiran de la energía o que se escapa de alguna parte de tu cuerpo. También puedes sentir como si la energía de otra persona estuviera entrando en ti. A veces, esta información te llegará como un presentimiento más que como una sensación. Si no puedes sentir una sensación visceral, pero en cambio tienes la sensación de que la energía está saliendo de ti o de que estás recibiendo la energía de otra persona, confía en que eso es lo que está ocurriendo.

Imagina que el cordón que te une a otra persona va de una parte de tu cuerpo a una parte del suyo. Los cordones energéticos suelen estar unidos al plexo solar, al corazón, a la zona genital, a la cabeza, a los pulmones o a las manos. Sin embargo, pueden estar conectados a cualquier parte del cuerpo.

¿Dónde parece estar unido el cordón al cuerpo de tu pareja?

Cuando tengas una idea de dónde estás perdiendo o recibiendo energía, familiarízate con el cordón. ¿De qué está hecho? ¿Se siente como una varilla de acero, como un hilo de seda, como una masa blanda de energía, como un tubo hueco o como cualquier otra cosa?

Cuando seas capaz de conectar mejor con el cordón, toma las medidas necesarias para cortarlo. Puedes imaginarte cortando el cordón con unas tijeras o con un hacha, o tal vez puedas dirigir un rayo de luz blanca sobre él para deshacerlo. Hay innumerables maneras de cortar el cordón. Si necesitas ayuda para liberarte del cordón, invoca la fuerza del amor o la presencia divina para que te ayuden.

Puede que sientas un cambio inmediato, una sensación de alivio o bien nada en absoluto. Cuando pides apoyo y ayuda superiores, están presentes, aunque no puedas sentirlos.

Imagina la fuerza del amor como una cascada de luz que fluye por tu cuerpo desde encima de la cabeza hasta la planta de los pies. Permite que mente, cuerpo, corazón y espíritu absorban este amor purificador y sanador a medida que te atraviesa. Céntrate en cualquier zona del cuerpo físico o del campo energético en la que sientas que hay un cordón de energía adherido. Llena estas zonas de luz y envía la luz y el amor a la persona a la que has estado unido.

Imagina que el lugar del cuerpo físico o del campo energético en el que estaba unido el cordón ahora está conectado a la fuerza del amor a través de una onda de luz dorada y blanca. Ahora recibes ondas de amor de alta vibración.

Imagina que la persona de la que te has desconectado ahora también está conectada a la luz de una fuente superior.

Una vez que sientas y percibas que se ha completado el proceso de separación, descansa y da las gracias a tus espíritus divinos ayudantes. Anota cualquier percepción y sentimiento que hayas recibido mientras hacías este ejercicio.

A medida que limpiamos y liberamos nuestros apegos por los demás, vivimos el presente. La energía bloqueada que nos ha mantenido atados a la otra persona da paso a las corrientes puras de energía de amor de vibración superior. Cuando nuestra energía vuelve a nuestro ser de manera plena y completa, somos capaces de experimentarnos a nosotros mismos y a la realidad a través de una lente más clara. Recuperamos nuestro poder.

Practica el autocuidado energético unos cuantos días después de hacer este ejercicio. Evita durante el mayor tiempo posible las multitudes, las redes sociales, la televisión y otras fuentes de estimulación artificial. Tu campo energético es vulnerable y el proceso de sanación puede durar desde unas horas hasta una semana o más. Come bien, pasea por la naturaleza, duerme y abre el corazón a la fuerza del amor.

Hasta cierto punto, la persona de la que has separado el cordón es consciente de que ya no está conectada a ti. Es probable que intente restablecer la conexión del cordón energético. Ten cuidado. Eres vulnerable y puedes permitir que se vuelva a conectar sin saberlo. Si es posible, es mejor evitar el contacto con la persona de la que te has separado hasta que te sientas más fuerte y sepas por qué has permitido que se produjera el vínculo. Puede llevarte algún tiempo sanar y comprender mejor cómo querer a otra persona sin crear una conexión energética malsana.

Acepta que es necesario que empieces a practicar una expresión suprema de amor. Sirves y bendices a los que amas de manera más eficaz cuando estás centrado en el poder único de la consciencia espiritual y la fuerza del amor. Aunque estés preocupado por un ser querido, recuerda que dentro de su corazón y de su espíritu siempre está presente la fuerza del amor. Cuando intentamos ser la única fuente de amor para otra persona y esperamos que ésta lo sea para nosotros, no estamos en sintonía con la verdadera naturaleza del amor. Por puro que sea nuestro amor por esta persona y por mucho que la queramos de verdad, la fuerza del amor divino nos nutre y nos hace completos. Cuando intentamos ser este amor para el otro, creamos conexiones malsanas. Depende de cada uno de nosotros elegir sanar y activar el amor interior. Cuando nos sanamos a nosotros mismos, creamos un patrón energético de autoestima saludable que pueden seguir aquellos que están cerca de nosotros.

El amor que sana a uno mismo y a los demás

La forma en que ayudamos a los demás y respondemos a sus necesidades depende de nuestro nivel de consciencia. No podemos acceder a niveles de sanación energética más allá de nuestra frecuencia energética personal y de nuestro nivel de consciencia.

Cuando residimos en la consciencia material, estamos influidos por el poder del entorno externo y por el poder que poseemos como individuos. Nos ocupamos del sufrimiento de los demás dedicándoles tiempo, atención, apoyo emocional y comprensión. Aunque éstas son formas positivas de ayudar a los demás, si dependemos demasiado de nuestros esfuerzos personales, quedamos exhaustos y agotados. A través de la consciencia material, nuestra conciencia de la energía es limitada. Por ello, somos propensos a absorber, sin saberlo, los males, el dolor y el estrés de los demás, y a establecer vínculos energéticos con ellos.

En cambio, a través de la consciencia mental, podemos intentar utilizar el poder de la mente para eliminar el sufrimiento, el dolor y el desequilibrio en nosotros mismos y en los demás. Podemos recurrir a afirmaciones sanadoras y pensamientos positivos, y visualizarnos a nosotros mismos y a los demás en un perfecto estado de salud y bienestar. Sin embargo, no tenemos poder suficiente para invertir las influencias que existen en el dualismo del mundo material. Sin darnos cuenta, reforzamos la creencia de que hay un poder que se opone a nuestro bien supremo. Lo mejor que podemos hacer para ayudarnos a nosotros mismos y a los demás es atraer y aumentar la energía sanadora positiva.

La verdadera sanación tiene lugar a través de la consciencia espiritual. Es la actividad divina dentro de la consciencia la que transforma el sufrimiento. No hay carencia, dolor, enfermedad o sufrimiento en la energía de la consciencia espiritual. Sólo existe la fuerza del amor creando y manifestando nuestro bien supremo. No llevamos problemas y carencias a la consciencia espiritual y pedimos que sean sanados. En vez de ello, elevamos nuestra conciencia a la vibración de la bondad. Este poder único no puede ser dividido y utilizado contra sí mismo. Siempre fluye en armonía, creando y manifestando el bien a través del cuerpo, la mente y el espíritu. No estamos utilizando trucos mentales ni el poder de la mente o la fuerza y el poder físicos. En vez de ello, elevamos la conciencia a la fuerza del amor y la invitamos a fluir en cada área de nuestra vida.

Cuando alguien se encuentra en medio del sufrimiento y el dolor, podemos conducirlo al flujo de la consciencia espiritual. Cuando elevamos nuestra vibración a esta frecuencia superior, podemos invitar a la esencia y al espíritu del otro a estar presentes. No dependemos únicamente de nuestro poder personal ni asumimos las emociones y las cargas de los demás. En vez de ello, moramos en la energía de la fuerza del amor.

Si nos centramos en el sufrimiento de otro, bajamos nuestra vibración y nivel de consciencia, y comprometemos nuestra capacidad de ser un conducto para la fuerza divina del amor. No asumimos que sabemos lo que el otro necesita o lo que encenderá su corazón para abrirse y sanar.

EJERCICIO

Sanación espiritual

Este ejercicio de meditación te empoderará para ser un conducto de sanación y bienestar para los demás. No sólo no absorberás la energía de los demás, sino que también tú experimentarás la sanación.

¿Hay alguien a quien conozcas que necesite ayuda, sanación o alivio? Puede ser alguien cercano a ti o incluso alguien a quien no conozcas bien. Puede ser un problema o un desafío físico, emocional, mental o espiritual.

Sé consciente de cómo respondes emocionalmente cuando otra persona experimenta dolor o sufrimiento. Resístete a absorber sus sentimientos y a identificarte en exceso con lo que está experimentando. No es frío ni indiferente por tu parte no sentir lo que esa persona siente. Ten en cuenta que cualquier cosa que otra persona esté experimentando y que le esté provocando dolor o sufrimiento es una oportunidad divina a través de la cual puede sanar a todos los niveles.

Respira profunda y relajadamente. Ponte cómodo, cierra los ojos y sigue respirando relajadamente. Haz inspiraciones largas y purificadoras, y espira cualquier tensión o estrés que tengas.

Pide a tu interior que la fuerza del amor esté a tu lado. Sigue respirando de forma purificadora y abre el corazón.

Mientras respiras y abres el corazón, sé consciente de las sensaciones sutiles de la fuerza del amor. Puede que experimentes un cálido flujo de energía moviéndose por tu interior, un zumbido en tu cabeza o una sensación de expansión. Siente cualquier sensación leve, cualquier cosquilleo de energía, una sensación de conocimiento o los susurros de una presencia superior. Escucha tu interior y abre el corazón.

Inspira profundamente y espira e imagina la rica corriente de amor que llena tu corazón y tu cuerpo. Relájate cuando sientas sensaciones o percibas un cambio interior y un flujo de energía moviéndose a través de ti.

Respira y afirma que la presencia divina del amor se manifiesta en todos los ámbitos de tu vida como bondad. La fuerza del amor es salud perfecta, abundancia, alegría, risa, amor y todas las demás expresiones del bien. Afirma que esta bondad es cierta para ti y para todos los demás.

Pronuncia el nombre de la persona con la que te gustaría compartir esta frecuencia más elevada e invítala a formar parte de esta conciencia y de este flujo de amor. De todos modos, es su decisión aceptar o rechazar si no está preparado.

Imagina una imagen de la persona a la que estás invitando a este amor y bondad. Siente la fuerza del amor fluyendo por su ser y manifestándose como su bien supremo en cada área de su vida. Retén esta imagen y esta conciencia el mayor tiempo posible.

Quédate quieto y escucha tu interior. Tú eres el conducto a través del cual fluye la fuerza del amor hacia el mundo y hacia aquellos que te importan. Siente tu amor por los demás e imagina la fuerza del amor fluyendo hacia todos los necesitados.

Cuando sientas que se ha completado este proceso, afirma que todo está bien. Se está manifestando tu bien supremo y el bien de aquéllos a quienes amas. Acostúmbrate cada día a abrir el corazón y a permitir que la fuerza del amor sea el único poder que actúe en tu vida.

El reto espiritual para las personas empáticas, intuitivas y sensibles es reconocer su deseo innato de ayudar y sanar a los demás. Aunque queramos dar, compartir y hacer todo lo que podamos por los demás, hay que establecer límites saludables. La sanación espiritual proporciona una vía para la sanación transformadora que nos beneficia a nosotros mismos y también a los demás. Cuando invocamos e invitamos a la fuerza divina del amor a ser el único poder que actúa en nuestra consciencia, siempre se produce la sanación en algún nivel. Las fuerzas poderosas están a tu lado.

CAPÍTULO 11

Libre de miedo

La protección de la energía intuitiva y empática es una preocupación para muchos. Nuestra percepción intuitiva y empática se vuelve más clara e intensa a medida que sentimos y liberamos las emociones reprimidas y las heridas no sanadas, y desconectamos los cordones energéticos. Esto nos proporciona una mayor percepción y una capacidad refinada para sentir y percibir las vibraciones energéticas de los demás, del entorno e incluso de los espíritus. Estamos empoderados para elegir la energía que absorbemos y con cuál conectamos. El siguiente paso en el camino hacia la consciencia espiritual es hacer buenas elecciones en cuanto a la energía con la que conectamos y comprender más plenamente el poder protector de las frecuencias más altas.

Muchas personas empáticas, intuitivas y sensibles tienen una proximidad innata con el reino espiritual. Podemos sentirnos reconfortados, vigilados e incluso comprendidos por una presencia más allá de nuestros cinco sentidos. Aunque no siempre sabemos cómo o por qué confiamos en este algo intangible, la conexión se siente natural. Muchos recibimos orientación útil y perspicaz, sincronicidades y dirección de parte de las fuerzas invisibles del amor y de la sabiduría. En tiempos difíciles o cuando experimentamos una pérdida o una profunda tristeza, recibimos consuelo de los seres queridos del otro lado, de los ángeles, de los ayudantes espirituales y de la presencia divina.

El contacto con el reino de los espíritus puede ser esclarecedor y transformador, hasta el punto de sorprendernos por la intensidad y el efecto que tiene sobre nosotros. Aunque nuestra conexión consciente con los seres amorosos del otro lado puede durar sólo un instante, a menudo los efectos positivos permanecen con nosotros durante mucho tiempo.

Cuando las visitas del reino de los espíritus tienen lugar en tiempos difíciles, pueden cambiar el curso de nuestra vida. Podemos llegar a creer más en lo sobrenatural, en los ángeles o en un ser superior. Algunos sienten un sentido renovado de propósito y dirección, y dedican su vida a una línea específica de trabajo o vocación. Se fortalecen las habilidades intuitivas y seguimos experimentando más claridad y mensajes directos del reino espiritual. Nuestro deseo de seguir evolucionando y conectando con los reinos superiores se ve alimentado y apoyado por nuestro contacto con el reino espiritual.

Fantasmas

Cuando empezamos a experimentar un aumento de nuestra sensibilidad al reino espiritual, a menudo no sabemos lo que es seguro y si tenemos que protegernos. Puede que no sepamos si hay algo que debamos hacer o no para protegernos. Inseguros de cómo proceder, nos preguntamos si deberíamos ignorar y evitar estas interacciones con el otro mundo, o bien participar en ellas. La idea de abrir la puerta al reino espiritual desconocido puede provocar miedo y estrés. Algunas personas empáticas, intuitivas y sensibles tienen interés en explorar la presencia de fantasmas y otras manifestaciones de fenómenos espirituales. Es posible que queramos visitar lugares donde se han producido sucesos inusuales, actividades paranormales y avistamientos de fantasmas y espíritus.

Sin embargo, los espíritus de baja vibración no han ascendido al estado divino purificador y transformador del amor y del ser. Vibran sólo un poco por encima del reino material. Pueden habitar en casas o estar ligados a cosas como espejos y antigüedades. Algunos intentan llamar nuestra atención a través de fenómenos físicos como el cierre de puertas, golpes en las paredes o murmullos. Algunos espíritus que aparecen como fantasmas son almas perdidas que no se han dado cuenta de que han muerto. Están confusos y buscando, y a menudo se sienten atraídos por personas cariñosas y positivas. Cuando nos encontramos con un espíritu de alma perdida, no se siente amenazador ni negativo. No trata de invocar miedo ni de hacernos sentir incómodos.

Algunos espíritus de baja vibración que se manifiestan como fantasmas estaban en un cuerpo físico y se resistieron a entrar en la luz divina cuando pasaron al otro lado. Es posible que hayan querido aferrarse obstinadamente a las cosas mundanas y al poder. Otros no creen en una presencia divina o en la vida después de la muerte, y no están seguros de por qué todavía sienten que están vivos.

Si te encuentras con un alma perdida o con un alma que se aferra a la vibración del reino terrenal, puedes ayudarla. Dile en voz alta o a través de un mensaje mental que ya no pertenece al reino físico. Dile que hay alguien o algo que acudirá a ella desde la luz y le ayudará a desplazarse hacia un lugar mejor y más amoroso.

No te involucres demasiado con ella ni le formules preguntas, ya que esto podría hacer que se encariñe contigo.

Espíritus oscuros

Desafortunadamente, a diferencia de la mayoría de los fantasmas, hay espíritus de energía oscura que intentan incitar al miedo y son perturbadores para aquellos que se encuentran en el reino físico. Estos espíritus equivocados pueden sentirse más poderosos cuando provocan, influyen y consiguen una reacción de aquellos que se encuentran en el reino físico. En lugar de recibir energía de la fuente divina, se aferran a la oscuridad y quieren permanecer ocultos. Afortunadamente, estos espíritus oscuros son poco frecuentes y no tienen ningún poder real sobre nosotros.

Los espíritus de baja vibración a menudo nos envían información intuitiva y mensajes que apelan a nuestro ego. Nos refuerzan juzgando o criticando a los demás. Al reforzar con mensajes falsos nuestro sentido del yo, quieren hacernos creer que somos especiales y mejores que los demás. Los espíritus de baja vibración pueden intentar ganarse nuestra confianza para poder extraernos energía.

Muchos de los mensajes que recibimos a través de los espíritus de las vibraciones inferiores pueden resultar confusos y contradecir intuiciones y afirmaciones previas. Pueden predecir desgracias venideras y hacernos sentir inseguros o incómodos con la información que recibimos. En presencia de un espíritu oscuro, podemos tener náuseas, sentir la piel húmeda, sentirnos cansados o desesperanzados, o pensar que somos más poderosos y valiosos que los demás.

Si tienes la sensación de que está presente algo que no te conviene, confía en tu intuición. Aunque es posible que te hayas sentido reconfortado en encuentros anteriores con el reino de los espíritus, no siempre es así. Somos más vulnerables a atraer y conectar con espíritus de baja vibración cuando estamos bajo la influencia de drogas o alcohol, o cuando estamos inconscientes durante cierto tiempo. Si estamos perpetuamente enfadados, somos negativos o malintencionados, o tenemos pensamientos de herir o de aprovecharnos de los demás, somos más susceptibles a su influencia. En circunstancias normales, no corremos el riesgo de atraer espíritus oscuros. Tenemos dominio sobre nuestro ser físico y no podemos ser invadidos por lo invisible sin nuestro consentimiento.

Advertencias intuitivas

Una de las formas en que nuestra intuición trata de cuidarnos es obrando como un sistema de advertencia primario. Por ejemplo, ¿alguna vez te has sentido nervioso o tenso en presencia de otra persona sin ningún motivo aparente? ¿Alguna vez has querido huir de una situación o alejarte de alguien sin saber por qué? Tal vez hayas sentido una punzada inmediata de incomodidad o miedo al conocer a alguien. Cuando la energía de otra persona te resulta confusa o negativa a pesar de que parezca inofensiva, ¿haces caso a tu intuición?

Cuando nos encontramos en una situación potencialmente peligrosa o insana, o con personas que tienen malas intenciones, nuestra capacidad intuitiva y empática trata de alertarnos. Aunque alguien o algo no parezca problemático o dañino, presta atención a tu intuición y a las vibraciones que sientes y recibes. Demasiado a menudo ignoramos y hacemos caso omiso de las señales de advertencia empáticas e intuitivas porque las apariencias externas no nos dan motivos racionales para que nos preocupemos o nos alarmemos. Confía en tus impresiones intuitivas y empáticas y en tus corazonadas. Suelen ser el sistema de alerta más preciso. Confía en ti mismo incluso aunque no tengas pruebas o una comprensión racional de aquello que estás recibiendo.

Los mensajes intuitivos de peligro potencial suelen manifestarse en forma de estrés y tensión en el cuerpo. Sentimientos viscerales, opresión en la garganta o en el pecho, una respuesta de lucha o huida y una sensación de mayor vigilancia y ansiedad son advertencias intuitivas comunes de peligro. En ocasiones, el bloqueo o la imposibilidad de hacer algo o de ir a algún sitio es una forma de protección. Perder un vuelo, llegar tarde a una cita, olvidarse de un plan, quedarse atrapado en un atasco o perder las llaves del coche pueden ser formas de quedar a salvo de cometer un error.

A veces, nuestro sistema intuitivo de alerta se manifiesta a través de una conciencia, una sensibilidad y unas sensaciones mayores. Por ejemplo, hace años, abrí la puerta para entrar en un restaurante y sentí como si chocara con un muro. Tenía la sensación visceral de que una fuerza externa me impedía avanzar. La sensación era fuerte, innegable e inesperada. No se me ocurría ninguna razón por la que no debiera entrar en ese restaurante a comer, pero sabía que algo me estaba avisando y no entré. Nunca entendí por qué ocurrió aso, pero sé que hice lo correcto.

Confía en tus instintos, aunque no tengas pruebas tangibles. Aléjate cuando algo no te parezca bien. No tienes por qué explicar a nadie tus acciones o tus sentimientos, y no dejes que nadie te convenza de lo que sientes intuitivamente.

Emociones reprimidas frente a la intuición del peligro

Cuando las emociones reprimidas y las heridas no sanadas se activan de repente y afloran a la superficie, puede parecer que nuestra intuición nos está alertando de un peligro. Las sensaciones intuitivas, como el vello erizado de los brazos, un repentino dolor de estómago, sensaciones de ansiedad o de pánico, o la sensación de que algo no funciona o no va bien, pueden ser una advertencia. También es posible que algo presente en el entorno esté desencadenando las emociones reprimidas o las heridas no sanadas.

Es probable que experimentar continuamente sensaciones intuitivas similares en diferentes situaciones y ante diferentes personas se deba a emociones reprimidas no resueltas o a heridas no sanadas. Si sientes que a menudo intuyes el estrés, el miedo o la ansiedad de los demás, podría ser un mensaje de tu ser interior de que hay algo dentro de ti que está desequilibrado y necesita sanación. Si a menudo tienes problemas de confianza con los demás o tienes miedo por sus motivos ocultos, esto podría estar indicando problemas no resueltos de relaciones pasadas.

Nuestra intuición siempre actúa en nuestro beneficio. Las sensaciones y los sentimientos incómodos que podemos sentir no tienen por qué confundirnos ni provocarnos dolor o estrés. El cuerpo, la mente y el espíritu siempre nos están llevando a niveles más profundos de sanación y bienestar. Cuando escuchamos nuestro interior y prestamos atención a las sensaciones y los sentimientos intuitivos, podemos obtener una información muy valiosa sobre aquello que necesita de nuestra atención en nuestro interior.

Por ejemplo, tal vez tu padre estaba siempre enfadado y de mal humor, y a menudo te reprochaba cosas. Proyectaba su descontento sobre ti y todos los miembros de la familia lo consideraban normal. Tu madre y otros miembros de la familia nunca salieron en tu defensa ni se enfrentaron a él por su comportamiento. Papá era así. Ahora, de adulta, cuestionas los motivos de los hombres que se sienten atraídos por ti. Aunque en tu relación actual no hay abusos ni faltas de respeto, sientes que tu intuición te dice que no puedes confiar en tu pareja. El más mínimo indicio de que podría no ser quien parece ser te pone continuamente a la defensiva.

Sin embargo, esto no es lo que ocurre. Tu intuición no está tratando de advertirte. Al contrario: tu conocimiento interior está intentando llamar tu atención sobre los sentimientos reprimidos y las heridas de la infancia que te impiden establecer una relación amorosa. Por culpa de las heridas pasadas no sanadas y no reconocidas que tu padre te provocó, sientes que el problema reside en tu novio, potencialmente abusivo. Cuando seas consciente de que los sentimientos intuitivos de desconfianza y actitud defensiva provienen de tu interior, podrás seguir explorando y buscando tu propia sanación.

Técnicas de protección psíquica

Muchas personas empáticas, intuitivas y sensibles tienen tendencia a absorber y sentir la negatividad y las emociones y los pensamientos tóxicos de los demás. También nos puede preocupar la posibilidad de atraer un espíritu o una presencia oscura o de baja vibración. Los sentimientos de inquietud y el miedo a los poderes invisibles y al mundo espiritual han estado entre nosotros desde el principio de los tiempos.

Cuando no podemos ver, oír o tocar algo con los cinco sentidos, muchos descartan su existencia o se vuelven cautelosos y se ponen nerviosos.

Nuestro miedo a vernos influenciados y afectados por la energía de otras personas o de espíritus oscuros depende en parte de nuestro nivel de consciencia. A través de una comprensión y una consciencia únicamente materiales, la creencia de que podemos absorber y sentir las emociones y los pensamientos de otra persona es una idea demasiado abstracta para aceptarla. La noción de habilidades intuitivas y empáticas y sensibilidad a menudo es vista como una debilidad.

Aunque la consciencia material no acepte plenamente la validez de la conciencia intuitiva y empática, existe una creencia en las fuerzas del bien y del mal. Los espíritus no sólo existen, sino que no son buenos y pueden provocar daños potenciales. Debemos resguardarnos y protegernos del reino invisible de los espíritus y de otros seres. Podemos buscar la protección de un poder superior haciendo todo lo posible por ser morales, honestos y buenos. De lo contrario, tememos abrirnos inadvertidamente a la influencia de las fuerzas oscuras.

A través de la consciencia material, también podríamos comprender el valor de utilizar cristales, esencias florales y hierbas para repeler los espíritus de baja vibración y la energía oscura. Utilizar el humo de quemar manojos de salvia seca y otras hierbas es una manera habitual de eliminar la energía no deseada. Para limpiar un espacio de energía oscura se tiene que quemar el manojo de hierbas hasta que emita un humo denso y moverlo lentamente por una habitación, la casa, el coche u otra zona, y dejar que el humo se acumule. Si sientes que hay energía negativa o que hay espíritus no deseados en tu casa o a tu alrededor, el humo de las hierbas secas puede eliminar estas influencias.

Aunque hay quienes ven la vida a través de la lente de la consciencia material, muchos han evolucionado hacia una comprensión más mental y abrazan el poder de la mente. Cuando empezamos a reconocer que somos más que un ser físico, el alma y la energía espiritual se vuelven más tangibles y reales. Mientras que la consciencia material percibe el poder como algo externo y fuera de uno mismo, la consciencia mental abraza el poder interior. Ya no buscamos soluciones y respuestas fuera de nosotros. Esto nos ayuda a estar mejor preparados para explorar posibilidades y generar ideas a través de las cuales podemos mantenernos a salvo de la energía de los demás y del reino invisible.

A través de la consciencia mental, a menudo se utiliza el poder de la mente y del pensamiento positivo para la protección psíquica. Nuestras palabras son mensajeros que nos llaman o repelen distintos niveles de vibración energética. Las palabras liberan nuestra intención hacia el universo creativo.

A través de la consciencia mental, damos la bienvenida a las vibraciones positivas y más elevadas mientras evitamos a las personas y las situaciones que sentimos que tienen vibraciones bajas y negativas.

También se invoca a menudo el poder de la luz blanca para protegerse de la negatividad y de posibles energías y seres oscuros. La energía de la luz blanca encarna la forma más pura y trascendental de la energía divina, y actúa como un escudo que nos protege de la energía dañina y de baja vibración. La luz blanca no tiene oposición y no puede verse influenciada o afectada por energía negativa u oscura. Las vibraciones bajas y densas no pueden afectar ni penetrar los reinos superiores de luz. Cuando pedimos la protección de la luz blanca y la imaginamos rodeándonos, la oscuridad no tiene poder. La luz blanca actúa como una capa energética protectora que repele las energías inferiores. Es como llevar un chubasquero cósmico que repele la negatividad y la toxicidad, y nos mantiene calientes y a salvo.

Las afirmaciones son declaraciones enfocadas que atraen y manifiestan nuestros deseos. Para invocar la protección psíquica, a menudo juntas se utilizan las afirmaciones positivas y la energía de luz blanca.

He aquí algunos ejemplos de afirmaciones de protección de la consciencia mental:

- Estoy rodeado y protegido por la luz blanca.
- Atraigo sólo energía positiva y amorosa.
- Recibo sólo lo que está en mi bien supremo.

Cuando se pronuncian repetidamente, las afirmaciones positivas fortalecen la mente y el corazón, y nos alinean con la energía de alta vibración.

Aunque estos tipos de protección son poderosos, tienen limitaciones. No siempre recordamos ni reconocemos cuándo necesitamos invocar y rodearnos de luz blanca. Las personas empáticas y las intuitivas y sensibles a menudo tienen la capacidad de sentir la bondad y el amor en los demás, incluso aunque esas personas no lo vean en su interior. Esto puede llevarnos a confiar en alguien que puede llegar a ser potencialmente peligroso para nosotros. Podemos olvidar o no sentir la necesidad de protegernos cuando estamos en compañía de aquellos que creemos que necesitan comprensión y ayuda. Incluso cuando quienes nos rodean actúan de forma poco cariñosa, podemos subestimar el efecto que su energía puede tener sobre nosotros.

Otra preocupación es nuestra susceptibilidad a absorber energía al azar y sin ser conscientes siempre que lo estamos haciendo. Intuimos y absorbemos la energía no sólo de quienes conocemos, sino también de quienes no conocemos. Asistir a una conferencia, volar en avión o subir en un ascensor puede no parecer un riesgo energético. Sin embargo, si nos sentimos agotados, estamos enfermos o tenemos un día difícil, somos especialmente sensibles y vulnerables a absorber la energía de los demás y del entorno. En nuestro día a día, no siempre sentimos la necesidad de protegernos o no nos acordamos de hacerlo. Podemos absorber inadvertidamente la negatividad y otros pensamientos y emociones de baja vibración.

Por estas y por otras razones, invocar protección no es una estrategia de protección infalible. Estamos tomando prestada energía de vibración superior, no generándola. Hay una manera mejor y más eficaz de repeler y dejar de absorber la energía tóxica, negativa y no deseada de los demás y del entorno.

Donde la oscuridad no puede penetrar

La consciencia espiritual nos aleja radicalmente del miedo a la negatividad y a la energía oscura y del poder de las emociones y los pensamientos de otros de afectarnos negativamente. A través de la consciencia espiritual, no hay nada de qué protegernos. Sólo hay un poder, y este poder es creativo, de energía de alta vibración de la fuente divina. La consciencia espiritual es más que una perspectiva o una comprensión; es una transmutación hacia un estado superior del ser. En momentos en los que conectamos con la consciencia espiritual, dejamos de estar sujetos a las leyes materiales de la dualidad y la limitación. La consciencia espiritual es la ascensión a la fuente divina donde no hay miedo ni resistencia al bien.

No tenemos que ser muy evolucionados y perfectos para experimentar y encarnar la consciencia espiritual. Muchos sienten que no son lo suficientemente buenos para llegar a este nivel superior de conciencia. Nuestros errores, malas elecciones e intentos erróneos de amar y recibir amor pueden llevarnos a creer que no nos lo merecemos. Podemos sentir que somos más propensos a experimentar la negatividad y el dolor y los sentimientos pesados de los demás que a ser la luz de un amor profundo e ilimitado.

La consciencia espiritual es un aspecto de lo que somos y de nuestro ser eterno. Aunque no solemos ser conscientes de ello, el poder de lo divino está en nuestro interior. A medida que sentimos y nos liberamos de las emociones reprimidas y las heridas no sanadas, dejamos que la fuerza del amor nos llene la mente, el corazón, el cuerpo y el alma. Las personas empáticas y las intuitivas y sensibles tienen aptitudes para reconocer la energía. Esto nos empodera para sentir las vibraciones superiores y alinearnos con la consciencia espiritual. Cuando la fuerza del amor entra en nuestra conciencia, se transforma nuestra percepción de nosotros mismos y del mundo tal y como lo conocemos. Nos elevamos más allá del alcance de las energías oscuras y de las emociones y los sentimientos de vibración más baja, como el miedo y la negatividad. Se afloja el control que la energía de otros ha tenido sobre nosotros. Ya no absorbemos las vibraciones tóxicas y malsanas de las que creíamos que no había escapatoria. No necesitamos protegernos, ya que en la consciencia espiritual no hay nada de lo que protegernos. Los espíritus oscuros huyen de la luz de la consciencia espiritual, porque son conscientes de que en la luz ya no existen. No tienen poder y se disuelven en la nada, como la niebla en el Sol. A través de nuestra sensibilidad intuitiva y empática, seguimos sintiendo y percibiendo todo el abanico de emociones y sentimientos humanos. Sin embargo, las vibraciones más bajas de la energía, como la negatividad, el miedo y la rabia, no se nos adhieren. A través de los susurros y el conocimiento internos, somos alertados de las personas y de las situaciones que pueden provocarnos daño o no estar en nuestro bien supremo. A través de la claridad de la consciencia espiritual, percibimos y sentimos más rápidamente las malas intenciones de los demás y podemos evitar problemas potenciales y alejarnos de manera natural de situaciones inseguras.

EJERCICIO

El refugio interior

Si te pones nervioso, temes estar absorbiendo negatividad o que una energía de baja vibración o un espíritu oscuro estén presentes, recuérdate a ti mismo que sólo hay un poder. Respira y no te obsesiones con el miedo a lo que pueda ocurrir.

Respira larga, profunda y relajadamente, espirando cualquier tensión o estrés. Toma conciencia de que, en presencia de lo divino, no puede haber oscuridad ni maldad. La consciencia espiritual no tiene oposición, y no hay nada que pueda influirla o afectarla. Siempre está operando en tu bien supremo.

Inspira luz blanca hacia abajo desde la parte superior de tu cabeza y muévela por todo el cuerpo. Sigue inspirando luz blanca purificadora y espirando cualquier tensión, estrés o miedo. Siente la fuerza del amor mientras se expande en el corazón, la mente y el cuerpo.

Mientras respiras, deja que la luz blanca divina te rodee y te envuelva.

Sin dejar de respirar, escucha en tu interior los susurros silenciosos de la presencia divina. Deja que te hable de su poder, su presencia y su protección. Podría sonar de una manera similar a esto:

Yo estoy contigo. Eres amado, cuidado y vigilado. No hay fuerza externa ni interna que pueda entrar en el espacio sagrado de tu ser. La luz interior no puede flaquear ni extinguirse. No puede haber separación entre lo que tú eres y la luz que yo soy.

Siente cómo la luz se fortalece en tu interior. Respira en tu corazón y en tu alma, y deja que te asegure su amor y su presencia interminables.

Sigue respirando y deja que la luz blanca fluya a través de tu ser.

Siempre que sientas la necesidad de protección, recurre a esta plegaria:

Plegaria de protección
Que el flujo de la fuerza divina del amor esté dentro de mí y me rodee.
Toda oscuridad se dispersa y se evapora.
En esta luz de alta frecuencia, sólo puede acercarse el bien.
Todo lo demás se desvanece en la inexistencia que es.
Estoy seguro.

El reto espiritual es reconocer cuándo estamos intuyendo energía incómoda, negativa o tóxica, y no reaccionar con miedo y evitación. En vez de ello, podemos utilizar el conocimiento de que puede haber un espíritu de baja vibración o energía negativa y tóxica para acercarnos a la luz blanca de protección e ir hacia el conocimiento del poder único de la consciencia espiritual.

CUARTA PARTE

PERMITE LO BUENO

CAPÍTULO 12

Entrégate y permítete

A través de la consciencia espiritual, hacemos sin hacer nada en absoluto y nuestro bien supremo fluye hacia nosotros. Al dejar de depender de la necesidad de nuestro ego de controlar y dominar, fortalecemos nuestra confianza y la conciencia de nuestro espíritu. Al rendirnos y permitirnos, este paso nos lleva a un alineamiento más profundo con la presencia divina.

Todo en la naturaleza se entrega y trabaja al unísono con una sabiduría silenciosa. Las hojas caen al suelo, rindiéndose al frío y al viento del otoño. Las semillas se esparcen por el suelo, dejando que el Sol y la lluvia las abran. Las nubes se reúnen y liberan la humedad que las ha llenado. La Luna, los mares, las mariposas y los tallos verdes que emergen de la tierra oscura no piensan en demasía en su propósito ni se preocupan por nada. Toda la naturaleza sigue los dictados de una sabiduría invisible y magistral.

Los humanos hemos perdido nuestra capacidad de percibir y responder a un conocimiento mayor que guía toda la creación. El ruido y el drama del mundo material exigen nuestra atención. Las necesidades, los temores y el cúmulo cotidiano de problemas y preocupaciones que nos acucian dirigen nuestra atención hacia respuestas mundanas. Dejarse llevar y entregarse a algo que parece intangible e incognoscible no parece una solución. Sin embargo, cuando se tranquiliza nuestra mente pensante y suspendemos la creencia de que debemos resolverlo todo, aparecen los susurros interiores que nos guían.

Sentir y liberar las emociones reprimidas, las heridas no sanadas y los cordones energéticos que nos atan permite que la corriente de la fuerza del amor se mueva libremente por nuestro ser. Sin embargo, no siempre escuchamos los suaves susurros de la presencia divina y confiamos en ellos. Aunque podamos sentir, percibir y tener momentos de conexión con la fuerza del amor, ésta puede parecernos esquiva y difícil de captar. A través de la consciencia material y mental, alinearse con la actividad divina de alta frecuencia puede parecer poco práctico y nada beneficioso. Las preocupaciones, los problemas y las cuestiones de nuestra vida cotidiana parecen exigir un enfoque más práctico y remedios materiales. Podemos sentir que confiar en una presencia y un poder ilusorios puede estar bien para un monje que vive en un monasterio, pero no para nosotros. Cuando estamos centrados en el poder del mundo material, la idea de la energía espiritual puede parecer que no nos ofrece mucho a cambio.

La consciencia material, la mental y la espiritual están todas en nuestro interior. Nuestra naturaleza multidimensional nos permite experimentar continuamente la realidad a través de estas diferentes perspectivas. Mientras que el poder apela a nuestro ego a través de la lente de la consciencia material y de la consciencia mental, el poder a través de la consciencia espiritual se centra en el corazón y la esencia espiritual. Aunque todos nuestros distintos niveles de consciencia forman parte de nosotros, los utilizamos para interpretar de maneras diferentes quiénes somos y el mundo que nos rodea. Es la voz interior que escuchamos y aquello en lo que centramos nuestro conocimiento lo que determina lo que experimentamos y manifestamos.

La transición hacia la consciencia espiritual es un proceso en el que nos enfrentamos continuamente a la elección de creer en el poder terrenal o en el espiritual. El poder terrenal se basa en la creencia de que existe una abundancia limitada y que debemos competir con los demás para ser más merecedores y cosechar los beneficios. Aquellos que tienen menos están destinados a luchar eternamente por su pequeña parte. No hay compasión ni apoyo en el poder terrenal. Es una espada injusta que acaba con los débiles, los diferentes y los que se desvían de la norma. Hemos llegado a creer que el poder es una fuerza dominante que puede llevarnos a lo más alto o enterrarnos con un desprecio insensible. El miedo a que lo que tenemos se pierda o nos sea arrebatado por causas como la recesión económica, la enfermedad o nuestros propios defectos personales provoca un estrés constante.

A través de la consciencia material y de la mental, nuestro defecto es creer que debemos resolver, gestionar y hacer frente a cualquier cosa que se nos presente. Cuando dependemos únicamente de nuestros esfuerzos personales, seguimos sintiéndonos desempoderados y en desacuerdo con un mundo exigente. Depende de nosotros hacer las cosas bien, encontrar soluciones, mantener las cosas en marcha y gestionar los retos a los que nos enfrentamos. Cuando nos aferramos a la creencia de que sabemos lo que nos conviene y cómo conseguirlo, bloqueamos la actividad creativa divina.

Hemos sido programados para creer que la consciencia espiritual se ocupa exclusivamente de nuestras necesidades y aspiraciones espirituales. Se centra en lo desconocido y en el más allá, no en nuestras preocupaciones cotidianas. Podemos rezar por tiempos mejores, por la sanación y la abundancia, pero no sabemos si llegarán a nosotros o no. Sin embargo, los caminos de lo divino no son vacíos e ineficaces en el mundo físico.

La consciencia espiritual se aleja radicalmente de la creencia de que lo bueno llega a nuestras vidas a través de la lucha, la suerte, el talento y la fuerza mental. No es únicamente a través de nuestros esfuerzos personales y de las influencias externas afortunadas como se satisfacen nuestras necesidades, nuestros deseos y nuestros anhelos. Por el contrario, cuando nos rendimos y dejamos que la fuerza del amor penetre en nuestro ser, nos elevamos más allá de las leyes limitadas de los reinos material y mental. La abundancia interminable de la creatividad divina es el principio activo de nuestra consciencia. Cuando entregamos las preocupaciones, las inquietudes y los deseos cotidianos al ritmo y al flujo naturales de la sabia y amorosa presencia divina, se manifiesta la poderosa corriente de la bondad y la abundancia.

Más allá de la causa y el efecto

A través de la consciencia espiritual, se filtra la actividad creativa divina e interrumpe las limitaciones finitas del mundo material que se rige por la causa y el efecto y la dualidad. A través de la ley material de la causa y el efecto, finalmente nos encontramos con todo lo que ponemos en movimiento. Nuestro bien nos llega como resultado de nuestras acciones, nuestros pensamientos, nuestros sentimientos y las cosas que hacemos. Si cometemos un error, nos enfadamos o tenemos un pensamiento negativo, éste volverá a nosotros y se manifestará de alguna forma. Para saber por qué manifestamos determinadas experiencias, nos fijamos en las acciones, los pensamientos y las actitudes pasadas. Para saber qué se manifestará en el futuro, nos fijamos en los pensamientos y las emociones que tenemos, y lo que estamos haciendo en el presente. Puede utilizarse la ley de la causa y el efecto para mejorar nuestras vidas y crear más felicidad. Éste es uno de los principios básicos de la consciencia mental. El pensamiento positivo y las afirmaciones son formas de poner en marcha el poder de nuestros pensamientos para crear nuestros propios deseos.

Sin embargo, la consciencia material y la mental operan bajo las restricciones de la dualidad. Por mucho que nos esforcemos en crear conscientemente a través del poder de nuestra mente y de nuestras acciones, siempre nos enfrentamos a lo contrario. Pensar en positivo da poder a lo negativo, lo no deseado sigue a lo deseado, los retos dan paso a la facilidad y la decepción sigue a la felicidad. A pesar de los esfuerzos que ponemos en crear nuestro bien a través de la causa y el efecto, los ciclos de fuerzas opuestas continúan interminablemente.

Hasta que no ascendamos a la consciencia espiritual, no podremos escapar de estos patrones. El poder único de la presencia divina no tiene oposición y no se ve influido por lo que hayamos perpetrado en el pasado, los errores que hayamos hecho y las faltas que hayamos cometido. Cuando la actividad creativa divina está trabajando dentro de nuestra consciencia, ya no estamos atados a las acciones pasadas, a los pasos en falso y a los errores.

La consciencia espiritual nos ofrece un camino para salir del interminable ciclo de la causa y el efecto. En lugar de juzgar lo que experimentamos, lo entendemos como una lección y un peldaño para nuestro progreso. La fuerza del amor está dentro de todas las cosas, personas, situaciones y experiencias. Nunca podemos conocer ni juzgar plenamente el significado de lo que ocurre en nuestra vida y en la de los demás. Cualquier cosa que estemos experimentando se convierte en la puerta de entrada para que se manifieste el bien supremo, aunque no parezca posible.

Independientemente de qué estemos experimentando en el reino material, el cambio hacia la consciencia espiritual puede suceder a través de acontecimientos, turbulencias y cambios inesperados. La actividad creativa divina no depende de las cosas de este mundo. Siempre está creando nuevas posibilidades y manifestándose como el bien, incluso cuando las apariencias sugieren lo contrario.

La fuerza del amor no juzga ni discrimina. En cualquier situación, la mayoría de nosotros intentamos hacer aquello que es correcto y bueno, y podemos sentirnos decepcionados o culpables cuando fracasamos. Nos fijamos en lo que los demás y nuestra comunidad y nuestra cultura definen como bueno y malo para ayudarnos a tomar nuestras decisiones y guiar nuestro comportamiento.

Podemos rendirlo todo a la fuerza del amor, que no responde a nuestras acciones y elecciones pasadas, aunque no siempre hayamos hecho lo que consideramos correcto. A pesar de nuestros defectos, siempre está presente la fuerza del amor y actúa con cada uno de nosotros exactamente igual. No es selectiva y no elige a quién ayudar y a quién rechazar.

Abandonamos la dualidad y la causa y el efecto cuando entregamos nuestros asuntos, problemas, deseos y necesidades a la presencia divina. Para sentirte más cómodo liberando tus preocupaciones, toma conciencia de tus respuestas ante el estrés y las presiones cotidianas. Cuando te enfrentes a situaciones, pensamientos, emociones o experiencias desafiantes, presta atención a tus percepciones y a tus reacciones automáticas. En lugar de responder con estrés y ansiedad o sintiéndote víctima, reconoce que puedes elegir. Haz una pausa y libera tu estrés y tus preocupaciones ante la presencia divina.

Puede resultar especialmente difícil dejar ir cuestiones que tienen importancia y nos afectan personalmente y renunciar a ellas. Aunque nuestras expectativas sobre qué debería ocurrir y nuestro deseo de que se dé un determinado resultado parezcan estar basados en un juicio sensato, proceden de nuestra parte finita y limitada. Somos como un velero que traza su ruta por el vasto océano basándose en cómo navega en un pequeño estanque. Nuestra visión es restringida y nuestro conocimiento, limitado. No podemos ver el panorama completo ni todas las posibilidades. Incluso cuando creemos que lo hacemos, no somos capaces de percibir y comprender plenamente aquello que nos beneficia a nosotros y a los demás. Aunque todos queremos abundancia, alegría, amor y relaciones positivas, el camino a través del cual llegan a menudo es un misterio divino.

A menudo son los que sufren, los enfermos y los perdidos y solitarios, los que tienen más facilidad para ceder el control a una presencia superior. Esto no es así porque hayan sido elegidos para recibir bendiciones especiales. Más bien, es en los momentos de sufrimiento cuando reconocemos nuestras limitaciones y somos capaces de rendirnos a una presencia y un poder mayores. Encontramos el valor necesario para dejar que nuestro bien se manifieste. Cuando no tenemos nada ni confiamos en nuestra capacidad para satisfacer nuestras necesidades, es más probable que aceptemos ayuda espiritual. No siempre pensamos en la ayuda sobrenatural cuando experimentamos el éxito, la opulencia y la admiración de los demás.

A medida que dejamos atrás las voces externas e internas que nos empujan a gestionar nuestros problemas mediante la fuerza de la voluntad, entramos en la calma y la tranquilidad de la fuerza del amor. Es calma en medio de la alteración y el caos exterior, el amor y el consuelo cuando hay dolor y comprensión, y claridad cuando nos enfrentamos a la confusión. Es el puente que nos conecta con los ritmos profundos del universo y el susurro silencioso que reverbera a través del alma, despertándonos al bien superior.

La siguiente meditación ofrece un modelo de rendición. Puede ser buena idea centrarse en un aspecto complicado de la vida o en un problema inquietante, y practicar cómo liberarlo. La rendición no es una experiencia y un acontecimiento que se produzcan una única vez. A lo largo del día, practica soltar el control y confiar en la fuerza del amor que siempre está presente. Tanto si se trata de un sentimiento general de insatisfacción, como de un problema o un reto específico al que te enfrentas o de algo que te gustaría manifestar, ábrete y deja que la presencia divina cree tu bien.

MEDITACIÓN

Déjate llevar por la fuerza del amor

Ponte cómodo y empieza a respirar larga, profunda y relajadamente. Espira el estrés y la tensión. Sigue respirando y libera cualquier estrés y ansiedad a través de la espiración. Respira y relájate.

Comienza recordando el problema, la preocupación, la necesidad o el deseo que te gustaría transmitir a una presencia superior. En silencio para el corazón o en voz alta, di algo como esto:

Libero y suelto ________ (di aquí la preocupación o el problema) a la fuerza del amor.

Puedes repetir varias veces esta declaración mientras inspiras y espiras profundamente y te relajas. Sin dejar de respirar profundamente, toma conciencia de cualquier tensión, ansiedad, preocupación, miedo o pena. Puedes colocar la mano en la zona del cuerpo donde sientas que el estrés, la ansiedad, la tensión o el dolor son más intensos.

Repite la frase:

Libero y suelto ________ (di aquí la preocupación o el problema) a la fuerza del amor.

Aunque no siempre confío en lo que pueda pasar y me resulta difícil no intervenir e intentar controlar el resultado, mi intención es dejar que la presencia divina intervenga para mi mayor bien.

Sigue respirando y déjate ir.

Para algunos, puede ser buena idea imaginar la fuerza del amor como una cinta blanca de luz que fluye absorbiendo tu estrés, tus preocupaciones y tus inquietudes.

Toma conciencia de cualquier cambio y de cualquier sensación interior. Escucha los tranquilos y suaves susurros de la presencia divina, un estremecimiento en el corazón y el alma y la seguridad interior de que en tu vida está actuando la actividad divina.

Sin dejar de centrar tu atención en tu interior, escucha, siente y toma conciencia de las sensaciones, los mensajes y las percepciones. Deja ir tus expectativas de cómo y cuándo se manifestará tu bien supremo. Renunciar a tu necesidad de tener el control permite que lo divino sea la actividad que actúe en tu consciencia. Deja que tus preocupaciones, tus problemas y tus desafíos sean transportados más allá de las limitaciones de la causa y el efecto. Respira, abre el corazón y llénate de las frecuencias divinas más elevadas.

Es posible que desees anotar cualquier guía o dirección interior que recibas durante este ejercicio.

Presta atención a tu intuición, a tu guía interior y a tus sueños, y mantente alerta a las sincronicidades de los próximos días, las próximas semanas o incluso los próximos meses. De alguna manera, la actividad divina se manifestará como tu bien supremo.

Repite esta práctica tantas veces como creas necesario y te sientas guiado a hacerlo. Cada vez suéltate y entrégate más plena y completamente. Cuando practicamos el soltar y dejar ir conscientemente las preocupaciones, las tensiones, las inquietudes y el control, interviene la fuerza del amor. Lo que se manifiesta es siempre mayor y más satisfactorio que lo que somos capaces de darnos a nosotros mismos. El amor divino se manifiesta en cualquier forma que esté más alineada con nuestro bien supremo. Puede manifestarse como un aumento de las finanzas, oportunidades profesionales, sanación física o emocional o alivio del dolor, percepciones que aportan comprensión, armonía en las relaciones y todas las formas de abundancia.

Observa los momentos en los que sospechas que una presencia superior está actuando en tu vida. Agradece la paz, el bienestar, el consuelo y los aumentos que te llegan. Cuando experimentes algo bueno en tu vida, no intentes aferrarte a ello ni pienses demasiado. Recíbelo plenamente, sin pensar, y deja que sea así. Da las gracias por las pequeñas maneras en que estás siendo cuidado y vigilado. Cuanto más apreciamos lo bueno y dejamos que se muestre, más recibimos.

Amémonos a nosotros mismos

La fuerza del amor fluye libremente, como una cálida y suave brisa primaveral que esparce semillas de nueva vida. No eligen dónde florecer, pero depende de nosotros convertirnos en el suelo fértil y rico en el que echan raíces. Nuestro bien supremo aparece allí donde nos rendimos y se lo permitimos. La presencia divina a menudo tiene un paso ligero del que no siempre somos conscientes. No llega con grandes gestos ni espera grandes aplausos. La fuerza del amor se pierde fácilmente. No siempre es evidente que es la presencia divina la que nos aporta alivio en medio de la lucha, abundancia en tiempos de carencia, y sanación y ayuda cuando hemos perdido la esperanza. Aunque la fuerza del amor no sube al escenario y anuncia nuestro estatus especial, nos libera para recibir nuestro mayor bien. Es desde el fondo de la sala, en los pequeños actos de dejar ir y permitir, desde donde emerge nuestro bien.

Soltar y rendirse a una presencia y un poder superiores no es algo natural. Al rendirnos e invitar a la actividad creativa divina a ser nuestro centro de poder, integramos la consciencia espiritual en nuestra experiencia cotidiana. Liberar las emociones reprimidas y las heridas sin sanar despeja el camino para que la fuerza del amor fluya más plenamente por nosotros. Amándonos a nosotros mismos activamos plenamente la fuerza del amor y la integramos en todos los ámbitos de nuestra vida. Amarnos a nosotros mismos es el canal a través del cual dejamos que llegue nuestro bien.

La autoestima tiene multitud de aspectos y expresiones. Puede consistir en establecer límites con otras personas que se aprovechan de nosotros y no perciben nuestra autoestima. Cuidar de nosotros mismos es escuchar, confiar y actuar según nuestra verdad. Retirarnos de la negatividad, del caos exterior y de las exigencias de los demás es una expresión de autoestima. Amarnos a nosotros mismos es darnos un respiro para descansar y no relacionarnos con personas que intentan robarnos la serenidad ni implicarnos en actividades que agotan nuestras reservas internas.

Sé amable y compasivo contigo mismo cuando afloren los miedos, la reflexión negativa, las actitudes moralistas y las críticas. Observa el constante diálogo interior de la cháchara mental y no discutas con ella ni intentes convencerla de nada. En lugar de centrarte en la cháchara mental, toma conciencia de la inquebrantable generosidad del amor divino. No más lejos de nosotros que nuestra respiración y el latido del corazón, la fuerza del amor está siempre presente. Ámate a ti mismo con esta presencia tranquilizadora, no crítica y calmante. Recuérdate a ti mismo que sólo hay un poder actuando en tu vida, y que siempre fluye en la dirección de la bondad.

Este tipo de declaraciones nos refuerzan y nos recuerdan que debemos querernos a nosotros mismos:

- Me amo a través de los retos y las dificultades y libero mi estrés a la fuerza del amor.
- Las cosas no siempre salen como espero que salgan, y eso está bien. Mi mayor bien puede ser diferente de lo que yo pensaba.
- No tengo el poder de controlar y cambiar la naturaleza del reino material. Sin embargo, él no tiene el poder de controlar mi destino.
- Hay un suministro infinito de abundancia, amor y bondad siempre presente. Yo me permito recibirlo.

Practicar el amor propio en nuestra vida cotidiana nos alinea con la fuerza del amor. Cuando nos elevamos a esta frecuencia superior, la actividad creativa divina se manifiesta a través de nosotros. Ama todo lo que eres, incluso las partes de ti que están atrapadas en las vibraciones bajas de emociones tales como la autoculpabilidad, el resentimiento, la rabia y la culpa. Entrega estas emociones a la presencia divina y serán transformadas. A pesar de nuestro nivel de consciencia, amarnos a nosotros mismos es un catalizador a través del cual ascendemos a aspectos supremos de nosotros mismos.

Somos conocidos, vistos y amados no sólo en esta vida, sino eternamente. Hemos viajado a través de muchas vidas, experimentando todo tipo de retos y dificultades. En el camino espiritual muchos han elegido un plan de vida que conlleva cierto grado de sufrimiento. No lo hacemos para castigarnos, ni somos víctimas del azar y de circunstancias desafortunadas. Todo lo que encontramos es una invitación a abrir el corazón. No juzgues lo que vives o lo que te encuentras. Acéptalo todo como peldaños hacia un conocimiento supremo. Invita a la incertidumbre, a los malentendidos y a las frustraciones a que entren sin resistencia en el corazón. En lugar de centrarte en por qué ha pasado algo, pregúntate qué tiene que enseñarte. Quiérete sin reservas a través del dolor y la confusión que llegan a tu puerta. Imagina a las personas que amas sinceramente y sin reservas, como un hijo, tu pareja, tus padres o un amigo. Quiérete de la misma manera que los quieres a ellos.

EJERCICIO

Amémonos a nosotros mismos

Amarnos a nosotros mismos nos abre y nos permite recibir. Aunque tal vez queramos que una presencia divina superior se manifieste a través de nosotros, la idea de abrir el corazón, la mente y el ser a una fuerza invisible es una idea abstracta para muchos. Puede parecer un poco aterrador y absurdo abrirse y dejar ir y permitir que algo que no podemos mencionar o conocer completamente se mueva por nosotros. No estamos acostumbrados a depositar nuestra confianza en nada que no sean nuestros esfuerzos personales y nuestros recursos tangibles. Puede que no sepamos cómo rendirnos y permitir. Es cuando está presente la voz del ego del ridículo, de la duda, del estrés y del miedo, cuando más necesitamos permitir que esté presente el amor superior de la consciencia espiritual. Cuando nos amamos a nosotros mismos a través de sentimientos difíciles y desafiantes, permitimos que la sanación divina fluya por nosotros.

Este ejercicio te ayudará a liberar cualquier resistencia interna a amarte a ti mismo y a permitir que las fuerzas superiores del amor también te amen.

Para empezar, relájate, respira y toma conciencia de al menos cinco ocasiones en las que has actuado de forma poco amorosa contigo mismo.

No siempre es evidente cuando actuamos de forma poco amable y poco amorosa como, por ejemplo, cuando hablamos mal de nosotros mismos, cuando tenemos expectativas demasiado altas, cuando no cuidamos nuestra salud, cuando trabajamos demasiado, cuando no escuchamos nuestras necesidades, cuando no hacemos caso de nuestros sentimientos de incomodidad o cuando no nos sentimos lo suficientemente dignos.

Cuando seas consciente de al menos cinco actos o comportamientos poco amorosos, escríbelos.

Céntrate en el primer acto o comportamiento no amoroso. Di en voz alta o para tus adentros:

Entrego el comportamiento poco amoroso de __________ (inserta la acción o el comportamiento) a la fuerza del amor.

Pon la mano en el corazón y repite esta declaración hasta que sientas que estás realmente preparado para dejar ir el dolor que provocó este comportamiento. Siente el dolor que te has provocado a ti mismo. Suelta y entrega cualquier energía conocida o desconocida que te impida sentir las vibraciones superiores del amor. Respira e imagina que estás entregando tus heridas, tus miedos y tus escudos protectores al flujo de la fuerza del amor. Cuando liberas la pesadez del corazón, ésta se disipa y se transforma. Sigue respirando, abriendo el corazón y dejando ir y soltando.

Cuando sientas que te liberas y sueltas, pasa a la siguiente declaración.

Sigue este proceso hasta que hayas entregado todos los ejemplos de falta de amor y cualquier otro que haya podido surgir mientras hacías el ejercicio.

Ahora imagina un momento en el que te sentiste verdaderamente amado. Tal vez este amor vino de otra persona, de una mascota o de un niño, o tal vez el corazón se llenó inesperadamente de amor mientras te encontrabas en medio de la belleza de la naturaleza o en un momento de tranquilidad. Abre el corazón y siente el calor y la seguridad del amor.

Piensa como mínimo en cinco acciones que puedas llevar a cabo para amarte de verdad y escríbelas.

Céntrate en el primer comportamiento o acto de amor propio que hayas escrito y pon la mano en el corazón. Di en voz alta o para tus adentros:

Me comprometo a amarme a mí mismo a través de __________ (escribe el acto o el comportamiento).

Sigue así hasta que te hayas comprometido con cada declaración de amor propio.

Cuando hayas terminado, imagina una fuerza luminosa e intensa de amor más poderosa que cualquier amor que hayas sentido en el pasado. Pregunta a tu interior si existe alguna restricción o algún bloqueo que te impida recibir y llenar el corazón con este amor.

Sé paciente y escucha tu interior. Puede que aflore un recuerdo, o tal vez un sentimiento o una sensación de opresión, o puede que sientas un muro protector que rodea el corazón. Imagina que liberas todo lo que sale a la superficie a la fuerza del amor.

Cuando te sientas puro, respira hondo y deja que la luminosa luz del amor penetre en el corazón, en la mente y en el ser. Respira por el corazón y nota los cambios sutiles de la fuerza del amor. Un cosquilleo de energía puede recorrerte la columna vertebral o el cálido flujo del amor puede llenarte el corazón. Puedes sentir que se expande tu conciencia a medida que un suave zumbido o una vibración interior recorren tu cuerpo. Puede producirse una relajación más profunda, la liberación de tensiones y la reversión de cualquier agarrotamiento y estrés. Déjate llevar por las sensaciones internas. Puedes sentir la presencia sutil de la comodidad y la calidez. Escucha en tu interior los susurros silenciosos del espíritu e invita a que cualquier percepción o sensación entre en tu conciencia. Siente en el corazón los suaves impulsos y los susurros de la presencia divina. A lo largo del día, escucha en tu interior la presencia del espíritu y permite que surja lo bueno.

A través de la consciencia espiritual, se relaja el estrés que sufrimos y se suaviza el control que el dolor y el sufrimiento internos han tenido sobre nosotros. Aunque a veces sigamos obsesionados y enfrascados en nuestras preocupaciones cotidianas y nuestros comportamientos poco amorosos, la conciencia interior de que hay otro camino ejerce una influencia más fuerte. En lugar de nuestro hábito adictivo de creernos ineptos y culparnos a nosotros mismos y a los demás por lo que estamos experimentando, nos rendimos a una fuerza mayor. Amarnos a nosotros mismos y aceptar todo lo que se nos presenta nos permite recibir plenamente las manifestaciones del amor divino.

El reto espiritual consiste en soltar el control y entregar las preocupaciones, los problemas, las expectativas y la ansiedad al flujo de la fuerza del amor. Mientras intentemos controlar los resultados y depender únicamente de nuestros esfuerzos personales, nuestro ego dirigirá nuestro camino. La consciencia espiritual opera fuera de las leyes materiales de la causa y el efecto. El bien no nos llega porque seamos más merecedores que los demás y no pasa de largo por culpa de nuestros errores. Todo lo contrario, fluye a nuestra vida a través de nuestra disposición y voluntad de soltar y recibirlo. Cuando dejamos de creer y de actuar en función de todo lo que nuestra cháchara mental nos dice que es verdad, y en vez de ello confiamos en los pequeños y tranquilos susurros de lo divino que oímos en nuestro interior, nos estamos rindiendo a una presencia y un poder superiores. Practica este tipo de rendición con los grandes y pequeños problemas, las tensiones y los desafíos. Al soltar la creencia de que el bien sólo nos llega a través de los esfuerzos personales, integramos la actividad creativa divina en nuestra consciencia y ascendemos de lo mundano a lo extraordinario.

CAPÍTULO 13

Manifiesta con facilidad

Lo divino siempre está presente en el corazón, la mente, el cuerpo y el espíritu. Es en el silencio interior donde entramos en contacto consciente con él y recibimos las frecuencias divinas superiores necesarias para la manifestación. Cuando lo divino se convierte en la actividad dentro de nuestra consciencia, todas las cosas se alinean con nuestro bien supremo. Liberar y limpiar las emociones reprimidas, las heridas no sanadas y los cordones energéticos insanos crea el espacio para que entre la luz.

Este paso fortalece nuestra comunión más íntima con los suaves susurros de la fuerza del amor. Este viaje trascendente no es lineal, y no hay final ni principio. Es más bien una espiral a través de la cual evolucionamos continuamente hacia frecuencias más elevadas. Cuando escuchamos nuestro interior y permitimos que las vibraciones divinas se integren en la mente, el cuerpo y el espíritu, somos guiados paso a paso hacia una forma de vida que nos permite la verdadera libertad y alegría.

Nuestro reto consiste en conectar nuestra sensibilidad intuitiva y empática con la quietud interior y descansar en esta paz. Nos vemos constantemente arrastrados por la red energética del mundo y por los pensamientos y los sentimientos de los demás. El zumbido constante de la actividad exterior parece ahogar el silencio interior, donde podemos encontrar los susurros de la presencia divina. Los móviles, los ordenadores y las notificaciones de las redes sociales compiten constantemente por nuestra atención. Si no respondemos inmediatamente a los correos electrónicos y los mensajes de texto, podemos parecer maleducados o los demás pueden empezar a preocuparse por nosotros. Aunque seamos conscientes de que el ruido continuo en nuestra vida a menudo nos provoca estrés y agotamiento, no siempre parece posible desentenderse. Incluso en el caso de aquéllos involucrados en la espiritualidad y la conciencia mente-cuerpo-espíritu, existe la expectativa de que interactuemos, respondamos y nos mantengamos actualizados.

Si nuestra naturaleza empática, intuitiva y sensible está demasiado centrada en el mundo material, tendemos a sentir y absorber, sin darnos cuenta de ello, las emociones, las actitudes y la consciencia de quienes nos rodean. Cuando estamos enzarzados energéticamente en los asuntos terrenales, nos enredamos en el vasto espectro de la energía caótica. El camino del mundo es la dualidad, y siempre será una montaña rusa de subidas y bajadas, de cosas buenas y malas, de lo positivo y lo negativo, de felicidad y sufrimiento. No puede ser de otra manera dentro del paradigma terrenal de la dualidad.

Nuestros canales empáticos, intuitivos y sensibles no están hechos para recibir y absorber energía de baja vibración, impredecible y a menudo tóxica. Aunque lo que sentimos y recibimos intuitivamente puede ser preciso, no es necesariamente útil, sabio y amoroso. En cambio, sentir las emociones de los demás, conectar con sus pensamientos y percibir la energía de un entorno puede resultar estresante. Hay poca orientación fiable y útil en el reino material. Sin embargo, es ahí donde a menudo se concentra nuestra sensibilidad intuitiva y empática.

Aunque a menudo no seamos conscientes de nuestra conexión con lo divino, nunca estamos separados ni apartados de ello. La fuerza del amor está viva en nosotros y formamos parte de toda la creación. Existimos simultáneamente en los reinos físico y espiritual, en lo que se ve y lo que no se ve. Con el paso del tiempo, hemos apagado y olvidado nuestra capacidad innata de estar en comunión con la fuente de toda la creación.

La raíz de nuestra lealtad al poder del mundo material y la devaluación del reino espiritual está incrustada en nuestra consciencia colectiva. Durante siglos nos hemos visto influenciados por un condicionamiento generalizado alimentado por el miedo, la codicia y la sed de poder de la consciencia material. Se nos ha hecho creer que debemos seguir las reglas de quienes ocupan posiciones de autoridad y poder terrenal para satisfacer nuestras necesidades básicas y prosperar. Con el tiempo, las normas y las instituciones culturales, políticas y sociales se han convertido en la influencia dominante que da forma a nuestras opiniones y creencias.

Cuando comprendemos mejor el condicionamiento generalizado que el reino material ejerce sobre la mente y el corazón, somos más capaces de liberarnos de su dominio. Observa a lo largo del día los problemas y desafíos a los que te enfrentas y presta atención a tus suposiciones y juicios inconscientes. Cuando tomas conciencia de tus prejuicios, creencias y suposiciones más arraigados, progresa tu cambio hacia la consciencia espiritual.

Contempla estas preguntas y declaraciones:

- ¿Creo que el reino espiritual está muy alejado de mis preocupaciones materiales y físicas?
- ¿Siento que sólo con mi esfuerzo personal puedo superar los retos y las dificultades?
- ¿Realmente creo que puedo entregarme y recibir las cosas de mi vida que son para mi mayor bien?
- Cuando escucho mi interior, no siento ni oigo nada. No hay nada para mí.
- No se me da bien meditar y tranquilizarme interiormente. Nunca podré conectar con la fuerza del amor o la presencia divina.
- Si no puedo recibir un mensaje intuitivo claro y directo, debo estar haciendo algo mal.
- ¿Puedo rendirme y confiar en que existe una fuerza que está manifestando mi bien a través de mí?
- Necesito algo más tangible que la energía espiritual en lo que apoyarme y confiar.
- ¿Puedo recibir lo que está en mi bien supremo sin sabotearme ni resistirme?

Es probable que te sientas identificado con varias de estas preguntas y declaraciones. Esto no significa que la presencia divina no esté contigo y trabajando a través de ti para manifestar tu bien más alto. No hay un estándar de perfección que tengas que alcanzar o una manera correcta de cambiar a la consciencia espiritual. Tu conexión con la presencia divina es personal. Tu ego no está familiarizado con tu espíritu o con la energía de frecuencia superior y argumentará en contra de esta presencia invisible. De cierta manera, la creencia de que debes ser capaz de meditar y conectar con lo divino y escucharlo proviene del ego.

Rinde tu resistencia y tu incapacidad para estar en silencio interiormente, para escuchar mensajes y para dejar ir completamente tus preocupaciones e inquietudes. Rinde los pensamientos y las emociones desgastados que parecen ser más poderosos que tu deseo de cambiar hacia una nueva forma de ser. Rinde cualquier creencia y suposición conocida o desconocida que pueda estar obstaculizando tu capacidad de abrirte completamente y permitir que la fuerza divina del amor sea el poder dentro de ti.

A través de la consciencia espiritual, podemos activar una presencia más poderosa. El contacto consciente con la energía divina nos saca de las garras del mundo material. La energía creativa divina pura se manifiesta constantemente, sin ninguna preocupación ni estrés por nuestra parte. Simplemente podemos rendirnos a la fuerza del amor y fluir con ella. Dejarse llevar por esta poderosa corriente pone en marcha la infusión de frecuencias más elevadas dentro del corazón, la mente y el cuerpo. No hay nada en el reino material que pueda oponerse a este estado de actividad creativa divina.

No siempre nos resulta fácil pasar de la consciencia material y la mental a la consciencia espiritual, pero eso es lo que estamos llamados a hacer. Cuanto más a menudo tomemos la decisión de llevar nuestra conciencia fuera de las creencias, las limitaciones y las respuestas programadas de los reinos material y mental, más natural y espontánea se vuelve. El siguiente ejercicio puede ir bien para la transición hacia la consciencia espiritual.

MEDITACIÓN

Cambia a la consciencia espiritual

Habrá momentos, probablemente a menudo, en los que oirás muchas voces dentro de ti compitiendo por reclamar tu atención. Te acosan preocupaciones, inquietudes, tensiones y problemas. Por mucho que te gustaría instalarte en una meditación pacífica, no es posible. En lugar de rendirte y caer en un estado de estrés, siéntate en silencio y escucha tu interior. Observa los pensamientos que se mueven constantemente por tu mente. Deja que afloren sin juzgarlos y acéptalos. Algunos pensamientos despiertan sentimientos de ansiedad o de estrés. Las preocupaciones económicas, profesionales, sentimentales, familiares y de salud suelen acaparar toda nuestra atención.

Elige una preocupación o un problema de tu vida que te esté incomodando. Por ejemplo, tal vez estés pensando que la economía, el mercado laboral o la competencia de otros candidatos más cualificados para ocupar un puesto de trabajo que a ti te interesa están limitando tu éxito y tus oportunidades profesionales. Tal vez estés teniendo problemas de relación con un familiar o te gustaría ganar más dinero. Contempla el nivel de consciencia de tu pensamiento o de tu preocupación.

Un pensamiento basado en la consciencia material entrega el poder a fuerzas externas, tangibles, a aquello que está fuera de nosotros mismos. Somos víctimas de otros y de cosas que no podemos controlar.

¿Te parece que lo que estás sufriendo está provocado por un acontecimiento o por una circunstancia externa, o que alguien más es la causa de la preocupación o del problema al que te estás enfrentando?

¿Te parece que la solución a este problema depende de otra persona o de una fuerza externa?

A continuación te ofrezco algunos ejemplos de pensamientos y preocupaciones basados en la consciencia material:

- Estoy demasiado ocupado en el trabajo y cuidando de los demás para cuidarme a mí mismo. Si mi familia apoyara mi deseo de comer mejor y no me provocara tanto estrés, no tendría estos problemas de salud.
- Quiero ganar más dinero y conseguir un trabajo mejor, pero es difícil tirar adelante cuando no tengo los contactos adecuados de personas influyentes.

- Si mi hermana no fuera tan egocéntrica y criticona, nos llevaríamos mucho mejor.
- Se me ha estropeado el coche y tengo que pagar facturas. Todo parece que va en mi contra.

Tal vez tu percepción esté más centrada en la consciencia mental. La percepción basada en la consciencia mental da poder a nuestros pensamientos, ideas e intenciones. Cuando somos demasiado analíticos, pensamos en exceso y escuchamos la voz autoritaria de la cháchara mental, estamos atrapados en la consciencia mental.

Los pensamientos basados en la consciencia mental son similares a éstos:

- No sé por qué mi jefe no me ha ascendido. He redactado una lista de todo lo que he conseguido este año, y aun así no me ha ascendido. Me ha subido un poco el sueldo, pero no basta con esto. Necesito pensar un plan y una estrategia mejores para que las cosas vayan bien.
- Puedo llegar a decepcionarme con mi novio, Jeff. Parece que haga lo que haga, encuentra algo de lo que quejarse. Sin embargo, hay muchas cosas de él que me gustan. Tiene un buen trabajo y es inteligente y guapo. Si me esfuerzo lo suficiente, debería ser capaz de hacer que esta relación funcione. Creo que puedo ayudarle a cambiar algunas cosas.
- Estoy cansado de tener muy poco dinero y de tener deudas en la tarjeta de crédito. Voy a repetir afirmaciones para atraer más dinero. Si consigo ser positivo y repito las afirmaciones una y otra vez, quizá funcionen.

Dado que la consciencia mental está ligada a la dualidad, siempre experimentaremos tanto lo positivo como lo negativo, lo que queremos y lo que no queremos. Nuestra capacidad para satisfacer nuestros deseos depende de nuestro intelecto y de nuestro esfuerzo. También podemos culparnos a nosotros mismos por no ser más positivos y crear circunstancias desalentadoras o negativas a través de nuestros pensamientos. Podemos intentar cambiar las cosas afirmando lo bueno y proponiendo ideas y estrategias mejores.

Sólo a través de la consciencia espiritual entramos en el reino de la actividad creativa divina. Cuando entregamos el control, nuestros problemas y preocupaciones se elevan a una frecuencia superior de amor. A pesar de cómo podamos ver algo o cómo pueda parecer, la consciencia espiritual transforma todas las cosas en su expresión suprema. Cuando permitimos que la fuerza divina del amor sea la actividad de nuestra consciencia, nuestros problemas y preocupaciones se convierten en oportunidades para el crecimiento y la evolución.

Muchas veces, la forma en que respondemos e interpretamos lo que experimentamos es habitual y se basa en un patrón inconsciente. Esto puede cambiar. Una vez que identificamos el nivel de consciencia de nuestros pensamientos y emociones, podemos cambiar más fácilmente a una conciencia suprema.

Si te encuentras teniendo pensamientos o experimentando sentimientos en un nivel de consciencia del que te gustaría salir, acéptalos. No los rechaces ni intentes no sentir aquello que estás experimentando.

Desconéctate de la actividad exterior y lleva tu conciencia hacia tu interior. Guía dulcemente tus pensamientos y la comprensión de lo que estás experimentando hacia pensamientos de lo divino. Recuérdate a ti mismo que sólo hay un poder trabajando en tu vida y que siempre se manifiesta como tu bien supremo. Entrégate y déjate ir. Permite que la actividad divina cree algo mejor de lo que estás esperando.

Respira en tu corazón e invita a la fuerza del amor a moverse por ti. Haz respiraciones largas, profundas y relajantes, espirando cualquier tensión o estrés. Sigue respirando y relajándote hasta que percibas cualquier sensación o sentimiento sutil de presencia divina. Puede manifestarte como un hormigueo de energía, la liberación de la tensión, una apertura del corazón, una sensación de paz interior o sentimientos de expansión o calidez.

Pide a tu interior la interpretación divina de una inquietud, una preocupación o un problema concreto.

Puedes preguntar cosas como las siguientes:

- ¿Qué estoy aprendiendo de esta situación o de este desafío?
- ¿Cómo podría utilizar este problema para mi mayor bien?
- En esta situación, ¿cómo puedo quererme mejor a mí mismo y expresar amor a los demás?
- ¿Cuál es la interpretación divina de esta cuestión o de este problema?
- ¿Cómo estoy bloqueando la manifestación de la abundancia?

Escucha en tu interior y deja que los susurros de la verdad, las percepciones y la orientación lleguen a tu conciencia. Pide a tu interior la interpretación divina de tus inquietudes y preocupaciones, y haz los cambios que puedas. Descansa en la quietud interior, sabiendo que se está resolviendo tu bien.

Cuando en tu interior sientes y escuchas los susurros sutiles, las sensaciones, los sentimientos y la conciencia de lo divino, acepta que estás recibiendo todo lo que necesitas saber en este momento. Puede llegar en un momento de conciencia o de percepción, o más lentamente a lo largo de un período de tiempo.

En las próximas horas, días, semanas o incluso meses, observa los momentos en los que la mente, el cuerpo, el corazón y el espíritu sienten el contacto de la presencia divina y recibes mensajes y percepciones de la verdad. Cuando reconoces la frecuencia divina superior, se expande tu sentido del yo, puedes sentirte más ligero o un escalofrío de energía puede recorrer tu cuerpo. Éste es el momento en el que elevas tu frecuencia y comienza a desplegarse la manifestación de tu bien supremo.

Presta atención y observa cualquier cambio en las condiciones y circunstancias que te preocupan. Sé consciente de las nuevas perspectivas e ideas, los destellos de inspiración o los sentimientos de claridad renovada o de fuerza interior que surjan. Actúa cuando te sientas motivado o guiado en una dirección determinada, o cuando surja una oportunidad. Puede tratarse de un aumento de la abundancia financiera, nuevas posibilidades profesionales, la solución de tus preocupaciones y problemas, o nuevas relaciones con personas que se ajustan a tu corazón y tu espíritu. No te cierres y deja que te llegue tu bien supremo.

Mantén una vibración elevada

Cuando elevamos nuestra vibración y nuestra frecuencia, nuestro bien supremo se manifiesta continuamente. Aunque pueda parecer esencial pedir y rezar por cosas específicas, como la curación física, dinero para poder pagar nuestras facturas o el trabajo perfecto, no es necesario. Cuando damos poder a la carencia, bajamos nuestra vibración al reino material y la actividad divina ya no actúa dentro de nuestra consciencia. Cuando elevamos nuestra conciencia a un nivel en el que sólo hay suministro infinito, esta conciencia fluye en todas las áreas de nuestra vida de forma natural y sin que intentemos hacer que pase.

Mantén tu conciencia centrada en la actividad creativa divina que siempre está en movimiento y nunca vacila ni cesa. Da paso a su deseo de crear a través de ti y libérate en tu bien supremo. Libera tus expectativas de cómo aparecerá tu bien y la forma de su manifestación. Habrá muchas situaciones en las que no serás capaz de comprender el significado de por qué las cosas están pasando de la manera en que están pasando. Lo divino sigue presente. Sigue invitando al flujo de la fuerza del amor a trabajar a través de ti. Incluso cuando las apariencias parezcan lo contrario, confía en que la bondad se está desplegando.

Las expectativas y los deseos deben ser dignos de nuestro espíritu. Si lo que deseamos no está en concordancia con el corazón, el alma y el espíritu, entonces no encontraremos el amor y la alegría puros que anhelamos. Por un tiempo, podemos disfrutar del resplandor de ser ricos y populares y de tener éxito y muchas cosas más. Sin embargo, acabará disipándose el subidón inicial de felicidad que experimentamos y empezaremos a sentir las mismas frustraciones y la insatisfacción que sentíamos antes. La batalla contra nosotros mismos continúa mientras nos volvemos a esforzar para demostrar nuestra valía y nuestra capacidad de conquistar y de triunfar. Vamos a la guerra contra nosotros mismos y contra la vida.

Cuando renunciamos a los deseos y las expectativas de nuestro ego, no estamos cediendo el control a nada externo a nosotros. Todo lo contrario, ascendemos a lo divino en nuestro interior que está en perfecta unión y alineación con nuestro bien supremo. La fuerza del amor trabaja desde dentro y siempre está presente y opera en el ahora. Produce abundancia donde hay carencia, sanación cuando hay enfermedad, relaciones amorosas y alegría perfecta.

Escucha en tu interior las emanaciones de la presencia divina. Deja que diga la verdad y te llene el corazón. Cuando sentimos y entramos en contacto con la fuerza del amor, todas las cosas entran en su ritmo natural. La energía de la presencia divina que retumba en todo nuestro ser es la semilla de la manifestación.

Momentos de conexión

La percepción consciente de la presencia divina puede darse en un segundo o en un instante muy breve. No importa lo intenso o leve que sea el encuentro. Cuando experimentamos la luz más elevada de nosotros, se evaporan las limitaciones. Los pequeños momentos de percepción consciente de lo divino son poderosos y pueden alterar el curso de nuestra vida. En esos momentos de comunión, nos transformamos. La profunda belleza de un amor íntimo y expansivo ilumina nuestro ser.

Sin embargo, en medio de la conciencia expansiva, no es raro que de repente se evaporen los sentimientos de amor y la sensación de conexión con una presencia superior. La cháchara mental se hace con el control y encontramos motivos para descartar o cuestionar nuestra experiencia. El ego crea dudas sobre sí mismo y nos persuade para que ignoremos y pasemos por alto cualquier cosa que no podamos controlar. Podemos pasar de sentir la seguridad de la presencia divina a sentirnos indignos, preocuparnos por nuestros errores o centrarnos por completo en otros asuntos. Cuando esto ocurra, no te desanimes, es normal. Respira y déjate ir. No tenemos que ser perfectos para ascender a la consciencia espiritual; podemos tener defectos.

El ego intenta hacerse con el control diciéndonos cualquier cosa para llamar nuestra atención. Podemos sentir que tenemos que esforzarnos más y luchar para encontrar lo bueno en nosotros mismos. Nuestro ego puede intentar convencernos de que el contacto con lo divino es un delirio, un pensamiento esperanzador o sólo un producto de nuestra imaginación. La duda y la resistencia son inherentes a las consciencias material y mental. Hemos sido programados para esforzarnos y nunca conseguirlo del todo. En el mundo físico, nunca nos sentiremos perfectos y alejados de los problemas.

Sin embargo, en tan sólo un instante de conexión con la fuerza del amor, la voz del ego pierde su poder y ascendemos a la conciencia divina. Cuanto más elevamos nuestra consciencia a esta vibración superior, más se manifiesta nuestro bien en nuestra experiencia cotidiana. En diferentes momentos a lo largo del día y de la noche, conéctate conscientemente con lo divino. Llama a la fuerza del amor para que esté presente y te responderá. Estemos donde estemos y hagamos lo que hagamos, una parte de nosotros puede entrar en el silencio y pedir que la presencia divina nos llene el corazón. No importa qué esté pasando a nuestro alrededor, podemos tomar la decisión de cambiar nuestra consciencia. No importa si tenemos problemas o estamos preocupados y estresados, o agradecidos, felices y en paz; siempre podemos tomarnos un momento para respirar y abrir la mente y el corazón a la fuerza del amor. Cuanto más a menudo conectemos conscientemente con lo divino, más poder tendrá en nuestra vida cotidiana.

Los cielos, los mares, las montañas y los valles, y la belleza y la maravilla de la tierra y de toda la creación se pusieron en movimiento por el susurro de lo divino. La fuerza del amor no está limitada por las leyes materiales, y cuando fluye hacia nuestra consciencia, nosotros tampoco. Nosotros también recibimos los intensos flujos de la actividad creativa divina. Nuestra receptividad intuitiva y empática abre paso a las vibraciones más elevadas del amor, la sabiduría, la guía y las percepciones. Es a través de estos susurros silenciosos como lo divino continúa su actividad creativa en el mundo físico. Nuestras capacidades extrasensoriales se convierten en el canal a través del cual todo es posible.

Lo divino siempre está presente en el corazón, el alma y el espíritu. Es en el silencio interior donde entramos en contacto consciente con la presencia divina y aceptamos la invitación a permitir que la luz divina entre en nuestro ser. La siguiente meditación te ayudará a entrar en una comunión más consciente con la presencia divina.

MEDITACIÓN

Contacto consciente con lo divino

Convierte en una prioridad la comunión diaria con la presencia divina. No esperes al momento oportuno ni lo pongas lo último de tu lista. Es esencial entregarse e invitar a la fuerza del amor a que actúe en nuestra vida. Esta práctica permite que las bendiciones y la generosidad de lo divino fluyan en todos los aspectos de nuestro ser.

Crea un espacio en tu casa para relajarte y estar cómodo, y en el que nadie te moleste. Haz una inspiración relajante y espira todo el estrés y la tensión que tengas acumulados. Imagina que la respiración baja por la parte superior de la cabeza. Mueve la energía de esta respiración por todo el cuerpo y espira cualquier tirantez, estrés o tensión que tengas. Sigue respirando así.

Espira y libera cualquier preocupación, inquietud o tensión que hayas estado sintiendo y acumulando en la mente y el cuerpo. Si te sientes arrastrado por las emociones a medida que van aflorando, sigue respirando y sintiendo plenamente tus sentimientos.

Tómate todo el tiempo que necesites para entrar en un estado de relajación. Continúa inspirando y respira hacia abajo desde la parte superior de la cabeza. Desplaza esta respiración por todo el cuerpo, relajando y desbloqueando cualquier tensión y estrés.

Cuando sientas que has liberado y soltado las emociones o las tensiones reprimidas, imagina que respiras energía de luz blanca por la parte superior de la cabeza y por todo el cuerpo. Cuando te atraviese la respiración de luz blanca, sigue respirando y relajándote. Siente que te vuelves más ligero y que se expande el corazón. Continúa respirando de esta manera.

Con cada respiración, espira por el corazón e imagina que la energía de la luz blanca fluye a través de ti y te rodea. Continúa respirando y llénate de esta luz.

Imagina que se expande tu conciencia y va más allá de los límites del cuerpo físico. Siente la ligereza de tu ser a medida que se expande tu consciencia.

Respira y siente toda la fuerza del amor fluyendo a través del corazón. Este amor tiene conciencia y sabiduría. Escucha y siente su presencia.

Déjate llevar y sé consciente de que sólo hay un poder trabajando en tu vida y que desea expresarse y manifestarse como tu bien. No hay oposición a esta presencia divina, ya que dulcemente se convierte en la actividad en funcionamiento dentro de tu consciencia. Entrégate a este poder único y permite que te llene el corazón, la mente, el alma y el cuerpo. Escucha sus susurros.

Respira, relájate y abre el corazón y la mente. Toma conciencia de cualquier sensación o cambio interior. Tal vez sientas una sutil calidez en tu interior. Sé consciente de hormigueos de energía, tranquilidad interior, el corazón abriéndose y expandiéndose, o un flujo de calor que te atraviesa. A medida que tu respiración se va haciendo más profunda, tal vez sientas una sonrisa interior, la suavidad de una luz interior o un dulce murmullo interior.

En lugar de sentirte tranquilo y abierto, puede que empieces a pensar demasiado y a dejar que tu mente se manifieste. Sé amable y deja que estos pensamientos y sentimientos te atraviesen y pasen de largo. No tienen ningún poder.

Continúa respirando e imagina que la luz blanca fluye a través del corazón y en cada región de la mente, el cuerpo y el espíritu. Escucha, siente y percibe los susurros y las percepciones de esta sabia y amorosa presencia. No hay poder más grande que la fuerza del amor. Depón cualquier resistencia o duda que puedas tener para permitir que la fuerza del amor llene tu ser.

Dentro de lo que parece ser un problema o un desafío o una herida y dolor, hay amor y bondad. Si te sientes solo, herido, desesperanzado, dolido o necesitado, no estás solo. La fuerza del amor nunca te abandonará. Lo que es falso desaparece como por arte de magia. Déjalo ir. En este momento, reside en la bondad y el amor perfectos.

Eres cuidado y querido. No hay carencia ni sufrimiento ni problemas que resolver.

Tu espíritu siente y sabe lo que está en tu bien supremo. Libera cualquier expectativa de cómo se manifestará. No hay carencia en un universo que siempre está en un estado de incesante creatividad y abundancia.

Puedes pronunciar dulcemente esta intención:

Abro el corazón y dejo que la frecuencia superior de la creatividad y el amor divinos fluyan por mi cuerpo. Invito a la presencia creativa divina a estar activa en cada área de mi vida. El poder y la presencia únicos dentro de mi consciencia se manifiestan continuamente como mi bien supremo.

Descansa en la presencia del amor el mayor tiempo posible. Luego, cuando estés preparado, retorna lentamente a la consciencia normal.

El cambio

Renuncia a cualquier expectativa sobre cómo se manifestará tu bien y toma conciencia de cómo responde la fuerza del amor. Donde antes absorbías las emociones confusas, los pensamientos y los dolores físicos de los demás, ahora fluyen a través de ti las vibraciones más elevadas del amor. Cuando tu conciencia intuitiva y empática se fortalece, ves, conoces y sientes desde una perspectiva más elevada. Con el corazón y la mente abiertos, recibes susurros divinos, percepciones, orientación y mensajes inspiradores que promueven tu bien supremo y el bien de los demás.

Deja que los mensajes y la sanación espontánea de los ángeles, los guías divinos y los seres superiores sean una ocurrencia común. Déjate guiar por tu camino a través del conocimiento interno, las visiones y los susurros dulces. Los acontecimientos en tu bien supremo se desarrollarán de manera natural en el momento perfecto. Siente y afirma la seguridad interior de que se está desarrollando tu propósito y estás siendo guiado.

Junto con la introducción de mensajes divinos y el fortalecimiento de la capacidad intuitiva y empática, el bien también se manifiesta de forma tangible y material. A través de esta comunión, manifiestas cosas como un renovado sentido de propósito, oportunidades que te traen alegría, un trabajo gratificante, abundancia para todos tus deseos y necesidades, sanación física, mental y emocional, y la gracia de ayudar, sanar e iluminar a otros. Recuérdate continuamente dejar que la frecuencia superior de la presencia divina sea la actividad de tu consciencia.

Hay un gran misterio y asombro dentro de tu ser que no pueden ser comprendidos del todo. Deja que la fuerza del amor fluya en tu consciencia y transforme todo lo que te parezca agobiante, problemático o irresoluble...; si no en este momento, en el siguiente. Si no es mientras estás despierto, entonces mientras estás durmiendo. Si no es de la forma que quieres, entonces de una forma que sea mejor. Entrégate, sé humilde y deja que la fuerza del amor cree a través de ti.

A lo largo del día, haz pequeños descansos, aunque sólo sean cinco minutos, y aprovecha para abrir la mente, el corazón y el alma a la presencia divina interior. La fuerza del amor está presente en todos los acontecimientos y situaciones terrenales en los que te encuentres.

Nuestro reto espiritual es recordar invitar y permitir que en todo momento la fuerza divina del amor fluya en nuestra consciencia. Lo hacemos escuchando en nuestro interior los pensamientos divinos a medida que van apareciendo. Centrarnos en las inquietudes, las preocupaciones y los desafíos que nos acosan sólo refuerza su control sobre nosotros y nos convence aún más de que estamos solos y sin ninguna ayuda. Los momentos de conexión y entrega a lo divino son transformadores. Cuando la belleza de la luz se despliega en tu interior, la presencia divina se convierte en la actividad dentro de tu consciencia.

CAPÍTULO 14

Conexiones para mantener una frecuencia superior

Nos encontramos en el precipicio de un cambio colectivo hacia una dimensión superior. El influjo de energía de frecuencia superior nos está haciendo dejar de intentar controlar y manifestar nuestro bien a través de nuestro sentido del yo basado en el ego. En vez de ello, estamos concienciándonos de que las puertas de la manifestación se abren a través de nuestra comunión con las fuerzas divinas.

Las exigencias del mundo nos han cansado. Conseguir las cosas que necesitamos para nuestra vida cotidiana ha creado una cultura de ansiedad, miedo y agotamiento. Ahora sabemos que hay otro camino. Al renunciar a las preocupaciones, las inquietudes y el estrés, y permitir que la fuerza del amor fluya en nuestro ser, nuestro bien supremo se manifiesta sin esfuerzo.

Se satisfacen de manera tangible nuestros deseos y necesidades, y atraemos las cosas, las oportunidades, las sincronicidades, las personas y los asuntos que están en nuestro bien supremo.

Convierte en una devoción diaria el invitar a la fuerza del amor a fluir en todos los aspectos de tu vida. Las sintonizaciones espirituales son una forma de elevar la frecuencia energética de la mente, el cuerpo y el espíritu. Para apoyar tu ascensión a la consciencia espiritual, este capítulo incluye prácticas, ejercicios y meditaciones sobre la práctica de estados del ser como la alegría, la inocencia, el servicio, la compasión, la humildad, la bondad o el perdón. No se trata sólo de pensamientos y acciones positivos, sino de portales de energía a través de los cuales elevamos nuestra vibración y permitimos que la fuerza del amor se traslade a cualquier aspecto de nuestra vida. Abre el corazón y la mente a los ejercicios, las prácticas y las meditaciones de estas sintonizaciones. Cuando ponemos en acción los atributos divinos, la consciencia espiritual se integra en nuestra vida cotidiana.

Cuando elevamos continuamente nuestra conciencia hacia las frecuencias superiores, ascendemos fuera de las limitaciones de los reinos material y mental hacia la libertad creativa de la consciencia espiritual.

EJERCICIO

Recoge evidencias de la presencia divina

La transición de una consciencia material y mental a una consciencia espiritual tiene lugar cuando nos fusionamos con la frecuencia superior de la presencia divina y la escuchamos en nuestro interior. Aunque podemos tener momentos de conexión espiritual y experiencias de manifestación y abundancia, pueden seguir apareciendo las dudas y la preocupación. Para fortalecer nuestra conciencia e integrar las poderosas infusiones de presencia espiritual en nuestra vida cotidiana, puede ir bien recopilar evidencias y documentar en un diario todos los cambios positivos y las manifestaciones de tu bien supremo que se producen a medida que trabajas con las adaptaciones.

Observa la presencia divina en las cosas pequeñas y a menudo silenciosas que se producen a lo largo del día. Puede tratarse de una percepción o de un mensaje interior tranquilizadores, de un sentimiento de amor y consuelo, o de una sincronicidad. Tal vez tu día se desarrolle sin ningún tipo de problema y disminuyan las preocupaciones, el estrés y los pensamientos ansiosos. Tienes la sincera certeza de que todo va a salir bien y de que estás siendo guiado y vigilado. Te sientes visto, escuchado y querido, y sabes que tu vida tiene sentido y finalidad.

El bien puede aparecer de formas más evidentes y notorias. Por ejemplo, entran en tu vida personas amables, serviciales, dignas de confianza y cariñosas. Sin ningún esfuerzo por tu parte, te encuentras con una nueva oportunidad profesional o económica, o te ascienden de manera inesperada o recibes un reconocimiento por un proyecto de trabajo. Te sientes inspirado por ideas creativas y formas gratificantes de servir a los demás. Experimentas una sanación o un rejuvenecimiento mental, emocional o físico.

Esfuérzate cada día por descubrir el mayor número posible de presencias divinas en tu vida. Presta atención a cualquier sentimiento, encuentro o expresión de amor, o a cualquier acto o cosa pequeña y simple que te hable al corazón. No importa si lo que te llega es una expresión grande o pequeña de manifestación divina. Sé agradecido. Expresar un agradecimiento sincero permite que se multiplique lo bueno. Cuando reconocemos y expresamos nuestro agradecimiento por el poder mayor que actúa en nuestras vidas, arraigamos, integramos e incrementamos el flujo de la manifestación y la consciencia espiritual.

Poder

A través de la consciencia material y mental, el mundo ejerce influencia y poder sobre nuestra vida cotidiana. El mundo exterior y los demás parecen influir sobre cosas como nuestro estado de ánimo, lo que creemos que es posible para nosotros mismos y nuestra sensación de seguridad y poder. Nuestra sensación de poder suele estar vinculada a nuestra capacidad para crear la vida que deseamos, a la cantidad de dinero que tenemos y a la influencia que podemos ejercer sobre los demás. Podemos sentirnos poderosos cuando alcanzamos objetivos y tenemos éxito en áreas que son importantes para nosotros y sentirnos ineptos cuando pensamos que hemos fracasado.

Nuestro atractivo físico, los logros de nuestra familia y de nuestros amigos y nuestra capacidad para conseguir lo que queremos también nos confieren cierto grado de poder.

Sin embargo, inevitablemente pasamos por ciclos en los que nos sentimos a la vez poderosos e impotentes. Cuando tenemos éxito, nos sentimos realizados. Si no alcanzamos nuestras expectativas, nos encogemos y nos sentimos impotentes ante nuestro destino. Cuando sentimos que carecemos de poder personal y terrenal, podemos experimentar angustia, depresión y agotamiento del alma.

Por ejemplo, podemos seguir manteniendo relaciones, ocupaciones y situaciones abusivas porque creemos que no tenemos lo necesario para que se produzca un cambio o para provocar ese cambio nosotros mismos. Atrapados en una vida que no habla de la autenticidad del corazón y del alma, sufrimos.

Aunque tengamos éxito gracias al esfuerzo, la voluntad, el empuje y el trabajo duro, nuestras victorias pueden parecer vacías. Cuando nos preocupamos demasiado por objetivos y valores externos que no están acordes con nuestro espíritu, acabamos agotados y deprimidos.

Somos introducidos en un nuevo conocimiento del poder a través de la consciencia espiritual. El poder espiritual es la incesante actividad creativa divina que eleva todo a su más alto potencial y expresión. Cuando estamos alineados con las altas vibraciones del espíritu, está en nuestras manos.

Desgraciadamente, nos pasamos el día renunciando a nuestro poder y cediendo de muchas maneras. Con demasiada rapidez renunciamos a nuestros sueños, a nuestras aspiraciones más elevadas y a nuestros deseos porque creemos que son poco prácticos y ridículos. Nos sumamos a lo que el mundo ondea delante de nosotros como poder. Cosas como el dinero, el atractivo, las opciones profesionales lucrativas, la influencia sobre los demás y el número de contactos que tenemos en las redes sociales nos dan la ilusión de poder.

Para muchos, puede parecer poco realista y estúpido confiar en que el poder espiritual es la solución a nuestras necesidades físicas y materiales cotidianas. Podemos creer que existe una separación entre la espiritualidad y el mundo real. Las prácticas espirituales pueden ayudarnos a reducir el estrés y la ansiedad, y proporcionarnos un retiro pacífico de nuestra vida cotidiana.

Sin embargo, a menudo creemos que el poder espiritual no está a la altura de las exigencias y las luchas del mundo material. No tiene sentido confiar en la fuerza del amor, que parece distante y alejada de los retos a los que continuamente nos tenemos que enfrentar. Contemplar la idea de una solución espiritual a un problema acuciante puede parecer irresponsable y desesperanzador.

Sin embargo, cuando nos alineamos con la consciencia espiritual, no hay mayor poder. Las cosas terrenales y materiales están aquí hoy y desaparecen mañana. El verdadero poder no puede ser arrebatado o regalado, perdido o mermado. Podemos perderlo todo y la fuerza del amor lo reconstruirá y lo recreará. Es en los susurros de lo divino donde somos guiados y se revela nuestro potencial más potente. Aprovechamos el verdadero poder cuando nos queremos a nosotros mismos lo suficiente como para actuar conforme a nuestra verdad, a pesar de lo que los demás y el mundo exterior nos pongan delante.

Para tenerlo en tus manos, di no aunque te sientas obligado a aceptar algo que no te parece correcto. Escucha a lo largo del día tu verdad en lugar de las voces terrenales y materiales y reacciona según lo que recibas. Aléjate de oportunidades y actividades que sabes de corazón que no son para ti. Renuncia a un trabajo que te agobia y ten el valor de seguir la dirección que te dicta el corazón en una profesión que tenga un mayor propósito. Deja una relación abusiva en lugar de decirte a ti mismo que tu pareja cambiará o que esto es lo mejor que puedes llegar a tener. Descubre la creencia inconsciente que te ha convencido de que no te mereces que te traten mejor. Pide un ascenso o un aumento de sueldo, o solicita un puesto que te atrae porque sabes que te lo mereces.

A veces, alinearse y contactar con nuestro poder puede ser un viaje solitario. Cuando empezamos a escuchar nuestro interior, descubrimos que muchas de las elecciones y las decisiones que hemos tomado han estado influidas por otros y por fuerzas externas. Puede que sintamos que hemos comprometido nuestra integridad y hemos permitido que el condicionamiento cultural y la presión de grupo determinen nuestro camino. Abandonar el paradigma de permitir que las influencias externas dicten nuestro rumbo en la vida requiere valor. Puede que los demás no estén de acuerdo con nuestras decisiones. Puede que nos demos cuenta de que ya no tenemos tanto en común con nuestros amigos, nuestros compañeros de trabajo y nuestros familiares. Cuando actuamos siguiendo las urgencias del corazón puede dar la sensación de que nos estamos arrojando por un precipicio. Sin embargo, cada pequeño acto de escucha interior y de retomar nuestro poder interior nos guía hacia nuestro bien.

La mayoría de nosotros necesitamos llegar al agotamiento, enfrentarnos a una frustración creciente o experimentar una pérdida antes de estar dispuestos a considerar que la felicidad que el mundo promete es una ilusión. Sin embargo, la fuerza del amor entra a raudales cuando nos entregamos, escuchamos nuestro interior y actuamos según lo que el corazón y el espíritu sienten que es lo correcto. Aunque puede parecer que no tengamos garantías de que vayamos a tener éxito o incluso de que vayamos a acabar bien, es en los momentos más oscuros, en aquéllos en los que confiamos en la luz interior, cuando activamos nuestro verdadero poder.

Entra en tu interior y escucha a tu corazón y a tu espíritu. Aquí es donde descubrirás quién eres y tu propósito y tu potencial. Retorna tu poder a todo lo que percibas que tiene más autoridad que tu propio corazón.

EJERCICIO

Elecciones empoderadas

Antes de tomar una decisión o de hacer una elección, haz una pausa y escucha tu interior. Cuando algo es adecuado para nosotros, nos sentimos relajados, inspirados, positivos y a gusto. Se nos abre el corazón y nos sentimos seguros. Aunque estemos nerviosos por dar un paso positivo o hacer algo nuevo o diferente, siempre estará presente el sentimiento subyacente de que es la elección correcta.

La tensión corporal, los dolores de barriga o de cabeza y los sentimientos de estrés, miedo y ansiedad son indicios de que no se trata de nuestro bien supremo.

Cuando tengas que hacer una elección o tomar una decisión, siéntate en silencio y deja de intentar entender qué hacer. En vez de ello, imagina que sueltas el problema y lo liberas en las vibraciones superiores de la actividad divina. Respira, relájate, escucha tu interior y siente las sensaciones de tu cuerpo. Lleva tu conciencia al plexo solar. Es tu lugar de poder.

¿Qué elección te fortalece, te alivia y te calma el corazón, el estómago y el plexo solar?

¿Qué elección te genera más estrés, más miedo o una sensación de desconexión?

Confía en lo que experimentas, y aunque carezcas de una verificación externa, reacciona ante lo que te aporte una sensación de tranquilidad, te abra el corazón y te ayude a sentirte empoderado.

Sé de ayuda

Ser de ayuda es un camino acelerado hacia la consciencia espiritual. No importa qué tipo de ayuda llevemos a cabo o qué demos y compartamos. Lo esencial es la demostración de nuestro amor a través de ayudar a los demás y al mundo. Algunos se sienten llamados a contribuir económicamente a causas nobles o a compartir lo que pueden para ofrecer un techo y alimento a los demás, mientras que otros utilizan su intuición y sus dones como sanadores para atender las necesidades físicas, emocionales, espirituales y mentales de quienes sufren o padecen dolores. Hay quienes contribuyen de diversas formas al mundo animal y vegetal, o bien forman parte de una comunidad que se ocupa de problemas y de causas globales. Hay innumerables formas de dar, compartir, sanar y ayudar.

Colaborar en las necesidades de los demás o del planeta es algo natural para la mayoría de las personas empáticas, intuitivas y sensibles. Por desgracia, no siempre sabemos cuidar de nosotros mismos mientras damos y abrimos el corazón.

El alma es como un imán que nos arrastra hacia los necesitados y los que sufren, y a ellos hacia nosotros. Cuando nos involucramos con los que sufren o están oprimidos o se sienten desesperanzados, tendemos a dar sin restricciones. Nuestros límites pueden ser laxos o inexistentes, y esto permite que otros se aprovechen de nosotros o agoten nuestras reservas de energía.

El trabajo de servicio inspirado divinamente abre el corazón y nos motiva a ayudar y dar a los demás. Las fuerzas superiores de los cielos están con nosotros cuando respondemos a las necesidades inmediatas de otro no simplemente por remordimiento o porque pensamos que debemos hacerlo o porque queremos que los demás piensen que somos buenas personas. Sentirse llamado a ayudar a otro como un acto de amor es una llamada divina. Una sacudida en el corazón nos mueve en una determinada dirección. A veces nos coge por sorpresa. Podemos sentir un repentino deseo de dedicarnos a una causa o a una actividad concreta en la que antes no habíamos ni siquiera pensado. Cuando respondemos al divino impulso interior que nos invita a llevar esperanza, ayuda, inspiración, valor y consuelo a los demás, damos de maneras de las que no sabíamos que éramos capaces de hacerlo.

Cuando respondemos a las necesidades de los demás, los ángeles y los seres divinos apoyan y amplifican nuestros esfuerzos. Cuando conecto con la energía de un cliente durante una sesión intuitiva, rápidamente sé si esa persona está contribuyendo de alguna manera desinteresada. Están presentes los ángeles, y no sólo uno o dos de ellos. Puede haber muchos seres de luz ayudando y trabajando a través de nosotros para el mejoramiento de muchos. La fuerza del amor extiende su poder a aquellos que dan, especialmente cuando damos sin pensar en la recompensa. El trabajo de ayuda es una de las formas más seguras de entrar en comunión con lo divino y los ángeles, y de trabajar en armonía con los cielos.

A través de la consciencia espiritual, creamos un camino para que el amor divino, la compasión y la bondad fluyan hacia nuestras vidas cotidianas y hacia las vidas de los demás. Identificar y liberar las emociones reprimidas y las heridas no sanadas, y desconectar los cordones energéticos que nos unen a los demás permite que la luz de la consciencia espiritual brille en el mundo.

Al convertirnos en canales de la fuerza del amor, la energía de alta frecuencia se mueve a través de nosotros hacia los demás y hacia el mundo. Sin esfuerzo, la sanación fluye a través de nosotros hacia aquéllos a quienes amamos, nuestros antepasados y todas aquellas otras personas que estén preparadas para recibirla. No siempre somos conscientes de la influencia y el efecto que produce encarnar frecuencias divinas más elevadas. Lo que emana del corazón y del alma se extiende más allá de los límites del reino físico y llega al corazón y a la consciencia de los demás.

EJERCICIO

Evoluciona a través del servicio a los demás

A continuación te comento algunos principios que te guiarán en tu servicio a los demás.

No des por sentado que sabes por qué les pasan las cosas a los demás. No sabemos por qué el sufrimiento forma parte de este mundo. Es un misterio espiritual. Todos experimentamos el dolor de distintas maneras y en distintos grados. Forma parte de la huella del sufrimiento aquí en el planeta Tierra. Sin embargo, el amor que expresamos a través del servicio a los demás ayuda a cambiar el paradigma planetario del sufrimiento.

A pesar de las apariencias, la actividad divina siempre está en marcha. Cuando te sientas agobiado por la oscuridad del dolor y el sufrimiento, deja que tu sufrimiento te lleve más allá de las cosas del mundo y hacia el amor y la acogedora calidez de tu espíritu. Al desprenderte y retirarte de la materialidad, los suaves susurros de la presencia divina interior se convierten en una fuente tangible de amor y consuelo.

Sea cual sea la forma de servicio que practiques, siempre estarás expresando, compartiendo y recibiendo amor. El activismo global, ofrecer un techo y comida a los demás, cuidar del planeta y del mundo natural, curar a los demás y muchas otras expresiones de servicio son formas de amar.

Aunque el servicio parece ser en beneficio de los demás, el que da también se ve recompensado. El camino de la bondad y el bienestar no se encuentra en el dinero y las cosas materiales. Llega a través de la experiencia de amar y ayudar a los demás. El servicio a los demás nos abre el corazón y nos proporciona una capacidad de recibir amor que no es posible cuando sólo nos preocupamos de nosotros mismos. La entrega desinteresada es el camino de los cielos.

Amar generosamente a través de actos de servicio sin ningún pensamiento de recompensa y de reconocimiento eleva nuestra vibración energética hacia la consciencia espiritual. Arraiga e integra la frecuencia divina superior en nuestra experiencia cotidiana. Evolucionamos y crecemos en nuestra conciencia de nosotros mismos y del espíritu. Emergen dones que desconocíamos que teníamos, aparecen de manera espontánea sincronicidades y manifestaciones de lo que se necesita y tenemos la conciencia segura de que estamos siendo vigilados y protegidos.

Servir y dar a los demás no es algo que ocurra sólo entre tú y los demás; siempre está presente el espíritu divino. La llamada a mostrarse de una manera práctica, espiritual y dinámica a favor de los demás y del mundo no está impulsada por lo que hay fuera de nosotros, sino por lo que hay dentro. Cuando servimos a los demás, reforzamos nuestra conexión con lo divino.

A menudo, la fuerza del amor puede sentirse y experimentarse más plenamente entre los más necesitados y oprimidos. Pide a tu interior que te guíe hacia los demás, hacia una causa, un objetivo o una actividad que sea para tu bien supremo y para el bien de los demás.

Belleza

Gran parte de lo que pensamos sobre la belleza procede de influencias culturales y de hábiles publicistas. Nos han programado para creer que la belleza reside en cosas como un cuerpo esculpido o ropa, coches y casas a la moda. La belleza del atractivo físico y de las cosas materiales apela principalmente a los sentidos y no al espíritu. Aunque la belleza sensual puede ser tentadora y estimulante, a menudo nos sentimos vacíos y carentes después de los sentimientos iniciales de euforia. La belleza externa y material puede empujarnos a compararnos a nosotros mismos y a nuestras posesiones con los demás y con los estándares culturales vigentes. Esto puede llevarnos a juzgarnos a nosotros mismos, a percibirnos como menos merecedores y a sentir que nos estamos perdiendo algo. La belleza centrada en lo material acaba desvaneciéndose. Siempre desaparece. Podemos intentar estar al día aplicándonos algún tratamiento de belleza, haciendo régimen para perder peso, comprando cosas nuevas o redecorando las viejas, pero al final lo que antes percibíamos como bello acaba perdiendo su atractivo.

El corazón y el espíritu conocen, sienten y perciben otro tipo de belleza. Algo surge en nuestro interior cuando nos encontramos con la belleza espiritual. A menudo lo experimentamos en la naturaleza. Nos despertamos a la belleza que va más allá de las apariencias y toca algo profundo en nuestro interior. Contemplar cómo el Sol de la mañana ilumina la oscuridad, pasear por el infinito horizonte azul de la orilla del mar o ver cómo un enjambre de mariposas se posa suavemente sobre los pétalos de las flores despierta nuestros sentidos internos. A diferencia de la fugaz sensación de gratificación que podemos sentir al contemplar la belleza material, la belleza espiritual insinúa el más allá.

Cuando nos sumergimos en la belleza del mundo natural, hacemos un descanso y las preocupaciones y el estrés disminuyen. Esta expresión de la belleza no nos hace pensar demasiado ni nos hace sentir menos merecedores o inseguros. Al contrario, su suave susurro nos conduce a un lugar interior de contemplación tranquila y conmovedora. En la belleza natural hay paz y consuelo. Incluso un río embravecido o el viento en la cumbre de una montaña tienen su propia belleza silenciosa. La alegría y la belleza están entrelazadas. En presencia de la belleza, el corazón nos eleva a la ligereza de ser.

La sublime belleza espiritual expresada en forma física es una pura expresión y manifestación de lo divino. No sólo es agradable a los sentidos físicos, sino que también nos recuerda que hay algo convincente y misterioso presente dentro de lo ordinario y terrenal. La verdadera belleza no se expresa exclusivamente a través de lo físico, sino a través de una esencia divina que nos habla al corazón.

Aunque seamos capaces de comprender el propósito divino de cosas como el amor, el perdón y la bondad, la belleza como atributo espiritual puede parecer frívola y no esencial o importante. Sin embargo, por mucho que comprendamos, entendamos y podamos diseccionar las cosas del mundo, la esencia se encuentra más allá de toda explicación. Nos acerca a la magistral fuerza creadora divina y nos da descanso de este mundo agotado. La belleza es el refugio de lo divino. Es la dulce canción de cuna que nos reconforta y nos recuerda que hay una fuerza de amor que actúa en el mundo y en nuestro interior. La esencia de la naturaleza toca algo profundo dentro de nosotros. Nos empuja, nos despierta y nos recuerda que la presencia divina, la fuerza creadora, no es moralista, exigente, distante ni condenatoria. Por el contrario, la luz de las estrellas en una noche oscura, el suave ritmo del viento por entre los árboles y los primeros brotes de las flores de primavera insinúan la existencia de un poder creador divino grácil, amable y amoroso.

Todas las cosas que se manifiestan en el reino físico desaparecerán y cambiarán algún día, pero la esencia espiritual de lo que tenía forma física es indestructible. A pesar de la fealdad, la decadencia, la destrucción, la contaminación y el descuido que continuamente presenciamos en el mundo, nunca puede empañarse la esencia invisible de la belleza. Se manifestará y se expresará y será presenciado una y otra vez en múltiples formas. La belleza es un aspecto eterno de lo divino, una verdad que nos llega al alma y nos recuerda que nosotros también somos esencia y belleza divinas y que existimos más allá de la forma física.

Llevar la belleza a nuestras experiencias cotidianas fomenta la consciencia espiritual. Aunque no vivamos junto a una cordillera majestuosa, un arroyo serpenteante o un acantilado rocoso, también podemos experimentar la belleza.

EJERCICIO

Belleza que nutre el alma

Durante el día, haz un descanso, toma conciencia de tu respiración, relájate y observa tu entorno.

Fíjate en cosas como una flor fresca, un cuadro o una fotografía, las nubes que se mueven por el cielo, la sonrisa de otra persona o la forma en que la luz del Sol proyecta las sombras.

Cuando observes las cosas de tu entorno, toma conciencia de lo que te atrae. Haz un descanso y asimílalo. Respira y relájate.

Incluso aunque lo que te atraiga no sea especialmente bonito desde un punto de vista convencional, deja que te hable. Deja que surja de tu interior la misteriosa apreciación del alma. La belleza no se define únicamente por la apariencia. La esencia espiritual de la belleza ejerce una misteriosa influencia sobre la mente y el corazón, y nos eleva a las frecuencias superiores de la presencia divina.

CAPÍTULO 15

Amabilidad

Todos hemos expresado y recibido amabilidad de los demás. Cuando un desconocido nos abre la puerta o un empleado de una tienda atiborrada de gente se toma un tiempo extra para ayudarnos, nos sentimos bien. La amabilidad es un acto sencillo. Puede ser una sonrisa o una palabra de ánimo, escuchar cuando nosotros u otra persona necesita ser escuchada, o dar prioridad a las necesidades de los demás por delante de las nuestras. Cuando recibimos la amabilidad de otra persona, mejora nuestro estado de ánimo y el día nos suele ir mejor. Incluso los pequeños actos de amabilidad pueden ser poderosos. Cuando nos sentimos comprendidos y escuchados, no sólo se aligera nuestro estado de ánimo, sino que también mejora nuestra sensación de merecimiento. Se renueva nuestra fe en los demás y no nos sentimos tan solos en un mundo que a menudo nos parece insensible y frío.

Ser amable con los demás a menudo tiene más impacto del que nos imaginamos. Detenerse y dejar que alguien pase delante cuando estamos buscando aparcamiento o tener paciencia cuando un padre intenta sin éxito hacer callar a su hijo en un avión importa, no sólo porque ayuda a otra persona, sino porque es un acto desinteresado. Ser amable no siempre es tan fácil como podría parecer, ya que a menudo requiere que seamos conscientes de las necesidades y los deseos del otro y los antepongamos a los nuestros.

A veces, ser amable parece ir en contra de la programación que nos incentiva a ser asertivos y a mirar por nosotros mismos. Los actos de amabilidad pueden disminuir el sentido de la importancia y la creencia de que nuestra principal preocupación debe ser buscar nuestra propia satisfacción. Va en contra de la postura autoprotectora de la consciencia material, que desaprueba dar a otro sin pensar en nada a cambio. Los actos de amabilidad son desinteresados y no alimentan el instinto innato de ser más fuertes, mejores y más merecedores que los demás. Requiere que tengamos empatía y seamos conscientes de las necesidades de los demás.

La amabilidad consiste en prestar a los demás toda nuestra atención, con el deseo de aliviar su carga. No lo hacemos porque alimente nuestro ego, nos aporte beneficios económicos o nos haga mejores que los demás. El ímpetu para expresar amabilidad viene del espíritu sabio y del corazón amoroso. Estamos prestando la consciencia espiritual y el poder a los demás.

El sello de identidad de ser intuitivo, empático y sensible es la capacidad de sentir, percibir y estar presente en las emociones y la energía de los demás. De todos modos, nuestra capacidad de sentir y percibir lo que otros sienten y experimentan es sólo la punta del iceberg. Las personas necesitadas a menudo se sienten atraídas por el aura amorosa del empático. El deseo de amar, ayudar, sanar y estar ahí para los demás es tan constante y siempre está presente como el latido del corazón. Nos hace sentir bien el dar y nos aporta un sentido de propósito.

Por desgracia, para muchas personas empáticas, intuitivas y sensibles, ser amable puede llevar a la confusión, el dolor y el arrepentimiento. Anteponer las necesidades de los demás a las nuestras es un acto instintivo. Sin embargo, esto nos convierte en blanco fácil para que se aprovechen de nosotros, nos manipulen y nos utilicen. Los necesitados y los que sufren a menudo perciben el profundo reservorio de amor de las personas empáticas. Algunos a sabiendas y otros sin saberlo, hacen todo lo posible por ser receptores de ese amor.

La profundidad del amor conmovedor de las personas energéticamente sensibles puede conducir a una amabilidad sin límites. No nos limitamos a sonreír o a abrir la puerta a otro. En vez de ello, respondemos en silencio a las necesidades de los demás antes de que se expresen. Cuando alguien muestra su corazón herido, lo acogemos con los brazos abiertos y hacemos todo lo posible para que vuelva a brillar y fortalecerse. Para una persona empática, la amabilidad no es un acto sin importancia. Es un intercambio energético en el que absorbemos la energía de los demás al tiempo que los llenamos de amor. Sin embargo, no siempre somos conscientes de que lo estamos haciendo. Es innato y se siente como algo natural y bueno el poder dar... hasta que deja de ser así.

Desgraciadamente, la versión empática de ser amable puede empezar a ser pesada y agotadora, y estar cargada de responsabilidad. Empaparse de la energía de los demás y responder a sus necesidades a menudo hace bajar nuestra vibración, y no somos capaces de ascender a la consciencia espiritual. En lugar de ser un canal para que entre lo divino, somos un altavoz de los problemas, las preocupaciones o el estrés de los demás. No funciona dar demasiado y tratar de ayudar a otros sintiendo sus sentimientos y asumiendo su energía. Provoca confusión, aumenta el dolor y apaga nuestra conexión con la fuerza del amor. Puede que de repente necesitemos alejarnos de los demás y buscar formas de reponer nuestras reservas internas.

Como personas intuitivas, sensibles y empáticas, resulta esencial que practiquemos la amabilidad sin quitar la energía a los demás. Debemos recordar que debemos permitir que la fuerza del amor fluya a través de nosotros hacia los demás. De lo contrario, nos desequilibramos y nos agotamos. Cuando nuestra conciencia se centra en las vibraciones superiores del amor divino, no absorbemos la energía de los demás. Por el contrario, la frecuencia del amor fluye hacia afuera desde el corazón y el ser. Cuando renunciamos a nuestros juicios sobre lo que otro necesita y permitimos que la presencia divina nos guíe, se manifiesta el bien.

EJERCICIO

Amabilidad que libera

Los pequeños actos de amabilidad pueden ayudarnos a practicar el entregarnos a los demás sin absorber energía tóxica o negativa ni dejar que se aprovechen de nosotros.

Cada día, comprométete a hacer un acto de amabilidad, como dejar que otra persona pase delante en una cola, sonreír y saludar a desconocidos o publicar una recomendación positiva de un autor o un negocio. Pequeñas cosas como abrir la puerta a otra persona, hacer un cumplido sincero, dejar una buena propina en un restaurante u ofrecerse a hacer un favor a otra persona nos elevan a la consciencia espiritual. Invita a la presencia divina a fluir a través de ti hacia quien pueda estar necesitado o está sufriendo.

No busques que los demás se den cuenta o elogien tus acciones. Simplemente practica la amabilidad y empápate de las vibraciones positivas de lo que se siente al dar generosamente. Desplaza tu conciencia hacia el corazón y el espíritu. Si sientes que te estás agotando o que estás sintiendo las cargas y los sentimientos de los demás, tómate un momento para hacer un descanso, respirar y centrarte. Entrega la energía que estás absorbiendo y tus propios sentimientos agobiados al flujo de la fuerza del amor.

Da a menudo y libremente, sin tener expectativas.

Inocencia

Todos nos hemos sentido culpables alguna vez. Puede que hayamos herido los sentimientos de alguien, que hayamos sido deshonestos, que hayamos actuado de un modo que iba en contra de lo que considerábamos correcto o que hayamos sido poco sensibles con otra persona. No siempre estamos a la altura de las normas que nos imponemos ni somos el tipo de persona que nos gustaría ser. A veces, el sentimiento de culpa puede ayudarnos a crecer y a dejar de ser egocéntricos y preocuparnos únicamente por nuestras necesidades. Si hacemos daño a otra persona y esto no nos hace sentir bien, nos motiva a adaptar las acciones con el corazón. Cuando los sentimientos de culpa nos ayudan a reconocer que queremos actuar de acuerdo con nuestro yo más amoroso y sabio, evolucionamos.

Sin embargo, hay otro tipo de culpa que experimentan las personas empáticas, las intuitivas y los altamente sensibles. No va tanto de lo que hemos hecho y de cómo hemos tratado a los demás, sino que parte de quiénes somos y de aquello de nosotros que no podemos cambiar. Este tipo de culpa es una forma de vergüenza. Tiene su origen en la creencia inconsciente de que deberíamos ser capaces de ser la persona que los demás esperan que seamos. Cuando no somos capaces de actuar de la forma que nuestros padres, nuestros amigos, nuestra pareja y la sociedad en general esperan de nosotros, podemos sentir culpa.

Como personas empáticas, intuitivas y sensibles, no siempre nos sentimos cómodos con las conversaciones triviales y las situaciones conflictivas o ruidosas, ni con las personas que ocultan sus verdaderos motivos. Esto es especialmente cierto cuando somos jóvenes y no comprendemos del todo nuestros dones y quiénes somos.

Por ejemplo, a otros les habría gustado estar con nuestro tío Bob y sus chistes les habrían hecho gracia; sin embargo, nosotros percibíamos algo en él que nos hacía querer alejarnos lo antes posible. Cuando se acercaba para darnos un abrazo, nos encogíamos y nos poníamos muy tensos.

Puede que hayamos sentido, visto o percibido espíritus en nuestra casa o en la de otra persona. Si nos armamos de valor para decir algo, es posible que nos miren mal, se rían de nosotros o se burlen.

Para algunos, resultaba confuso sentir las emociones, los estados de ánimo o la negatividad de los demás. Mientras los demás podían estar actuando como si no pasara nada, nosotros lo entendíamos todo mejor. Por supuesto, siempre existía el temor de que nos lo estuviéramos inventando y de que nos pasara algo.

No podíamos participar en las cosas que los demás hacían y daban por sentadas. Puede que se burlaran de nosotros o nos tomaran el pelo por ser demasiado sensibles y por sentirnos abrumados por los ruidos fuertes y las multitudes, y por estar sobreestimulados por un exceso de caos y actividad.

No entendíamos por qué de repente nos invadían emociones sorprendentes cuando estábamos junto a determinadas personas. Puede que hayamos evitado a ciertas personas y que después nos hayamos sentido culpables por no querer estar a su lado. Como no nos dábamos cuenta de que lo que sentíamos eran los sentimientos absorbidos de la otra persona, puede que también sintiéramos vergüenza por creer que éramos raros o diferentes.

Es posible que la potencia de la energía emocional que hemos absorbido de los demás o en determinados entornos y situaciones sea tan grande que hayamos llegado a cuestionar nuestra salud emocional. Sentir el dolor, la pérdida, la pena, la angustia o la tristeza de otros puede habernos dejado confusos, deprimidos, cansados y exhaustos.

Quizá enterramos nuestra naturaleza sensible, intuitiva y empática porque queríamos encajar entre los demás y ser como ellos. Escondimos y enmascaramos nuestros sentimientos y percepciones y no hablamos de ellos. Puede que aún ocultemos quiénes somos y tengamos sentimientos residuales e inconscientes de culpa y vergüenza. Los sentimientos de ansiedad y de estrés, el trastorno por estrés postraumático, los problemas de sueño y las inseguridades que podamos estar experimentando ahora podrían tener su origen en nuestro pasado. No es sólo cómo nos trataron los demás lo que sigue provocándonos heridas, sino también la autocrítica, la culpa y la vergüenza. Ha llegado la hora de renunciar a esta carga.

La cura para la vergüenza y la culpa es recuperar nuestra inocencia divina. No podemos juzgar a nada ni a nadie, ni siquiera a nosotros mismos. La inocencia divina es la conciencia de que no sabemos por qué pasan las cosas ni el significado espiritual de aquello que experimentamos.

Por ejemplo, tal vez tu familia y tus antepasados necesitaban un alma que introdujera una nueva forma de ser y rompieran el molde familiar de inercia y patrones limitados.

Sin darte cuenta, has abierto una puerta para que otros evolucionen y crezcan. La conciencia extrasensorial puede ser el catalizador que alerte energéticamente a los demás sobre su propia sensibilidad y su conciencia intuitiva.

Aunque otros hayan refutado y desestimado tu naturaleza intuitiva y empática, siguen estando influidos energéticamente por quién eres y por la energía de tu corazón y tu espíritu, altamente evolucionados.

Cualquier sentimiento de culpa o de vergüenza que aún quede oculto en la mente, el corazón y el ser puede estar impidiéndonos expresar nuestro verdadero yo. Esto nos hace disminuir el poder y la fuerza, nos cierra el corazón y nos impide sentir la alegría que nos corresponde sentir. Estamos aquí para ser quienes somos y no para sufrir la culpa y la vergüenza de ser sensibles y diferentes. En nuestro corazón, sabemos que tenemos un propósito mayor.

A través de la inocencia divina, percibimos y nos vemos a nosotros mismos y a toda la vida a través de la lente del asombro. Hubo un tiempo en que todo lo que experimentábamos era fresco y nuevo. Gracias a la curiosidad y a un corazón abierto, veíamos y sentíamos con claridad y sin juzgar. Pero a medida que íbamos creciendo, absorbíamos y aceptábamos inconscientemente las opiniones de los demás y las normas y expectativas culturales y sociales. Esto nos condujo a sentimientos inconscientes de culpa o vergüenza. Veíamos la comprensión y la conciencia limitadas de aquellos que nos rodeaban como realidad. A través de la consciencia espiritual, ahora podemos percibirnos a nosotros mismos y a toda la vida a través de la lente transparente de la inocencia divina.

MEDITACIÓN

Eres un don

Si te preocupa lo que los demás puedan pensar de ti, tienes la autoestima muy baja o temes sentirte impotente ante las influencias oscuras y negativas en los reinos físico o espiritual, es posible que hayas enterrado sentimientos de culpa o vergüenza. Los sentimientos de culpa pueden manifestarse tratando de parecerte más a los demás para encajar o avergonzándote de tu necesidad de establecer límites sanos con los demás y protegerte de situaciones caóticas e incómodas. Estos y otros sentimientos se originan en las consciencias material y mental y en la dualidad del mundo. Cuando encarnamos nuestro verdadero yo, somos libres y amorosos, y continuamente manifestamos nuestro bien supremo.

Piensa en una situación en la que hubieras negado u ocultado tu verdadero yo. Tal vez necesitabas protegerte ante los demás o se habían burlado de ti por ser demasiado sensible o raro, y esto te provocó sentimientos de vergüenza o de culpa.

Ponte cómodo y respira profundamente. Espira cualquier tensión o estrés y continúa con este ritmo suave de respiración purificadora.

Crea una imagen de ti mismo en una situación en la que hayas sentido culpa o vergüenza por ser quién eres. Visualízala con el mayor detalle posible. Quédate con esta imagen unos instantes y siente cualquier emoción o sentimiento que aflore.

Imagina que, al inspirar, tu respiración se convierte en energía de luz blanca de alta vibración. Envía esta energía al corazón y espira. Deja que la respiración te conecte con las vibraciones superiores del amor. Siente cómo el corazón se abre, rodeándote de luz.

A través de los ojos de la inocencia divina, toma conciencia de que hay un propósito y un significado en aquello que eres.

Pide a tu interior guía y mayor comprensión. Escucha en tu interior los susurros de lo divino. Deja que la luz de la inocencia divina ilumine tu belleza, tu valor y tu amor.

Toma conciencia del don de la sensibilidad intuitiva y empática y de la conciencia superior que encarnas.

Tómate tu tiempo y escucha tu interior. Puede que las percepciones y la comprensión no lleguen inmediatamente. Sin embargo, tu petición de guía y mayor comprensión acabará siendo respondida. Podría ser al día siguiente o unos días más tarde, o cuando menos lo esperes.

Entrega a la fuerza del amor cualquier sentimiento de culpa o de vergüenza del que seas consciente y cualquier otro sentimiento que hayas reprimido.

Cuando la fuerza del amor se mueva dentro de ti, envía este amor a aquellos rincones de tu interior que necesitan amor, aceptación y sanación.

Sin dejar de escuchar a tu interior, descansa en la conciencia de que eres un don para tu familia, tus amigos, los demás seres humanos y el resto del planeta.

Creatividad

Durante las lecturas intuitivas, a veces sale a relucir el tema de la creatividad. Cuando saco el tema, muchos de mis clientes me miran un poco perplejos y me dicen que no se consideran creativos. No pintan ni hacen ningún tipo de arte, de artesanía o de diseño. A través de la comprensión material, la creatividad suele asociarse con el talento y la habilidad para la música, el arte, el diseño, la cerámica y otras formas de expresión artística. Si no nos sentimos inclinados a participar en una forma de arte o de talento musical, asumimos que no somos creativos.

Puede resultar difícil comprender plenamente la existencia de la actividad creadora divina. Como la chispa de la vida que nunca deja de crear a través de potencialidades y posibilidades ilimitadas, la actividad creativa divina nunca puede apagarse. Para experimentar este nivel superior de creatividad, debemos dejarnos llevar y permitir el cambio y la transformación. Esto puede parecer amenazador, ya que nos lleva a lo desconocido. Queremos vivir una vida creativa, pero sólo si podemos controlarla. Aunque tengamos la sensación de estar abiertos a las posibilidades, encontramos muchos motivos para evitar alejarnos de lo conocido.

Sin embargo, ¿alguna vez te has dado cuenta de que incluso nuestros planes más pensados y organizados no siempre dan el resultado esperado? Inevitablemente, pasa algo y nuestros planes toman una dirección diferente o tienen un resultado inesperado. Puede parecer que una fuerza o una energía indomables echan por tierra nuestros objetivos y deseos. Sin una sensación de control sobre los demás, sobre la situación o sobre lo que queremos conseguir, nos estresamos y nos preocupamos. Puede que planifiquemos demasiado y nos aferremos a lo predecible por miedo a que, si dejamos que las cosas sigan su curso natural, se vengan abajo y nos conduzcan a una decepción o incluso a algo peor.

A medida que evolucionamos en el camino de la consciencia espiritual, nos damos cuenta de que hay algo en nuestra vida que no podemos controlar. Esta fuerza nos empuja continuamente hacia nuevas experiencias y oportunidades que promueven el crecimiento y la evolución. Empezamos a reconocer que no hay que temer al cambio ni a la transformación. Cuando abrazamos esta corriente invisible, lo divino despliega su poder creativo en nuestro interior. La fuerza creativa incesante e ilimitada nos abre el corazón y la mente a nuevas ideas, posibilidades e inspiración. Cuando tenemos el valor de escuchar y confiar en esta corriente invisible, pasan cosas buenas. No estamos atados a las leyes de la materialidad y a lo que puede parecer inalcanzable e ilógico. Nos guían el plan y el propósito superiores que actúan en nuestra vida.

Cuando avanzamos por este camino evolutivo, el siguiente paso nos encuentra. Lo que está destinado para nosotros se da a conocer a través de cosas como la inspiración, el deseo, las sincronicidades, el conocimiento interior, los susurros interiores tranquilos, la conciencia centrada en el corazón y los encuentros inesperados. Pueden llegar a nuestra vida personas que nos abran a nuevas ideas o nos alejen de actividades y de deseos absurdos. A veces, la dirección llega en forma de obstáculos y puertas que se cierran o a través de la pérdida y el deterioro de cosas como el trabajo o las relaciones.

La fuerza creativa divina no mide el éxito únicamente a través de las expectativas terrenales. Muchos se han sentido iluminados por un camino determinado y lo han seguido con pasión, pero no han obtenido los resultados que esperaban. Tal vez nos preguntemos cómo hemos podido sentirnos tan seguros de algo para luego sentirnos decepcionados cuando no funciona como esperábamos. Sin embargo, no siempre somos capaces de ver y entender por qué las cosas pasan de la manera que pasan. Lo que consideramos un fracaso es a menudo la base del éxito. La confianza y el esfuerzo que ponemos en cualquier empresa nunca se desaprovechan, sino que nos retorna multiplicado por diez en otras situaciones y experiencias. A menudo, sólo podemos ver en retrospectiva cómo encajan las piezas del rompecabezas de nuestras experiencias.

Una vida creativa nunca es aburrida. Es una aventura que nos permite trabajar codo con codo con las fuerzas creativas divinas. Podemos hacer que la magia de la creatividad forme parte de nuestra vida cotidiana. El universo no está restringido por opciones limitadas. La creatividad es la chispa que reúne misteriosamente los acontecimientos, las circunstancias y las personas a través de las cuales se manifiesta un deseo, una necesidad o una carencia. Aunque la energía divina de alta vibración es la sustancia nuclear a través de la cual surgen todas las cosas y los seres, es la creatividad la que los lleva a la manifestación.

A continuación, te explico una sencilla práctica que te ayudará a ganar confianza para invitar la actividad creativa divina a tu vida.

EJERCICIO

Toma de decisiones creativa

Hay un aspecto caprichoso en la creatividad que nos libera para reinventarnos y abandonar nuestra cháchara mental programada. Nos ofrece nuevas perspectivas y nos anima a abordar la vida sin juicios ni ideas preconcebidas.

Puedes practicar la apertura a la creatividad divina en tus pequeñas elecciones y acciones cotidianas. Antes de hacer una elección o de tomar una decisión, haz una pausa, respira y relájate. Reconoce el poder del momento, respira con el corazón y abre la mente.

Reflexiona sobre la elección o decisión a la que te enfrentas. Piensa en tus opciones y sé consciente de que puedes estar limitándote por aquello que crees que es posible. Tal vez haya soluciones, ideas y resultados que no hayas considerado.

Abre la mente y el corazón a las posibilidades. Sé paciente, relájate y escucha tu interior.

La intuición es uno de los canales a través de los cuales la actividad creativa divina, la sabiduría y la alegría del universo llegan a nuestras vidas.

Cuando dirijas tu conciencia hacia tu interior y escuches, siente y percibe lo que surge. Fíjate en cuándo te resistes o descartas inmediatamente una idea o una opción. No rechaces nada a la primera, sino que dale tiempo a lo que surja para que entre en tu mente y en tu corazón.

Cuando nos entregamos y dejamos que la creatividad divina sea la actividad de nuestra consciencia, lo que manifestamos es mucho mejor que lo que podría producir nuestro pensamiento limitado.

¿Qué te da alegría, te aporta una sensación de paz, te abre el corazón y expande la mente? ¿Qué parece que te esté llamando? ¿Qué sientes que te abre el corazón? ¿Qué te hace sentir bien?

Si no estás seguro de qué decisión tomar, fíjate en las sincronicidades, los sueños o los deseos que surjan en las horas o en los días siguientes.

Cuando hayas tomado una decisión o hayas hecho una elección, implícate plenamente en ella. Si empiezas a creer que te has equivocado, no pasa nada. Cuando nos abrimos a la creatividad divina, lo que es nuestro encontrará su camino hacia nosotros. Al universo nunca se le acaban las formas ingeniosas de proporcionarnos nuestro mayor bien.

No juzgues el resultado como positivo o negativo, y da las gracias por lo que te ocurre. Si te sientes confuso o poco entusiasmado por lo que pasa, debes saber que, de alguna manera, se está alimentando tu bien supremo y estás siendo preparado para cosas mayores.

Humildad

La humildad es una práctica espiritual que a menudo se pasa por alto, pero que es esencial para nuestra ascensión a la consciencia espiritual. La programación de la consciencia material y mental va en contra del desarrollo de la modestia y la humildad, ya que se ocupa de aprovechar el poder del individuo. Se nos enseña a ser mejores, más fuertes y atractivos, deseables y poderosos que los demás. A través de la consciencia material y mental, nuestros éxitos refuerzan nuestro sentido de autodominio y de importancia.

Sin embargo, el estrés y el miedo al fracaso acechan más allá de los logros y del reconocimiento que recibimos. Cuando nuestra autoidentidad está fuertemente correlacionada con nuestros logros, debemos seguir aplicando concentración, autodisciplina y esfuerzo para mantener los sentimientos de mérito. Siempre hay alguien mejor, alguien más atractivo, alguien más talentoso o alguien más inteligente que nos aleja de nuestros logros. Olvidamos que lo que creamos está sujeto a la ley de la dualidad. Nunca podemos quedarnos sólo en lo positivo o deseable; al final experimentaremos lo negativo y esos sentimientos y acontecimientos que nos gustaría evitar. El ascenso laboral, la pérdida de peso, el coche nuevo o el aumento de sueldo que pensábamos que nos haría felices sólo nos satisface temporalmente. Lo que creamos a través de la consciencia material y mental nos aporta tanto placer como dolor.

Aunque temporalmente nos sintamos poderosos, el éxito obtenido a través de la consciencia material es una promesa vacía. Con el tiempo, nuestro poder decae y a menudo nos culpamos de cualquier pérdida o decepción que suframos. Nos decimos a nosotros mismos que si nos hubiéramos esforzado más y hubiéramos sido mejores, más listos o más inteligentes, podríamos haber evitado la pérdida percibida. Para muchos, es difícil prescindir de la sensación de poder que acompaña al éxito. Nuestro afán por ser mejores y hacerlo mejor puede conducirnos al agotamiento físico, emocional y mental. La conexión del corazón y el alma con una fuente de poder mayor es un ruido de fondo ahogado.

La humildad va en contra de las directrices de la consciencia material y mental. Es más que quitarles importancia a nuestros éxitos y hacer que nuestros logros parezcan menos importantes. A través de la consciencia espiritual, la humildad es la conciencia de que es gracias a la apertura al flujo de la fuerza divina del amor como florecemos y manifestamos nuestro bien. Es el reconocimiento de que lo que queremos, necesitamos y deseamos no nos llega únicamente a través de nuestros esfuerzos. Cuando elevamos nuestra vibración hacia la consciencia espiritual, se despliega nuestro bien supremo.

La humildad es una expresión incomprendida y en gran medida ignorada de la espiritualidad. La modestia y la humildad naturales surgen de la conciencia de un poder y una presencia mayores. Las personas empáticas y las intuitivas y sensibles tenemos una sensibilidad innata que nos permite sentir y experimentar la presencia y el poder del espíritu y de lo invisible. A menudo somos más conscientes de la fuerza divina del amor y podemos sentir cómo se mueve misteriosamente por nosotros. Conscientes de que no pueden ser manipulados ni controlados por los esfuerzos humanos, escuchamos en nuestro interior los susurros divinos y respondemos a sus impulsos y a su guía.

Ser modestos y humildes nos libera de las garras del poder ilusorio y del ego descarriado. Se crea un espacio interior que llena la fuerza divina del amor. Nos abrimos a la magia del cielo y confiamos en sus indicaciones. A través de la humildad, nuestro poder personal se alinea con la presencia divina. Incluso se corrigen los errores y los pasos en falso que damos.

Gracias a la humildad, tenemos el conocimiento interior y la sincera certeza de que no estamos solos. Somos conocidos, amados y cuidados por una presencia y un poder mayores. Ser humilde y modesto nos transporta a través de las agitadas aguas de la cháchara mental hacia la benevolencia y la manifestación de la abundancia.

Conviértete en la vela inflada que es dirigida y guiada por los vientos divinos, y conducida a puerto seguro. Sé el ser imperfecto que eres, exactamente como eres. No tienes que intentar controlar los resultados o hacer que el bien acuda a ti. Siempre está contigo, esperando a que le permitas moverse por tu ser.

EJERCICIO

La plenitud del vacío

Piensa en un momento en el que experimentaste la facilidad del éxito o del logro, o sentiste que algo positivo entraba inesperadamente en tu vida sin estrés, preocupación o exceso de trabajo. Siente en el corazón y en el cuerpo el placer y el agradecimiento que experimentaste.

Respira relajadamente, espirando cualquier tensión o estrés. Imagina que todo lo que está en tu bien más alto quiere encontrarte y está destinado a ti. Abre el corazón y siente la fuerza del amor fluyendo en dirección a tu bien supremo. Entrégate, permite y siente la sensación de alegría y gratitud que viene cuando te imaginas manifestando con facilidad. La fuerza del amor es más poderosa que cualquier limitación u obstáculo al que te puedas enfrentar.

Cuando experimentes el éxito, la abundancia, los mejores resultados o una bondad inesperada, envía un sincero agradecimiento a los reinos superiores de luz. Deja que la bondad que fluye por ti se extienda a los demás. La humildad te pide que compartas y des a los demás sin buscar el elogio o la aprobación externos. De este modo, el bien sigue fluyendo por ti.

Alegría

Pasamos gran parte de la vida buscando la felicidad. Todos queremos sentirnos bien, y hay muchas cosas en el ámbito material que nos levantan el ánimo, al menos durante un tiempo. Viajes exóticos, mucho dinero, coches caros, casas y dispositivos nuevos nos hacen sonreír. Aunque hay muchas cosas que inspiran felicidad, todos sabemos que las buenas sensaciones suelen ser temporales. Con el tiempo, desaparece el placer que nos producen esas cosas. Todos los objetos brillantes y relucientes que nos producían buenas sensaciones pierden ese poder. Rápidamente volvemos al nivel de felicidad que experimentábamos antes del estímulo inspirador.

Cuando nuestra felicidad está ligada únicamente a las cosas del mundo material, está sujeta a las limitaciones de la dualidad. Esto significa que nuestra felicidad se mueve a lo largo de un vasto continuo de altibajos. Los sentimientos positivos son fugaces y pronto aparecen la frustración, la envidia, la insatisfacción o el aburrimiento. Cuando se nos escapa la felicidad, intentamos hacer todo lo posible para retornar a ese estado. Podemos comprar más cosas, comer chocolate, cambiar de pareja o caer en la trampa de las adicciones.

Más allá de los buenos sentimientos que puede proporcionar la materialidad, también buscamos la felicidad a través de actividades y búsquedas emocionales. Las relaciones cercanas y afectuosas, una carrera laboral satisfactoria, ayudar a los demás, viajar y otras actividades aventureras pueden provocar sonrisas y sentimientos de euforia, satisfacción y positividad. Ser capaz de estar en el momento presente y participar en actividades creativas alimenta la felicidad.

La alegría es algo diferente. Aunque busquemos la felicidad por vías terrenales, la alegría brota del corazón y del alma. Es un estado trascendente del ser que nos sorprende cuando menos lo esperamos. La alegría no nos llega de la misma manera que la felicidad. La alegría es más bien imprevisible y una sorpresa cuando aparece. Parece que retumba en lo más profundo del alma y surge en su debido momento.

La alegría no depende de lo que ocurre en el mundo exterior. No viene de cosas como un ascenso laboral, recibir cumplidos, comprar cosas nuevas o ganar mucho dinero. Los buenos sentimientos asociados a este tipo de cosas están más relacionados con la felicidad, la satisfacción o el placer. La alegría es una comunión con la energía inspiradora de alta frecuencia. La actividad divina se introduce en nuestra consciencia y produce una tranquilidad que relaja e inspira el corazón y el alma.

Aunque la alegría viene de dentro, a menudo sentimos alegría con la llegada de una gracia inesperada. ¿Alguna vez te ha llegado en el momento idóneo algo que necesitabas o deseabas? Puede que pensaras que era inalcanzable, pero, sin embargo, surgió sin ningún esfuerzo. Si alguna vez has recibido dinero cuando más lo necesitabas, una oferta de trabajo cuando tus opciones parecían muy reducidas, curación cuando parecía no haber esperanza, o alivio del dolor y el sufrimiento, es probable que conozcas la alegría. No es tanto lo material en sí lo que inspira alegría. Es más bien la seguridad interior de ser cuidado y vigilado por una presencia amorosa. Cuando experimentamos una profunda sensación de consuelo en medio de desafíos abrumadores o de paz en medio de una pérdida, sentimos alegría.

No podemos perseguir la alegría ni hacer que nos sintamos más alegres. En vez de ello, tenemos que crear el entorno interior para que surja. Aunque no siempre seamos conscientes de ello, la alegría siempre está presente en el corazón y el alma. Invítala a aflorar de tu interior. Deja espacio para que la alegría esté presente en todo lo que sucede. Resístete a intentar arreglar o cambiar algo, o a transformarlo en lo que no es. Acepta las cosas como son y básate en el conocimiento de que sólo hay un poder que actúa en tu vida y que siempre está dirigido hacia tu bien supremo. En medio de las preocupaciones y las dificultades, practica la compasión y actúa con amor. Cuando nos queremos a nosotros mismos y queremos a los demás, dejamos que surja la alegría.

Sean cuales sean las apariencias externas, recuerda que la alegría surge de nuestra actividad interior.

Observa la gentileza del momento. La amabilidad y la paciencia hacia los demás y cualquier acto de entrega abnegada nos abren a la alegría. Cuando damos de nosotros mismos sin pensar en retribuciones ni expectativas, la luz del cielo entra impetuosa. La alegría surge, dulce y amable, de nuestro corazón abierto sin causa ni motivo. Puede permanecer unos instantes o brotar aleatoriamente de nuestro interior a lo largo del día.

Deja que los dulces soldaditos de alegría de tu corazón rompan la monotonía de la vida terrenal. Llevan consigo la certeza de que no hay que hacer nada, o hacer que pase nada, o adquirir nada, para sentirse bien. La alegría es tu derecho natural.

PRÁCTICA

Alegría desinteresada

La alegría es la puerta por la que asoman las sonrisas de los cielos. Para crear el ambiente interior necesario para que aflore la alegría, haz algo en secreto por otra persona, por un grupo de personas o por la mejora del planeta. La alegría es una de esas cosas que nos llegan cuando no pensamos en ella. Pensar en una forma de entrega desinteresada a otra persona o a una causa puede no parecer el camino hacia la alegría. Por el contrario, puede parecer mucho trabajo, y podemos sentir que estamos demasiado ocupados y que no tenemos tiempo para incorporar algo más a nuestra agenda. Es mejor no pensar demasiado. Intenta encontrar una forma de dar a otra persona que te guste y te resulte fácil. Ésta es una de las paradojas de la espiritualidad y de la alegría. La alegría no surge de hacer algo que creemos que nos hará felices. Al contrario, surge cuando anteponemos los sentimientos y las preocupaciones de otra persona a los nuestros.

El reto consiste en hacer algo por otra persona a los pocos días de leer esto. Lo mejor es que hagas algo por alguien a quien no conozcas y que te lo guardes para ti. Debe hacerse desde la compasión y el cariño genuinos y con el corazón abierto. Puede ser buena idea pensar en aquello que despierta tus emociones. Puede ser de una manera conmovedora y sincera, o tal vez de una que te haga sentir incómodo.

Por ejemplo, tal vez te sientes incómodo cuando te encuentras a alguien pidiendo dinero en la calle. Puede que intentes ignorar a un mendigo acurrucado en una esquina de una calle concurrida. Visitar un comedor de beneficencia, ayudar a construir un refugio para personas necesitadas o dar artículos de primera necesidad a un inmigrante o a víctimas de una catástrofe puede ser algo que te apetezca, o no, hacer.

Pide a tu interior la oportunidad y la inspiración para dar. Presta atención a lo que se te presente, o busca el entorno y la población a los que te sientas llamado a ayudar. Entonces, hazlo. Si la alegría no llena tu ser, sigue dando hasta que lo llene.

Envía el mensaje a la alegría interior de que siempre que esté preparada para aflorar a la superficie y extender sus cálidos rayos de luz y calidez, la dejarás salirse con la suya.

Perdón

A veces puede resultar difícil y casi imposible perdonar a alguien que nos ha hecho daño por sin querer o de manera intencionada. Sencillamente, no nos parece lo correcto. Las dos palabras «Te perdono» no siempre borran el dolor, la herida y el sufrimiento que hemos vivido. Perdonar a otra persona puede ser una de las lecciones más difíciles que nos ofrece el planeta. El dolor y el sufrimiento a manos de otra persona pueden robarnos la inocencia, la confianza, la felicidad y la sensación de bienestar. Las cicatrices físicas, emocionales, mentales y espirituales pueden perdurar toda la vida. Incluso después de terminada una relación o de que la persona que nos hizo daño ya no forme parte nuestra vida, puede continuar el legado de sufrimiento.

El sufrimiento es el yugo de este mundo atado fuertemente al cuello. Nuestro ego no sabe cómo curar el dolor y el sufrimiento. En vez de ello, puede empujarnos a buscar venganza y a aferrarnos a sentimientos de ira y amargura. La cháchara mental repetirá una y otra vez los males que hemos sufrido, intensificando el dolor e incitando a la ira.

Aunque sabemos que el perdón puede ayudarnos a dejar atrás el pasado y seguir avanzando, no es nada fácil. No queremos que no se reconozca nuestro sufrimiento. Perdonar puede ser como olvidar la herida que nos han infligido, lo cual no es justo ni correcto. Cuando hemos sufrido la punzada de la traición, el abuso, la agresión, la pérdida o la manipulación, no sentimos que simplemente podamos olvidarlo. Parece que no hay justicia en el perdón. Queremos que se nos repare y que se nos dé algo de valor para reparar el daño que se nos ha infligido. A menos que estemos dispuestos a perdonar al otro, no es posible hacerlo. Por mucho que lo intentemos, la ira, el resentimiento, el dolor y la pena persistentes pueden impedirlo.

El verdadero perdón es un poderoso acto espiritual. Para dar este paso, tenemos que comprender su significado espiritual. El perdón es más que un pensamiento, una idea, una acción o una obligación moral. Es un portal que nos eleva a una frecuencia de vibración superior. Desde el punto de vista espiritual, perdonar a otra persona por una equivocación apaga y desempodera nuestro ego. Nos conduce a la verdad divina de que nunca nos pueden hacer daño. Lo que ha sido herido y se siente dañado es nuestro ego. Sufrimos en la medida en que creemos que algo nos puede ser arrebatado y que las acciones de la otra persona son más fuertes que nuestro espíritu. Cuando creemos que los demás y el mundo controlan la alegría, la abundancia, el amor y las necesidades, es inevitable el sufrimiento. Estar amargados y ser incapaces de perdonar nos atrapa en un sistema de creencias que siempre nos fallará. Hemos olvidado quiénes somos.

No hay nada que otra persona pueda hacer para dañarnos el alma. Es impenetrable y no pertenece al mundo ni a nadie ni a nada del reino material o mental. Siempre presente dentro de nosotros, nuestro espíritu es inmune al poder y a la influencia del mundo exterior. El dolor y el sufrimiento existen en la experiencia de la fisicalidad y de nuestro ego. Esto no significa que nuestro sufrimiento no duela o no sea importante o menos significativo. Sin embargo, el poder que se agita en nuestro ser cuando perdonamos a otra persona nos catapulta a la consciencia espiritual. Somos libres. La acción que nos hizo daño ya no es nuestra. Pertenece a quien cometió la ofensa. Lo que otros hacen es suyo y siempre vuelve a ellos con la misma fuerza o mayor. A través de la consciencia espiritual, se recupera cualquier daño que hayamos sufrido y cualquier cosa que parezca que haya sido arrebatada y quedamos completos.

Perdonar a otra persona no significa que sea seguro mantener una relación con alguien que te maltrata o abusa de ti. Si decidimos restablecer una relación con alguien a quien hemos perdonado, somos vulnerables a volver a ser heridos. A menos que el ofensor tenga una comprensión auténtica del dolor que inició y un compromiso sincero de cambiar, tarde o temprano el patrón volverá a repetirse.

Saber que el alma y el espíritu no pueden ser heridos nos permite sacar fuerza y sanación de nuestro interior. Los susurros interiores de la presencia divina nos recuerdan que todo lo que vivimos en este mundo puede ser beneficioso. Paradójicamente, que nos hagan daño puede acelerar nuestra ascensión hacia la consciencia espiritual. Ser maltratado, traicionado o avergonzado, o cualquier otro tipo de herida que se nos inflija, duele. El dolor es real y puede perdurar. Sin embargo, que nos hagan daño nos ofrece la oportunidad de perdonar, y esto es lo que nos hace libres. Extender la gracia a otro nos libera de sus garras y nos eleva fuera de la vibración de las consciencias material y mental.

EJERCICIO

Liberación

Para hacer este ejercicio no es necesario que te encuentres físicamente delante de la persona a la que quieres perdonar. El verdadero perdón ocurre dentro del corazón, la mente y el alma.

Antes de poder perdonar a otra persona, tenemos que dejar que afloren nuestras emociones sin juzgarlas. No es posible progresar hasta que no sintamos la rabia, la tristeza, la decepción, el rechazo, la traición o cualquier otra emoción.

Si quieres liberarte y perdonar a otra persona, empieza por invitar a tus sentimientos a que afloren. Date mucho tiempo y espacio para permitir que lo que hayas negado o reprimido salga a la luz. Estamos acostumbrados a reprimir, evitar y minimizar los sentimientos hirientes e incómodos, y no siempre reconocemos el grado de nuestro dolor.

Cuando hayas sentido y liberado las emociones que rodean a la persona a la que estás dispuesto a perdonar, crea una imagen de ella. Visualízala mentalmente con el mayor detalle posible. Si no te sientes cómodo visualizando la persona, simplemente puedes pronunciar su nombre. Envíale a esa persona un mensaje de pensamientos y sentimientos que exprese todo lo que te gustaría decirle. Puede que quieras transmitir tu rabia y tu dolor, y compartir hasta qué punto te ha hecho daño. Si no tienes nada que expresar, también está bien.

Observa a esta persona en su verdadera impotencia. No puede hacerte daño y tú te encuentras a salvo.

Cuando te veas preparado, di «Te perdono, [nombre de la persona]». Puedes hacerlo en voz alta o a través de tus pensamientos. Si pronuncias las palabras, pero no te sientes capaz de perdonar de verdad a la persona, no pasa nada. Tómate un tiempo para seguir sintiendo tus emociones y vuelve a intentarlo cuando te sientas más preparado.

Respira la libertad que aflora cuando te permites a ti mismo y permites a la otra persona y al mundo saber que la energía de esa otra persona no te pertenece. Eres libre y completo. Libérate del peso de cargar con su energía. Devuélvele la responsabilidad de sus acciones y pensamientos, y del dolor que te causó. Envíale el mensaje mental de que ya no compartirás el sufrimiento energético con esa persona. Le pertenece a ella cualquier dolor que haya puesto en marcha a través de sus acciones y de sus palabras. Al perdonar, liberas este dolor y se lo devuelves con la conciencia de que, a través de la presencia divina, ella también sanará.

Puedes decidir que esta persona forme parte de tu vida, o no. Perdonarla no significa que seguirás manteniendo una relación con ella o que olvidarás el pasado. Cada situación es diferente. Confía en ti mismo y pide siempre a tu interior lo que hay en tu bien supremo.

Cuando perdonas a otra persona, ésta lo siente. Puede que entonces se acerque a ti y pretenda restablecer la conexión malsana que compartíais. Ten cuidado y escucha tu intuición. Observa sus acciones, y no sólo sus palabras, para saber si puedes confiar en ella.

Cuando perdonamos a otra persona, nos elevamos a las vibraciones superiores de la consciencia espiritual, donde fluyen libremente el amor y la amabilidad. Recuperamos aquello que nos ha sido arrebatado y el vacío que el dolor ha esculpido en nuestro interior se llena de luz sagrada.

EPÍLOGO

Amor

El mundo necesita luz, la clase de luz que disipa la oscuridad y nos abre a un nuevo camino. Necesitamos esperanza y un canal a través del cual puedan llevarse a cabo y vivirse plenamente nuestras aspiraciones supremas. Todos los días nos enfrentamos al mundo material y a sus desafíos. Muchas personas luchan contra la carencia, la depresión, la mala salud, la ansiedad y la soledad. Con los pensamientos y las emociones inmersos en la consciencia material, nuestro radar intuitivo a menudo escanea el entorno en busca de cualquier persona o cosa que pueda contribuir a nuestro miedo y a nuestra incertidumbre. Nuestra sensibilidad intuitiva y empática ha adoptado una respuesta de estrés ante las situaciones y circunstancias a las que diariamente nos enfrentamos. Hemos creado una visión del mundo alimentada por la preocupación, la ansiedad, la inseguridad y las falsas amenazas. Estas amenazas se sienten y parecen reales, y aterrados les entregamos el poder.

Sin embargo, experimentamos un despertar planetario a medida que vamos teniendo cada vez más a nuestra disposición las frecuencias más elevadas de energía. Cuando purificamos nuestros cuerpos físicos y energéticos de emociones bloqueadas y liberamos cordones energéticos insanos, no atraemos experiencias difíciles y basadas en el miedo. Nos liberamos del pasado y de los ciclos repetitivos de negatividad y de emociones tóxicas. La presencia divina se convierte en la actividad de nuestra consciencia. Ya no es necesario que aprendamos lecciones y evolucionemos a través del dolor y del sufrimiento. Está cambiando el paradigma terrenal de la lucha y la creencia de que sólo a través de nuestros esfuerzos individuales prosperamos. En vez de ello, cuando trabajamos al unísono con la presencia divina y nos entregamos y permitimos que la fuerza del amor circule por nosotros, se despliega nuestro bien supremo.

Este cambio hacia la consciencia espiritual comienza abriendo el corazón y amando. Cuando amamos sin juzgar, sin esperar nada a cambio o sin necesitad, el amor es puro. No importa tanto aquello a lo que amemos, sino que amemos. Cuando nos amamos a nosotros mismos, amamos a los demás y amamos aquellas pequeñas cosas que nos pasan en el día a día, la poderosa corriente de la fuerza del amor fluye por nosotros.

Ama algo hasta que seas capaz de amarlo todo. Observa la belleza y la gracia de las cosas pequeñas, como una taza de café caliente una fría mañana de invierno, la sensación de que un ser querido que ha fallecido está junto a ti o la resolución de un problema o de un asunto que te tenía preocupado. Ama a tus mascotas, el amanecer, las nubes que flotan en el cielo, una obra de arte y la suavidad de tu almohada. Encuentra algo que amar en cada persona. Aunque no te lleves bien con alguien, encuentra algo que te guste de esa persona. Puede ser algo tan sencillo como su peinado, el empeño que pone en su trabajo, la dedicación a su familia o su manera de reír. Por encima de todo, quiérete a ti mismo.

Cuando encontramos algo que amar en todos y en todo lo que encontramos, fluye por nosotros la corriente suprema de la fuerza del amor. Aunque podamos sentir e intuir las emociones, los pensamientos y las energías de los demás y de nuestro entorno, nos pasan de largo. Aunque podamos sentir y percibir empáticamente las heridas no sanadas y las energías reprimidas de los demás, no reaccionamos ante ellas desde el miedo y la resistencia. No absorbemos la energía negativa y tóxica, y el corazón no se no cierra ni se nos desconecta. Sentimos y percibimos el amor que reside en los demás, aunque ellos no lo sientan ni lo perciban. De todos modos, no somos ingenuos. Sabemos que, a menos que alguien decida sanar, sus heridas se infiltrarán de alguna manera en todos los aspectos de su vida. No los compadecemos por ello. Es una etapa del desarrollo por la que todos debemos pasar, pero podemos enviarles amor y dejarles que vayan a su ritmo. Nuestra sensibilidad intuitiva y empática se convierte en el canal a través del cual nos guían los susurros suaves y divinos y se despliega la maravilla de la abundancia creativa.

A través de la consciencia espiritual, reconocemos que todo el mundo y todas las cosas tienen valor y están pidiendo amor o expresando amor. A menudo son ambas cosas. Hay algo que podemos dar a los demás y algo que ellos pueden ofrecernos. Cuando amamos libremente, sin pensar en el retorno, la fuerza divina del amor se mueve por nosotros. Aunque pueda parecer una manera poco eficaz de afrontar nuestros retos y problemas y los males y el sufrimiento del mundo, es a través del amor como ascendemos a la consciencia espiritual. Nos convertimos en un faro a través del cual la fuerza del amor enciende el amor dentro de los demás. El amor es la sustancia a través de la cual se nutren y se sustentan todos los seres. Es la gotita de magia divina que concibe y da a luz todo lo que es y todo lo que está por venir.

Cuando despiertes a tu destino como mensajero de las frecuencias divinas superiores de la fuerza del amor, déjate ir y permite. Cuando sales del paradigma material de la necesidad de controlar y hacer que suceda tu bien, abres el camino a los demás. En el pasado, tu sensibilidad empática e intuitiva permitía que la negatividad del mundo y el mal humor de los demás te influyeran y te afectaran negativamente. Gracias a la consciencia espiritual, te conviertes en el canal a través del cual lo divino despliega sus alas y toca los corazones y las mentes de muchos. Tu ascensión a la consciencia espiritual ilumina la oscuridad, ya que la luz de la presencia divina entra en el mundo. Y todo pasa de forma natural y sin esfuerzo.

La corriente de la actividad creativa divina fluye incesantemente hacia tu bien supremo y es una fuente de bondad para todo el mudo. Permítete el don espiritual de la alegría, la abundancia y la sencillez que acompaña a tu conexión consciente con la fuente divina.

Lecturas recomendadas

Afua, Q.: *Sacred Woman: A Guide to Healing the Feminine Body, Mind, and Spirit.* Random House, Nueva York, 2001.

Cameron, J.: *Waking in This World: The Practical Art of Creativity*. Penguin Books, Nueva York, 2003.

Cayce, E.: *The Power of Your Mind.* A.R.E. Press, Virginia Beach, 2010.

Franken, K.: *Wildhearted Purpose: Embrace Your Unique Calling & The Unmapped Path of Authenticity*. Llewellyn, Woodbury, Minnesota, 2023.

Goldsmith, J. S.: *El arte de la curación espiritual.* RCR Ediciones, Madrid, 1995.

Lao, S.: *Tao te ching*. Ediciones Martínez Roca, Madrid, 2012.

Orloff, J.: Guía *de supervivencia para personas altamente empáticas y sensibles*. Editorial Sirio, Málaga, 2018.

Roberts, J.: *Habla Seth: La eterna validez del alma*. Ediciones Luciérnaga, Barcelona, 2007.

Todeschi, K. J.: *Edgar Cayce: Doce lecciones de espiritualidad*. Debolsillo, Barcelona, 2001.

Tolle, E.: *Un nuevo mundo, ahora: Encuentra el propósito de tu vida.* Punto de Lectura, Barcelona, 2020.

Tubali, S.: *Llewellyn's Complete Book of Meditation: A Comprehensive Guide to Effective Techniques for Calming Your Mind and Spirit.* Llewellyn, Woodbury, Minnesota, 2023.

Yogananda, P.: *Autobiografía de un yogui*. Editorial Edaf, Madrid, 2023.

Bibliografía

Goldsmith, J. S.: *The Thunder of Silence*. Acropolis Books, Nueva York, 2018.

Hicks, E., *et al.*: *El vórtice: La ley de la atracción en nuestras relaciones*. Ediciones Urano, Madrid, 2010.

Juliana de Norwich: *All Will Be Well: 30 Days with Julian of Norwich. Compiled by Richard Chilson*. Ave Maria Press, Notre Dame, Indiana, 2008.

Schucman, H., *et al.*: *A Course in Miracles*. Course in Miracles Society, Omaha, Nebraska, 2009.

Acerca de la autora

Sherrie Dillard (Durham, Carolina del Norte) es médium y terapeuta profesional desde hace más de 30 años y ha dado más de 50 000 conferencias en todo el mundo. Ha enseñado el desarrollo de la intuición en los Estudios Continuos de la Universidad de Duke y ha dirigido talleres y clases sobre desarrollo espiritual y sanación espiritual tanto a nivel nacional como internacional. Sherrie ha aparecido en radio y televisión por sus innovadores libros y su trabajo como detective psíquica, intuitiva médica y médium. Además, tiene un máster en divinidad en asesoramiento pastoral del Nuevo Pensamiento. Visítala en SherrieDillard.com

Índice

Actor de comedia, productor y escritor, Rainn Wilson, cofundador de la compañía de medios SoulPancake, explora los beneficios de la resolución de problemas que nos aporta la espiritualidad para crear soluciones en un mundo cada vez más desafiante.

El trauma que ha experimentado nuestra especie en los recientes años (debido a la pandemia y a las tensiones sociales que amenazan con abrumarnos) no desaparecerá a corto plazo. Los sistemas políticos y económicos existentes no son lo suficientemente eficaces para producir el cambio que el mundo necesita. En este libro, Rainn Wilson explora la posibilidad de que una revolución espiritual, un «*Soul Boom*», produzca una transformación sanadora, tanto a nivel personal como global.

Para Wilson, ésta es una empresa seria y esencial, pero él la aborda con un toque de humor y desde su propia perspectiva singular. El autor considera que, desde el punto de vista cultural, hemos descartado la espiritualidad –la fe y lo sagrado– y que necesitamos una sanación profunda y la comprensión unificadora del mundo que nos proporcionan las grandes tradiciones espirituales. El enfoque de Wilson sobre la espiritualidad (nuestros aspectos no físicos, eternos) es cercano y se aplica a las personas de todas las creencias, incluso a las escépticas. Con una visión genuina, *Soul Boom* –por no mencionar las iluminadoras referencias a *Kung Fu* y *Star Trek*– se sumerge en la sabiduría ancestral para buscar respuestas prácticas y transformadoras a las preguntas más importantes de la vida.